HEYNE <

SEAN SMITH

# Justin

## Die Biografie

Aus dem Englischen von
Violeta Topalova

WILHELM HEYNE VERLAG
MÜNCHEN

Titel der englischen Originalausgabe
JUSTIN. The Biography
Erschienen 2004 bei Simon & Schuster, London

*Umwelthinweis*:
Dieses Buch wurde auf chlor-
und säurefreiem Papier gedruckt.

Deutsche Erstausgabe 02/2005

http://www.heyne.de
Redaktion: Werner Wahls
Printed in Germany 2005
Umschlagkonzept und -gestaltung: Hauptmann und Kampa
Werbeagentur, München - Zürich
Umschlagillustration: Getty Images
Satz: Buch-Werkstatt GmbH
Druck und Verarbeitung: Bercker, Kevelaer

ISBN 3-453-64000-4

*»Mein Name ist Justin.*
*Ich sollte wohl erwähnen, dass ich singe.«*
Justin Timberlake, elf Jahre alt

# Inhaltsangabe

## Dritter Teil: Justin Timberlake

# Einleitung

»Señorita«, der erste Track auf Justins Soloalbum *Justified*, beginnt mit einer Stimme aus dem Off, die verkündet: »... Justin...all the way from Memphis, Tennessee.« Memphis war also der ideale Ausgangspunkt für ein Buch über den Mann. Aus einer cooleren Stadt kann man schließlich kaum kommen. Sie weckt genau die Assoziationen, die man vom neuen »Coolsten Mann des Pop« erwartet. Und sie ist die Stadt der Könige.

Zuerst mal ist da *der* King, Elvis Presley, immer noch der allergrößte Star der Popmusik. Elvis wurde zwar in Tupelo, Mississippi, geboren, verbrachte aber den größten Teil seines Lebens in Memphis. Dort wurde er von dem legendären Produzenten Sam Phillips entdeckt, der mit ihm die bahnbrechenden, frühen Sun-Aufnahmen einspielte. In den Fünfzigern war Elvis für viele der erste weiße Sänger, der wie ein Schwarzer klang – dieses Erbe hat Justin fünfzig Jahre später angetreten. Memphis blieb Elvis Heimat, trotz seiner erfolgreichen Filmkarriere. Er starb 1977 in seiner Villa Graceland, und seitdem ist dieses bunte Monument des schlechten Geschmacks die zweitgrößte Touristenattraktion Amerikas, nach dem Weißen Haus.

B.B. King gehört zu den verehrten Altmeistern des modernen Blues. Die beliebte Bar, die seinen Namen trägt, liegt in der Beale Street im Zentrum von Memphis. Seit der Jazzkomponist W.C. Handy in der Straße lebte und sie durch seinen »Beale Street Blues« unsterblich gemacht hat, gehört sie zu den wichtigsten Musikadressen der Welt, wo es von neuen, unentdeckten Talenten nur so wimmelt. Justin ist inzwischen Teilhaber bei B.B. Kings und ließ sich dort letztes Jahr vor einem Auftritt im New Daisy Theatre gleich um die Ecke filmen. Direkt hinter der Beale Street ist die Gibson-Gitarrenmanufaktur, die die unverwechselbare schwarze »Lucille« herstellt, die für immer mit dem Namen B.B. King verbunden ist. Als King noch im Mississippi der frühen Fünfziger als junger Musiker ums Überleben kämpfte, spielte er einmal in einer ziemlich abgefahrenen Bar. In der Pause stellte er seine Gitarre auf der kleinen Bühne ab und holte sich etwas zu trinken. Zu diesem Zeitpunkt fingen zwei Männer an der Bar an, sich um eine Dame zu streiten, die sie beide gut kannten. Es dauerte nicht lange, bis aus dem Streit eine ausgewachsene Prügelei wurde. Fäuste flogen, Stühle kippten um und eine Öllampe wurde vom Tisch geworfen. Ein Feuer brach aus. B.B. King musste entsetzt mit ansehen, wie die Flammen sich der Bühne bemächtigten. Seiner einzigen Gitarre drohte der Feuertod. Er konnte sich keine andere leisten, also musste er sie retten oder seine Karriere als Musiker war beendet. Er stürzte sich in die Flammen und rettete sein angekohltes Instrument. Später fand er heraus, dass die Dame, um die es bei dem Streit gegangen war, Lucille hieß. Von diesem Tag an gab er all seinen Gitarren den Namen »Lucille«, als Erinnerung an jenen Abend. Inzwischen ist der große Mann fast achtzig, aber er trägt noch nach jedem Konzert seine Gitarre eigenhändig von der Bühne.

Der dritte King von Memphis ist Martin Luther King jr., der Bürgerrechtler und Nobelpreisträger. Sein großes Vermächtnis sieht man noch heute in den Südstaaten von Amerika. Seine Politik des passiven Widerstands und seine großartige Rhetorik inspirierte eine Generation dazu, den schändlichen Rassismus zu bekämpfen, der in den Sechzigern immer noch vorherrschte. Er kam aus Atlanta, Georgia, und wurde aus dem schlechtmöglichsten Grund mit Memphis verbunden, denn hier wurde er 1968 erschossen. James Earl Ray, sein Mörder, wurde zu neunundneunzig Jahren Haft verurteilt. Aus Respekt für den Mann, der »einen Traum hatte«, gibt es in vielen Bundesstaaten einen Feiertag ihm zu Ehren. Auch Tennessee, der Staat, in dem 1866 der Ku-Klux-Klan gegründet wurde, gehört dazu.

Memphis ist als Heimatstadt des neuen »King of Pop« eine ausgezeichnete Wahl. Die größte Stadt in Tennessee hat eine bewegte Geschichte und ein reiches, musikalisches Erbe; auch Jerry Lee Lewis und Aretha Franklin, die »Queen of Soul«, haben eine enge Verbindung zu Memphis. Außerdem ist Memphis eine der größten Hafenstädte am grauen, schlammigen Mississippi. Ich hatte in mehreren Berichten gelesen, dass Justin eine ganz typische Kindheit in Memphis verlebt hatte, und freute mich darauf, mehr darüber zu erfahren, als ich an einem windigen Herbsttag in der Stadt ankam. Das einzige Problem an diesem idealen Szenario ist, dass Justin, wie ich schnell herausfand, überhaupt nicht aus Memphis stammt und auch nie in der Stadt gewohnt hat.

Er wurde zwar im St. Jude Memorial Hospital in Memphis geboren, aber ich musste vierzig Minuten lang dem Highway nach Norden folgen, bis ich in die Stadt Millington kam, in der Justins wahre Wurzeln liegen. Das ist ungefähr so, als sagte ein Potsdamer, er wohne in Berlin. Als ich bei einem Hotel vor Ort telefonisch nachfragte, ob es in der Nähe des Stadtzentrums sei, bekam ich die Antwort, Millington habe gar kein Zentrum. Die Stadt ist ein langer Schlauch, in den hin und wieder eine Zufahrtsstraße mündet. An der Hauptstraße liegen Best Western, Days Inn, Kroger's Store und die üblichen Kaffeehausketten und Fastfood-Restaurants. Wenn man aus der Stadt hinausfährt, kommt man an einem riesigen Wal-Mart vorbei, wo alle Männergrößen auf die Bürger zugeschnitten zu sein scheinen, die zu viel Fastfood gegessen haben oder ein paar Mal zu oft in die Restaurants mit den exotischen Namen Big Dave's Steak and Rib Shack, Cactus Joe's Bar and Grill, Cattleman Jack's oder Miss Sipps Catfish Saloon gegangen sind. Seit 1941 ist Millington, oder besser gesagt, das Umland von Millington, die Heimat der größten Militärbasis der Marines im Inland. Außerdem gehört es zum Bible-Belt des tiefen Südens und ist praktisch »trocken«. Es ist sehr schwer, irgendwo einen Drink aufzutreiben. Nur zwei oder drei Restaurants der Stadt schenken Alkohol aus. Als ich eine Frau Mitte zwanzig nach den Kneipen in der Stadt fragte, riet sie mir von den örtlichen Bars ab, denn die seien voller »Rednecks«. Sie empfahl mir die Beale Street in Memphis, dort sei es »wirklich cool«.

Millington sah ja ganz nett aus, aber als »cool« konnte man es beim besten Willen nicht bezeichnen. Ich wusste, dass Justins Elternhaus in der Nähe seiner alten Schule E. E. Jeter lag, also beschloss ich, dorthin zu fahren und mir die Gegend mal anzuschauen. Die Wegbeschreibung klang einfach: nach Kroger's Store rechts abbiegen, die Shelby Road entlangfahren. »Sie können es nicht verfehlen«, hieß es. Das war eine typische Übertreibung nach Art der Einheimischen von Tennessee. Die Fahrt war allerdings sehr nett, ich glitt durch Zypressenalleen, an makellosen einstöckigen Häusern mit gepflegten Rasen und amerikanischen Flaggen vorbei. Ich bemerkte, dass Glenn's Country Store stolz das »beste Bier der Gegend« anpries. In dieser alkoholfreien Wüste war das allerdings keine große Kunst. Ich drang tiefer und tiefer ins Timberlake Country ein, bis nach etwa 10 oder 12 Meilen die imposante Shelby Forest Church in der Ferne auftauchte. Ein modernes Backsteingebäude mit gepflastertem Hof, das Ruhe und Frieden ausstrahlt. Nur die Vögel, die im nahe gelegenen Wald zwitschern, stören die absolute Ruhe. Draußen verkündete ein Schild: »Jesus wird kommen. Macht euch bereit, denn bald kehren wir alle heim.«

Justins Großvater war früher der Pfarrer dieser Kirche, und sein Vater leitet immer noch den Kirchenchor. Heute ist Bruder Barney Austin der geistliche Leiter. Mir fielen hinter dem Haus ein paar Schaukeln für Kinder auf, dadurch wirkte das makellose Gebäude gleich viel menschlicher, obwohl die Tür abgeschlossen war. Die Locke Cuba Road mündet in eine Kreuzung. Hier liegt der Shelby Forest General Store, eine Oase in der Nachbarschaft. Justin hing dort nach der Schule immer mit seinen Freunden herum. Die Cheeseburger sind im ganzen Shelby County berühmt, und die hausgemachten Sandwichs sind sehr üppig gefüllt. Dies ist das Epizentrum von Shelby Forest, und hier liegen die wahren Wurzeln von Justin Timberlake. Die E. E. Jeter Elementary School ist nicht mal eine Meile entfernt, und Justins Elternhaus nur knapp zwei. Das Haus liegt in einer exklusiven Gegend, fast wie eine Privatsiedlung ohne Zäune. In Deutschland entspricht das vielleicht am ehesten den Dörfern am Starnberger See, frei stehende Einfamilienhäuser, die von großen Gärten umgeben sind. Sein Elternhaus ist eine Million Lichtjahre von Eminems Trailerpark entfernt. Dies ist ganz klar eine Mittelklassesiedlung auf dem Land, wo Schilder dezent darauf hinweisen, dass die Gegend überwacht wird. Man hört kaum einen Laut, außer dem Singen der Vögel. Im Wald gibt es Waschbären, Opossums, Biber – und Dutzende von Jägern.

Mir fiel auf, dass dies eine Umgebung ist, auf die die meisten Menschen ihr ganzes Leben lang hinarbeiten, eine Umgebung, die ihnen Frieden, Ruhe, viel Platz, saubere Luft und Bequemlichkeit bietet. Ironischerweise tauschte Justin sie gegen die Kommerzmetropole Orlando in Florida ein, bevor er noch richtig trocken hinter den Ohren war.

Hier beginnt die Geschichte von Justin Timberlake. Nicht in Memphis, nicht in Millington, sondern hier, bei einer Tasse Kaffee vor dem General Store in Shelby Forest. Meine Entdeckungsreise eröffnete mir eine Welt, die sich sehr von den Star-Geschichten unterschied, die ich bis jetzt kannte. Auf dem Weg wurden mir viele Fragen über Justin gestellt. Ein paar von ihnen möchte ich am Ende dieser Einleitung beantworten.

## Ist er nicht noch ein bisschen jung für eine Biografie?

Justin wurde nicht über Nacht erfolgreich. Sein relativ frischer Ruhm in England gab einen falschen Eindruck, denn Großbritannien hinkte dem Rest der Welt ziemlich hinterher, besonders den Vereinigten Staaten. Vor dreizehn Jahren gewann er seinen ersten Talentwettbewerb, vor zwölf Jahren trat er in Disneys *Mickey Mouse Club* ein, vor neun Jahren wurde ’N Sync gegründet, und vor fünf Jahren wurde er zum schönsten Menschen der Welt gewählt. Justin ist auf keinen Fall ein One-Hit-Wonder, das nichts zu erzählen hat.

Justin wuchs in einer kleinen Gemeinde auf dem Land auf, und es war faszinierend, die wichtigsten Bausteine seines Lebens – ein christlicher Glaube, akademische Leistungen, musikalische Einflüsse und gebrochene Herzen – zusammenzusetzen. Ich hoffe, dass ihm das Resultat, das Porträt eines komplexen und talentierten jungen Mannes, gerecht wird.

### Ist sein Glaube an Gott nur eine Masche?

Ganz sicher nicht. Justin glaubt an Gott und ist ein sehr spiritueller Mensch. Er wuchs im Bible-Belt auf, dort ist es üblich, seinen Glauben viel offener zu zeigen als in England. Die Kirche spielt im Leben seiner Familie eine große Rolle. 'N Sync waren bekennende Christen, und auch die Freundinnen seiner Teenagerzeit hatten eine positive Einstellung zur Religion. Sogar Britney Spears ist sehr gläubig, egal, was die Zyniker denken. Diese Leute verdienen nun mal ihr Geld damit, auf der Bühne zu stehen. Wir sollten das Image nicht mit der Person verwechseln.

### Heißt es *NSYNC, *N SYNC, *N Sync, NSYNC, N Sync, N*SYNC 'NSYNC oder 'N Sync?

Eine ziemlich schwere Frage, die mich am Anfang ziemlich durcheinander brachte. Ich habe schon alle oben aufgeführten Schreibweisen gesehen, und sogar noch andere. *NSYNC ist das Logo auf ihrer ersten amerikanischen Platte, die zuerst in Europa veröffentlicht wurde, wo sie ihren Durchbruch vor ihrem amerikanischen Plattenvertrag feierten. Im offiziellen Fanbuch der Band steht auf dem Cover *NSYNC, und im laufenden Text 'N Sync. Das ist gut genug für mich, also habe ich mich in dieser Biografie daran gehalten. Ich will ja schließlich nicht aus dem Takt fallen.

### Wie schaffte er den Sprung vom uncoolsten – 'N Sync – zum coolsten Mann des Pop?

An Erfolg ist überhaupt nichts uncool, und zwei Jahre lang konnten die Jungs von 'N Sync sich mit gutem Recht die erfolgreichste Band der Welt nennen – unglaublich, aber wahr. Als ich dieses Buch begann, hatte ich keine Ahnung, dass 'N Sync so groß waren, dass Britney Spears, Pink und P. Diddy bei ihren Konzerten im Vorprogramm spielten. Ihr erstes Album *'N Sync* verkaufte sich über zehn Millionen Mal, ihr drittes Album *No Strings Attached* brach mit 2,4 Millionen verkauften Exemplaren in der ersten Woche den Rekord für das am schnellsten verkaufte Album aller Zeiten. Der Nachfolger *Celebrity* landete auf dem zweiten Platz, mit 1,88 Millionen verkauften Exemplaren in den ersten sieben Tagen. Im Jahr 2000 nahm die Band 267 Millionen Dollar ein. Sie spielten vor ausverkauften Stadien in ganz Amerika. Wir reden hier nicht über das Hammersmith Palais, sondern über Arenen wie das Shea Stadium in New York, in dem die Beatles einmal ein legendäres Konzert gaben.

Justin wurde aus einer sehr guten Position heraus Solokünstler. Er hatte eine riesige Fangemeinde in den USA und er war jenseits des Atlantiks so populär, wie das in England nur David Beckham ist. Er hatte auch die volle Unterstützung seiner Plattenfirma, die merkte, dass er ihre goldene Gans war. Justin hatte die besten Chancen, ein Erfolg zu werden. Erfolg garantiert zwar noch lange keinen Respekt, im Gegenteil, aber Justin war so klug, mit Leuten zu arbeiten, die ungemein respektiert waren. Die Neptunes und Timbaland galten im Musikgeschäft als die heißesten Produzenten am Markt, und sie arbeiteten mit Justin Timberlake zusammen. Der Junge *musste* was drauf haben. Das passierte allerdings nicht erst nach 'N Sync. Justin arbeitete bereits in der »uncoolen« Boygroup, die Eminem so mitleidlos parodiert, an seinem zukünftigen Status als Solo-Superstar, denn die Neptunes, BT und Rodney Jerkins wirkten bereits am letzten Album von 'N Sync mit. Justin schrieb an sieben Stücken auf dem Album mit und produzierte fünf davon. Er musste keinen Riesensprung machen. Der Schritt von 'N Sync zum Solostar war viel kleiner, als ich gedacht hatte.

### Wie wurde Justin schwarz?

Diese Frage liebe ich. Justin wuchs in einer überwiegend weißen, ländlichen Mittelklassegegend im südlichen Bible-Belt auf, wo sogar noch Baumwolle angebaut wird. Sein Großvater mochte

Johnny Cash, und Country Musik war sehr beliebt. Aber in Memphis, der nächsten Stadt, lebt das Vermächtnis fantastischer schwarzer Musik fort, und zwar sowohl im Blues, als auch im Jazz.

Ich glaube, Justin schätzt besonders die wunderbaren Stimmen der unsterblichen schwarzen Künstler Stevie Wonder, Donnie Hathaway, Marvin Gaye und Al Green. Das sind nur vier der Männer, die er als seine Helden bezeichnet. Er liebte Michael Jacksons Klassiker aus den Achtzigern und die Energie und Ausstrahlung von Janet Jackson. Ihn beeinflusste auch die neue Motown-Generation, darunter Künstler wie Brian McKnight und die Boyz II Men. All diese Performer beeinflussten die Richtung, in die sich Justins musikalisches Talent entwickelte.

In der Musik dominiert heute die schwarze Kultur. R&B, Hip-Hop und Urban sind zeitgemäß und auch kommerziell erfolgreich. Besonders wichtig ist, dass sie auch die besten musikalischen Talente anziehen, sowohl was Komposition, als auch was Produktion angeht. Justin erkennt, wenn Leute Talent haben. Das Ergebnis ist seine starke Bindung an die Produzenten Timbaland und die Neptunes. Als er das Saubermann-Image von 'N Sync hinter sich lassen wollte, rückte er einfach in die Nähe der Musik, die ihn sowieso immer schon am meisten interessiert hatte.

Ich bin gespannt auf Justins nächstes Album. Wahrscheinlich wird es sich an der Erfolgsformel von *Justified* orientieren, aber ich glaube, dass Justin nicht lange auf der Stelle treten wird. Wenn er etwas hört, das ihm gefällt, dann will er mit der Person arbeiten, die für den Sound verantwortlich ist. Diese offene Herangehensweise führte zu seiner Zusammenarbeit mit den Black Eyed Peas, und in den nächsten Jahren werden noch viele andere innovative Künstler seinen Weg kreuzen. Ich glaube, er wird sich ganz oben halten und keine Eintagsfliege werden. Besonders, weil ich erfuhr, dass die Leute im Musikgeschäft wirklich gerne mit ihm arbeiten.

## Weiß er, wie gut er aussieht?

Aber natürlich. Er muss nicht jeden Tag 300 Situps machen, um in Form zu bleiben. Er protestiert zwar immer, er sei nicht sexy, aber dies ist der Mann, der mit elf einen Schönheitswettbewerb gewann, gegen eine rein weibliche Konkurrenz. Er achtet sehr auf sein Äußeres, deshalb litt er früher auch so sehr unter seinen schrecklichen Haaren. Justin hat ein stilles Selbstvertrauen, das sich nicht so leicht aus der Bahn werfen lässt.

## Warum sind denn keine Bettgeschichten über Justin in Umlauf?

Für die hat er ja immer noch Zeit. Ich hörte aber immer und immer wieder, dass Justin ein Mann für eine einzige Frau ist. Es gilt als extrem unwahrscheinlich, dass er mit ein paar jugendlichen Stripperinnen im Bett landet. Dafür schätzt er Liebe und Treue viel zu sehr.

## Warum hat Justin Pech in der Liebe?

Ich finde nicht, dass er Pech in der Liebe hat. Cameron Diaz ist seine vierte ernsthafte Freundin, und er ist erst dreiundzwanzig. Alles deutet darauf hin, dass er von Frauen zu viel erwartet. Amateurpsychologen werden ihm bestimmt eine ungesunde Bindung an die Mutter attestieren, die mit den christlichen Moralvorstellungen, mit denen er aufwuchs, eine unheilvolle Allianz bildet. Justin hat seine ehemaligen Freundinnen unnötig brüsk verurteilt und behauptet, alle drei hätten ihn betrogen, obwohl er ihnen immer treu war. Warum erzählt er das in der Öffentlichkeit? Was bringen ihm diese wenig ritterlichen Kommentare? Bis jetzt konnte sich noch keine Frau auf dem Podest halten, auf das er sie gestellt hat. Das Problem ist, dass in Justins Geschäft Verdächtigungen und Klatsch ständige Begleiter sind. Lange Trennungen und Versuchungen, die ihm ständig präsentiert werden, gehören zu seinem Leben und wahrscheinlich auch zum Leben der Frauen, mit denen er in Zukunft ausgehen wird. Aber Justin ist sehr intelligent. Er wird bestimmt noch lernen, dass er Kompromisse eingehen muss, wenn er eine dauerhafte Liebe erleben will.

## Ist er gut ausgestattet?

Britney Spears sorgte für große Aufregung, als sie andeutete, mit Justins legendärer »Trousersnake« sei es in Wirklichkeit nicht sehr weit her. Danielle Ditto, seine erste Liebe, sprang sofort für ihn in die Bresche. Sie sagte mir, das sei nicht wahr. Sie meinte: »Ich will nicht, dass die Leute denken, er sei kein richtiger Mann, deshalb musste ich ihn verteidigen, obwohl man so etwas eigentlich gar nicht sagt!« Wahrscheinlich war Britney nur verletzt und wollte es Justin mit einer gemeinen Bemerkung heimzahlen. Danielle hat keine Rechnung mehr mit Justin offen und keinen Grund, etwas Falsches zu erzählen. Belassen wir's dabei.

## Was wird er mit fünfzig tun?

Zuallererst wird er wahrscheinlich sein Geld zählen. Mit seinen dreiundzwanzig Jahren ist er geschätzte 54 Millionen Dollar wert, und diese Zahl steigt schnell weiter an. Er verdient an Fanartikeln und Sponsoring, außerdem bekommt er Tantiemen für sein Songwriting bei *Justified*. Er müsste nie wieder einen Finger krumm machen, wenn er nicht wollte, und könnte bis ans Ende seiner Tage nur noch Golf spielen, Sportübertragungen schauen und sich einen faulen Lenz machen. Er könnte sich sogar nach Shelby Forest zurückziehen und dort Pfarrer werden. Madeleine Moore vertritt in ihrem faszinierenden Geburtshoroskop die Ansicht, er werde später vielleicht hinter den Kulissen arbeiten und junge Talente fördern. Ich denke, er möchte immer wieder neu über sich hinauswachsen, also stehen uns noch einige Überraschungen ins Haus. Ich glaube, er wird auch die Schauspielerei erst aufgeben, wenn ein Oscar auf seinem Kaminsims steht. Vielleicht wird er seine Energie zwischen der Musik und dem Film aufteilen. Und mit Fünfzig? Dann ist es vielleicht endlich Zeit für eine 'N Sync-Reunion.

# Geburtshoroskop für Justin Timberlake

Dieser Mann ist sehr begabt und mitfühlend. Sein Horoskop verrät den Wunsch, der Menschheit zu dienen, denn damit sein Leben einen Wert und Sinn bekommt, muss er das Gefühl haben, dass er anderen etwas geben kann. Der Wunsch, Gutes zu tun ist ihm ein spirituelles Bedürfnis, und er erkennt, dass sich die Menschen nach Liebe sehnen und unter ihrer Einsamkeit leiden. Er treibt sich unnachsichtig an, strebt nach Perfektion und setzt sich selbst Maßstäbe, die nach außen hin manchmal unverhältnismäßig hoch wirken. Aber was ihn antreibt, ist der Wunsch, andere Menschen zu erfreuen und zu beruhigen und ihnen vielleicht dabei zu helfen, die Fehler der Vergangenheit hinter sich zu lassen.

Justins Aszendent, das Zeichen, das bei seiner Geburt aufging, ist Löwe. Also wird Justins Horoskop von der Sonne regiert. Den fokalen Planeten regiert Apoll, der auch »der Strahlende« heißt. Apoll steht für viele Attribute, unter anderem dichterische Fähigkeiten, Medizin und Musik. Justin setzt also enorme kreative Energien frei. Im sechsten Haus des Horoskops, das die Arbeit symbolisiert, entsteht durch eine schöne Verbindung zum überschwänglichen stützenden Jupiter das Bild eines Mannes, dem, mit den Worten Noël Cowards ausgedrückt, »Arbeit mehr Spaß macht als Spaß«. Aber in welche Richtung wird seine Arbeit sich entwickeln? Dieser Mann fühlt sich in Gesellschaft wohl und untersucht gerne die Beziehungen und Verbindungen, die zwischen Menschen existieren. Im Mittelpunkt seines Wesens steht der Wunsch, präzise, emotional und ästhetisch mit anderen zu kommunizieren. Aus Präzision, Emotion und Ästhetik setzt sich sein Wesenskern zusammen.

## Justin Timberlake

**Geburtshoroskop**

31. Januar 1981
Memphis TN, USA
35N08 090W03
*geozentrisch*
*Placidus*
*wahrer Mondknoten*

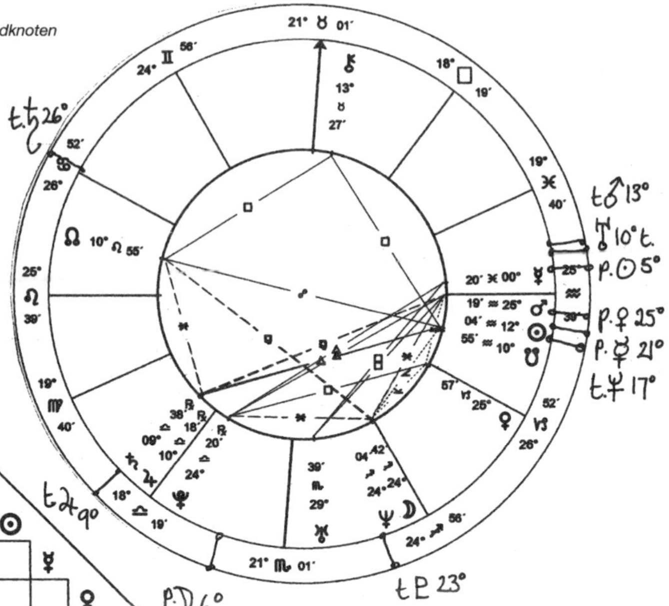

| | ☽ | ☉ | ☿ | ♀ | ♂ | ♃ | ♄ | ♅ | ♆ | ♇ | ⚷ | ☊ | ☋ | As |
|---|---|---|---|---|---|---|---|---|---|---|---|---|---|---|
| ☉ | ∠ 2A21 | | | | | | | | | | | | | |
| ☿ | | | | | | | | | | | | | | |
| ♀ | ⚺ 1A15 | | | | | | | | | | | | | |
| ♂ | ⚹ 0A36 | | ☌ 5S01 | ⚺ 0S38 | | | | | | | | | | |
| ♃ | | △ 1S45 | | | ⚼ 0S00 | | | | | | | | | |
| ♄ | | △ 2S26 | | | ⚼ 0S40 | ☌ 0S40 | | | | | | | | |
| ♅ | | | □ 0S40 | | □ 4A20 | | | | | | | | | |
| ♆ | ☌ 0S37 | | | | ⚹ 1S14 | | | | | | | | | |
| ♇ | ⚹ 0S21 | | △ 5S59 | □ 1S36 | △ 0S58 | | | | ⚹ 0A16 | | | | | |
| ⚷ | | □ 1A22 | | | | | | | | | | | | |
| ☊ | ⚼ 1A13 | ☍ 1S08 | | | | ⚹ 0S36 | ⚹ 1S17 | | ⚼ 1A51 | | □ 2S31 | | | |
| ☋ | ∠ 1A13 | ☌ 1S08 | | | | △ 0S36 | △ 1S17 | | ∠ 1A51 | | □ 2S31 | | | |
| As | △ 0A57 | | ☍ 4S40 | ⚻ 0S17 | ☍ 0A20 | ∠ 0S20 | ∠ 1S01 | □ 3S59 | △ 1A35 | ⚹ 1S19 | | | | |
| Mc | | | | △ 4S55 | □ 4S17 | | | | | | ☌ 7A34 | | | □ 4A38 |

Transite Juni 2004

Hoch in Justins Horoskop steht klar und stolz der Planet Chiron (entdeckt im Jahre 1977). Er formt starke Verbindungen zu den Knoten der Sonne und des Mondes und repräsentiert den »Verwundeten Heiler«. In Justins Horoskop steht er an so exponierter Stelle. Dies deutet auf einen Mann, der anderen Menschen viel zu geben hat, um ihren Schmerz zu lindern und ihre Probleme zu lösen. Er selbst wird sich aber nie ganz von diesem Schmerz frei machen können. In seinem Leben gibt es wunde Punkte, vielleicht in seiner Jugend, denen er sich stellen musste. Hieraus entsteht der Ansporn, anderen zu helfen.

Justin hat in seinem Leben von jemandem, vielleicht auch mehreren Personen, profitiert, die seine überschäumende Energie in disziplinierte, fruchtbare Aktivitäten verwandelten. Das sechste Haus im Horoskop repräsentiert auch die Beziehungen zwischen Lehrer und Schüler. Bei Justin steht die Sonne im sechsten Haus, sie wird von Saturn regiert, dessen Ernst und Stärke Disziplin lehren und rebellische Impulse im Zaume halten. In der Verbindung mit dem kämpferischen Mars deuten diese Zeichen darauf hin, dass Justin einem willensstarken Mentor oder strengen Ausbilder begegnet ist, den er nur schwer für sich gewinnen konnte. Irgendwann wird Justin selbst die ehrenvolle Aufgabe übernehmen, zu führen und als Mentor zu arbeiten. Der Drang, seine Energien auf die Rolle eines Lehrenden zu konzentrieren, ist sehr stark. Dieser Mann wäre ein guter Arzt geworden, besonders auf dem Gebiet der Psychoanalyse.

Im Herzen des Horoskops liegt ein wunderbarer, dionysischer Mond, der in seinem eigenen Haus viel Macht besitzt. Dieser Mond ist verbunden mit Neptun, dem Planet der Fantasie, der Kreativität, der Illusion und des Chaos. Dieser Mond steht im Feuerzeichen des Schützen, deshalb inspiriert er und wirbelt mit Aufregung und Dramatik Justins Alltag durcheinander. Er drängt ihn dazu, seine außergewöhnliche Begabung auszuleben. Doch dieser Mond ist auch mitfühlend, durch die Verbindung zu Pluto lebt er von emotionalem Zusammenbruch und anschließender Wiedergeburt. Es ist auch ein wilder Mond, der den Gegensatz zu der milden Vernunft und Zielstrebigkeit seiner apollinischen Sonne im Wassermann bildet.

Die Kraft dieser Energien wird in mehreren Lebensbereichen deutlich. Aber es besteht kein Zweifel, dass Justins Leben zu Hause, seine Wurzeln und seine ursprüngliche psychologische Prägung (die durch das vierte Haus im Horoskop repräsentiert wird) dafür verantwortlich sind, wie er sein Leben lebt. Das Wissen über sich selbst und andere, das er sehr früh erworben hat, ist für seinen reifen, kreativen Erfolg unabdingbar. Der Vater wurde geschätzt, weil er Unabhängigkeit und Vernunft verkörperte. Aber der zyklische, wandelbare Mond betont die Bedeutung von Familie und Mutter. Mit dieser Platzierung hat Justins Mutter ihren Sohn bestimmt immer zu einer mutigen, optimistischen Offenheit und Unabhängigkeit ermutigt. Sie legte bestimmt großen Wert auf Bildung im weitesten Sinne. Ihr Geist ist hellwach und sie folgt ihren Interessen. Damit schaffte sie ein Vorbild, das der Sohn leicht idealisiert und nach dem er auch in anderen Beziehungen suchen wird. Er wird sich zu Frauen hingezogen fühlen, die seiner Mutter ähneln.

Die enge Bindung von Sohn und Mutter spiegelt ein angeborenes emphatisches Verständnis füreinander wider. Justin schätzt ihre ungekünstelte, und doch philosophisch angehauchte Intelligenz sehr. Die Nähe des Mondes zu Neptun deutet an, dass sie in mancher Hinsicht ein Opfer war oder eine Zeit der Trauer, Krankheit oder des Verlustes durchmachen musste. Deshalb öffnet sie sich nicht leicht nach außen. Diese Beziehung weckte Justins Gespür für die Nöte seiner Mitmenschen. Er fühlt sich zu denen hingezogen, denen er helfen kann. Er hat ein feines Gespür für den versteckten Wert derjenigen Menschen, die die Gesellschaft nicht besonders schätzt. Der Mond symbolisiert seine instinktiven Stärken – Sensibilität, Einfühlungsvermögen in zwischenmenschliche Beziehungen und eine fast visionäre Kreativität. Justins heimatliche Wurzeln sind von einer stark matriarchalischen Struktur geprägt. Seine Heimat ist der Ort, an den er zurückkehrt, wenn er Geborgenheit spüren möchte und seine Batterien wieder aufladen will, nachdem er sich für andere Menschen verausgabt hat und seine Inspiration zu versiegen droht. Wenn er sich rechtzeitig zurückzieht, dann kann er wieder und wieder neu geboren werden.

Apoll ist nicht nur »der Strahlende«, sondern auch der Fluchbrecher, und diese Funktion wird auch Justin in seiner Familie zukommen. Im Horoskop dieses Mannes zeigt sich ganz deutlich der Konflikt zwischen zwei instinktiven Bedürfnissen. Auf der einen Seite der Wunsch, zu einer Gruppe oder einer Familie zu gehören, und auf der anderen Seite, seine Ziele zu erreichen und sich seine Unabhängigkeit zu bewahren. Der klassische Konflikt zwischen Selbstlosigkeit und Selbstsucht. Je älter Justin wird, desto stärker zieht es ihn zu Unabhängigkeit und dem Erreichen seiner weltlichen Ziele. Er wird die Kraft und die Autorität finden, sich in seiner Arbeit vollendet zu verwirklichen, denn bei seiner Arbeit ist er sein eigener Chef. Er wird lernen, dass er sein Leben selbst in die Hand nehmen muss, wenn er es verbessern will. Es liegt an ihm, die eingefahrenen Strukturen zu durchbrechen, die sein Wohlbefinden und auch das Wohlbefinden der Menschen, die er liebt, bedrohen. Durch dieses Durchbrechen potenziell destruktiver Muster – Probleme mit drastischen Aktionen zu lösen –, wird er in seiner Familie die Funktion des Fluchbrechers übernehmen.

Justin verliebt sich beneidenswert leicht. Zuerst wird er zwar die Situation genau ausloten und praktische Überlegungen mit einbeziehen, bevor er sein Herz verschenkt. Aber wenn er sich hingibt, dann nimmt er diese chaotische, intensive Erfahrung an und ergibt sich ihr völlig. Der Planet Merkur, der das Zeichen Zwillinge regiert, dominiert den Deszendenten, den Bereich, der für Partnerschaften steht. Merkur weist deutlich darauf hin, dass Justin sich ohne einen Partner nicht erfüllt fühlt. Wenn er nicht in einer Beziehung lebt, dann wird ihn immer das Gefühl verfolgen, dass ihm ein Partner, seine »andere Hälfte«, fehlt. Er wird alles mit seiner Partnerin teilen wollen, dieser Wunsch ist sogar stärker als sein angeborenes Bedürfnis nach Zeit und Raum für sich selbst. Der Planet Venus im ehrgeizigen, statusbewussten Steinbock deutet darauf hin, dass er absolute Treue erwartet. Merkur verbindet sich im Bereich des Horoskops, der mit Geschwistern assoziiert wird, wieder mit Pluto, das lässt darauf schließen, dass sich hier frühe Probleme in der Familie in seinen erwachsenen Beziehungen niederschlagen.

Merkur betont den Wunsch nach geistigem Austausch und intelligenten Gesprächen. Er zeigt Justin als ausgezeichneten, verführerischen Verhandlungspartner. Justin kann Süßholz raspeln, aber er hat auch eine spitze Zunge, wenn es um Beziehungen geht. Durch die Verbindungen zu Mars und Uranus neigt er zu brutaler Ehrlichkeit, Widerspenstigkeit und gelegentlichen Indiskretionen. Manchmal ist er zu schnell bereit, zu verurteilen.

Justin wird ein sehr liebevoller Vater werden, der seinen Kindern die Natur nahe bringen wird. Es gibt aber in der Generation der zwischen 1973 bis 1982 Geborenen Tendenzen, die Rolle des Vaters zu problematisieren, besonders dessen Stellung im Familienverband. Manche Männer fühlen sich von einer starken, unabhängigen Frau zur Seite gedrängt und werden ignoriert, sobald der Zeugungsakt vorbei ist. Justin wird für dieses Dilemma seine eigene Lösung finden. Ein Mann, in dessen Horoskop Pluto eine so wichtige Rolle spielt, wird sich den Herausforderungen einer modernen Partnerschaft stellen. Wenn einer sie meistern kann, dann er.

In seinen Beziehungen und kreativen Projekten nähert sich Justin einer Zeit der Erfüllung. Neptun wandert im letzten Drittel des Jahres 2004 noch einmal über die Sonne seiner Geburt. Dies wird ihm ermöglichen, seine Kreativität voll auszuleben. Wenn er will, kann er jetzt etwas wirklich Einmaliges schaffen. Er wird sich offener spirituellen Problemen zuwenden. Es ist eine sensible, künstlerische Zeit, eine Zeit des Verfeinerns, in der er, vielleicht mit seiner Arbeit, anderen Harmonie und Erleichterung bringen kann. Er sollte aber aufpassen und sich körperlich nicht überanstrengen. Vielleicht zeigt er auch psychische Ermüdungserscheinungen. Er nähert sich einem Stadium, in dem er sich zurückziehen muss, zumindest von der Arbeit.

Von Oktober 2004 bis in den Juni 2005 muss er sich intensiv auf seine Beziehungen konzentrieren, die hohe Anforderungen an ihn stellen werden. Einige muss er in Ordnung bringen, sie verarbeiten, und sie dann hinter sich lassen. Das wird passieren. Andere Beziehungen wird er ändern müssen. Seine eingefahrenen Verhaltensmuster in Beziehungsdingen werden in Frage gestellt, und ihm werden Veränderungen aufgezwungen. Das ist vielleicht unangenehm, aber er wird die Stärke besitzen, daraus zu lernen und nach vorne zu blicken. Das muss er auch, sonst zerbricht er daran.

Ganz am Ende des Jahres 2005 überquert Pluto noch einmal die Himmelsmitte. Die Auswirkungen dieses Ereignisses sind noch bis weit ins Jahr 2006 zu spüren. Dieser Planet von Tod und Wiedergeburt gesellt sich in Justins Horoskop zu Mond und Neptun, besonders auffällig im Juni und Oktober dieses Jahres. Das deutet darauf hin, dass Justin einen sehr tiefen inneren Veränderungsprozess beginnt, der schließlich all seine Lebensziele ändert. Dieser Transit wird sein Familienleben betreffen, wahrscheinlich seine Mutter und seine anderen Beziehungen zu Frauen. Er kann einen Machtkampf bedeuten. Vielleicht möchte Justin sein Schicksal selbst in die Hand nehmen. Vielleicht zieht er auch in ein anderes Haus. Tod und Ende können symbolisch oder wörtlich in Erscheinung treten, sind aber immer mit sehr intensiven Gefühlen verbunden. Es ist aber gewiss, dass dieser Transit, so schmerzhaft er auch sein mag, den Weg frei macht für Wiedergeburt und Wiederaufbau. Vielleicht wird sich diese Energie auch darin manifestieren, dass Justin sich professionell neu definiert. Dieser Mann will, dass man ihn wegen seiner Leistungen schätzt, nicht wegen seines Charakters und seiner Ausstrahlung.

Es ist interessant, dass der letzte Planet, der vor der Sonne am Tag seiner Geburt aszendierte, die Venus war. Diese Sternenkonstellation findet sich in den Geburtshoroskopen von Schauspielern und anderen Menschen, die lieber nach ihrer Arbeit, als nach ihrem Charakter beurteilt werden wollen. Wenn Justin trotz seines immensen Erfolges merken sollte, dass man ihn nur wegen seiner Popularität und seines Images, und nicht für seine Leistung schätzt, dann kann es passieren, dass er alles über Bord wirft. Von diesem Mann können wir lebenslange, unermüdliche kreative Arbeit erwarten. Astrologisch gesehen ist dieser Lebensabschnitt sehr intensiv und anstrengend. Wenn auch den Problemen mit Familie und Emotionen die größte Bedeutung zukommt, so sind diese doch untrennbar mit Justins kreativem Antrieb verknüpft. Dies wird keine leichte Zeit, sondern ein Lebensabschnitt voller neuer, prägender Erfahrungen.

*Madeleine Moore*
*2004*

# ERSTER TEIL

# SHELBY FOREST

# 1

# Mr. Jeter

*Es war eine Katastrophe. Mitten im Weihnachtskonzert der E. E. Jeter Elementary School fiel der Strom aus. Dunkelheit senkte sich über die riesige Turnhalle und Eltern und Kinder fragten sich, was jetzt wohl passieren würde. Plötzlich erklang eine Stimme in der Düsternis. Sie gehörte dem elfjährigen Justin Timberlake, der ganz alleine »O Holy Night« sang. Seine Freundin Erika Ruch erinnert sich: »Es ließ ihn völlig kalt, dass das Licht ausgegangen war. Er sang einfach immer weiter, und es klang wunderschön. Alle in der Turnhalle hatten feuchte Augen.«*

Justins Schule war nur ein bisschen mehr als eine Meile von seinem Haus entfernt, aber er nahm den leuchtend gelben Schulbus, genau wie alle anderen. Der bog in Justins Straße mit ihren gepflegten, einzeln stehenden Häusern ein, hielt vor seiner Auffahrt und wartete, bis er seine morgendlichen Frühstücksflocken heruntergeschlungen hatte – auch als Superstar des Musikbusiness sind sie immer noch sein liebstes Frühstück. Im Bus saßen seine vielen Freunde aus dieser abgeschiedenen ländlichen Gemeinde, die sich entlang den gewundenen Straßen im Shelby Forest erstreckte. Man kann ohne große Übertreibung behaupten, dass die Hälfte der Kinder, die im Bus saßen, wahrscheinlich miteinander verwandt war.

»Die Familienmitglieder stehen sich sehr nahe«, erklärt Allison Hammett, die der Meinung ist, sie sei Justins Cousine vierten oder fünften Grades. »Justins Großvater William Bomar ist ein Cousin ersten Grades meiner Großmutter, Judith Bomar. Ich bin ein Jahr jünger als Justin, also kenne ich ihn wohl seit meiner Geburt.« Die Clans der Timberlakes und der Bomars waren so weit verstreut, dass sie in Justins Jugend jedes Jahr im Park ein großes Familientreffen veranstalteten.

Die frühen Jahre des Justin Timberlake vermitteln eine sehr beschauliche Bilderbuchkindheit. Die Gemeinde Shelby Forest, wo der Schulbus vor jeder Haustür anhält, wo bereits Großeltern und Eltern zusammen zur Schule gegangen sind und die Familien jeden Sonntagmorgen zur Kirche gehen, wirkt wie ein Schnappschuss aus dem Amerika der fünfziger Jahre, als die Welt noch in Ordnung zu sein schien, fast ohne Verbrechen und ohne die spezifisch urbanen Probleme großer Städte wie beispielsweise Memphis. Die Nachbarschaft war vielleicht keine exakte Kopie derjenigen, die den Film *Die Truman Show* inspiriert hat, aber sie war hauptsächlich von Leuten aus der Mittelschicht bevölkert, wohlhabend und weiß.

E. E. Jeter Elementary, die einzige Schule, die Justin je besucht hat, hatte nur 500 Schüler und bot ihm eine Umgebung, in der ein Kind sich entfalten und seine Talente entwickeln konnte. Der Name der Schule wird »Dschieter« ausgesprochen, deshalb bekamen ehemalige Schüler oft den Spitznamen »Jeter Beaters«, wenn sie auf die Highschool kamen. Die Schule wurde 1923 gegründet und nach dem hochtrabend betitelten Squire Emmet Early Jeter benannt. Sie gehört zu den ältesten Schulen im Shelby Country. Justin würde den Ort kaum wiedererkennen, falls er beim nächsten Besuch bei seiner Familie zufällig daran vorbeiführe. Die Schule wird zurzeit komplett umgebaut, mit Geldern aus Justins wohltätiger Stiftung. Nur die geräumige Turnhalle, in der Justin seine ersten Triumphe mit seinen beiden größten Talenten, Singen und Basketball, feierte, sieht noch immer genauso aus wie zu seiner Schulzeit.

Wäre Justin in Deutschland zur Schule gegangen, hätte er wohl Bezeichnungen wie Streber, Schleimer oder Langweiler ertragen müssen. Er war ein intelligenter Junge, dem das Lernen leicht fiel, ein Einserschüler mit unmöglicher Frisur, der in einer weniger toleranten Umgebung leicht zur Zielscheibe für Spott und Hänseleien hätte werden können. Es war nicht weiter überraschend, dass er in das Apex-Programm zur Begabtenförderung aufgenommen wurde. Die etwa zehn Begabtesten der Schule trafen sich jeden Freitag und erhielten einen Unterricht, der über den normalen Lehrplan hinausging. Sie trafen sich in einem winzigen Klassenzimmer am Ende eines Flures. Dort bekamen sie Knobelaufgaben und IQ-Tests vorgelegt und beschäftigten sich unter Anleitung ihrer Lehrerin Renée Earnest aus New Orleans mit verschiedenen Projekten.

»Sie brachte uns weder Mathematik noch besseres Englisch bei«, erinnert sich Erika Ruch. »Es ging mehr darum, dass wir unsere Intelligenz förderten. Miss Earnest entschied, wer am Begabtenunterricht teilnehmen durfte. Man musste ins Sekretariat gehen und dort einen IQ-Test ausfüllen. Dann stellte sie einem noch ein paar Fragen und lud einen dann ein, an ihrem Unterricht teilzunehmen. Apex war einfach toll. Justin gehörte immer zu den Klügsten im Unterricht und wir hatten eine ganze Menge Spaß miteinander. Wir stellten selbst Werbespots nach und Miss Earnest filmte uns mit der Videokamera. Am lustigsten war es, wenn wir die Calgon-Werbespots für Frauenkosmetika veralberten. Justin spielte die Kundin und schrie dann immer ›Calgon, take me away!‹, dann stürzten wir uns vor laufender Kamera auf ihn und zogen ihn weg. Er hatte großes komisches Talent und war einfach unglaublich witzig.«

Justin hat sein Gespür für Komik und sein Talent, Personen nachzuahmen, nicht verloren. Das bewies er bei seinem Auftritt im Jahr 2003 bei *Saturday Night Live.*

Renée Earnest, eine humorvolle Frau Mitte dreißig, war äußerst beliebt, nicht nur bei Justin und seinen Freunden, sondern auch bei den Eltern, besonders bei Justins Mutter Lynn. Beth Wendell, eine weitere Klassenkameradin, erinnert sich: »Mit ihr machte alles unheimlich viel Spaß. Wir lernten eine Menge dabei, aber wir merkten es gar nicht, weil wir das Ganze so genossen.«

Renée Earnest organisierte auch Ausflüge für ihre Schützlinge. Den Höhepunkt von Justins Zeit als Apex-Schüler stellte ein Ausflug nach Biloxi dar, in ein Institut für Meeresbiologie. Biloxi liegt westlich von New Orleans an der Küste. Alle Kinder quetschten sich in einen riesigen Greyhound-Bus und fuhren sieben Stunden lang nach Süden, in Miss Earnests Heimat. In dem Institut für Meeresbiologie sezierten die Kinder einen Hundshai. Erika Ruch erinnert sich. »Das war natürlich für einen Siebtklässler das Allergrößte. Und wir aßen alle Alligatorfleisch. Es schmeckte genau wie Hühnchen.«

Sogar auf einem Schulausflug konnte Justin es nicht lassen, den Clown zu spielen. Er erfand kleine Liedchen über seine Klassenkameraden, um sie von einem ziemlich beängstigenden Busfahrer namens Eugene abzulenken, der falsch herum in eine Einbahnstraße fuhr, ein anderes Auto beim Rückwärtsfahren rammte und sich dann einfach aus dem Staub machen wollte. Aber er hatte die Rechnung ohne die aufrechten jungen Bürger von Shelby Forest gemacht. Die bestanden nämlich darauf, dass er wenigstens einen Zettel mit seiner Adresse hinterließ.

Am Abend veranstaltete Renée Earnest zur Unterhaltung Schönheitswettbewerbe. Sie begann den Abend damit, dass sie sich in die Comicfigur Bubba verwandelte. Sie stopfte ihr Hemd aus, bis sie richtig fett aussah, und malte sich einen Bart aufs Gesicht. Als Mädchen sich in Jungs und diese in Mädchen verwandeln sollten, warf Justin sich voller Enthusiasmus in seine Rolle. Er klemmte sein dickes lockiges Haar mit der Spange einer Schülerin fest, lieh sich ein Barbie-T-Shirt und trug einen BH, den er mit Taschentüchern ausgestopft hatte. Auch sein Cousin Nick Bomar verkleidete sich, und das Paar belegte die vordersten Plätze. »Ich habe nie mehr jemanden so gut ein Mädchen nachmachen sehen«, erinnert sich Erika.

Justin belohnte Miss Earnest dafür, dass sie seine Lieblingslehrerin gewesen war. Er machte sie zu einem Mitglied des Teams Timberlake, als seine Karriere in Orlando, Florida, ins Rollen kam. Mittlerweile ist sie eine Schlüsselfigur seines Teams und wird in der Dankesliste auf dem Programm der ausverkauften *Justified*-Tour an vierter Stelle erwähnt, nach Lynn, Paul und seinem Manager Johnny Wright. Wie viele Popstars umgibt sich auch Justin gerne mit Menschen, die er mag und – was vielleicht noch wichtiger ist – von denen er weiß, dass sein Wohl ihnen am Herzen liegt.

Justin und Miss Renée, wie er sie schon immer genannt hat, haben nicht nur den gleichen Sinn für Humor, sie teilten auch die Vorliebe für Spree Candys, eine amerikanische Süßigkeit mit einem scharfen Geschmack. Das Problem war nur, dass beide die roten besonders gerne mochten. Justin öffnete die Packung immer ganz vorsichtig, nahm alle roten Bonbons raus und verpackte alles wieder sehr sorgfältig. Dann schenkte er sie Miss Renée. Sie freute sich und öffnete sie, nur um festzustellen, dass die roten Süßigkeiten fehlten. »Oh, Justin«, rief sie dann immer.

Justins erste Rektorin im E. E. Jeter war eine überlebensgroße Afroamerikanerin namens Mary Ann McNeil, die von den Kindern in gleichem Maße geschätzt und respektiert wurde. »Ich weiß noch, dass er ein niedliches Kind war, sehr süß, höflich und lieb. Uns war zuerst gar nicht klar, dass er so ein talentierter Sänger und Tänzer war.«

Mrs. McNeil musste Justin weder für irgendwelche Strafmaßnahmen in ihr Büro zitieren, noch seine Eltern zu sich bitten, und ihre Nachfolgerin Regina Castleberry erinnert sich nur an ein einziges Mal. Justins Vergehen war, dass er und ein anderer Junge sich die Haare geflochten hatten, sodass sie ihnen wie kleine Schwänzchen überall vom Kopf abstanden. Mrs. Castleberry erinnert sich: »Ihr ganzer Kopf war voll mit Gummibändern. Die anderen Kinder flippten völlig aus. Ich bat sie, die Dinger raus zu nehmen, und seine Mom kam in die Schule und redete mit ihm. Aber insgesamt war er ein guter Junge. Um ihn brauchte man sich keine Sorgen zu machen. Wenn er mit Kindern spielte, die sich gerne daneben benahmen, dann ließ er sich davon nicht anstecken. Er war eher ein Vorbild. Ich will damit nicht sagen, dass er es allen recht machen wollte. Er war reifer als die meisten anderen Kinder, und das färbte auf sie ab. Er ließ sich einfach nicht auf irgendwelchen Blödsinn ein.«

Es spricht Bände für die Einstellung, die an dieser ländlichen Schule herrschte, dass Justins Mutter extra an die E. E. Jeter zitiert wurde, weil ihr Sohn sich die Haare mit Gummibändern zusammengebunden hatte. Die Strafe für solch kleine Vergehen war es, einen Teil des Wörterbuchs abzuschreiben. Ein Großteil der Schüler von Jeter wusste, wie man das Wort »Aardvaark«, Erdferkel, schreibt.

Justins Karriere als potenzieller Glanzschüler war nur recht kurzlebig. Er spielte viel zu gerne Basketball, um sich wirklich zu engagieren. Dennoch trat er in den Algebra-Klub ein, den seine Mathematiklehrerin ins Leben rief. Ihr Name war Jacqueline Lackey – natürlich verballhornten ihre Schüler das zu Jacky Lackey. Sie machte gute Miene zum bösen Spiel und gab vor, eine Schwester namens Turkey Lurkey zu haben. Sie hat immer noch das Blatt, auf dem die Schüler sich für den Kurs eintrugen, obwohl sie natürlich nicht ahnen konnte, wie berühmt Justin werden würde. Justin trat als einundzwanzigster in den Klub ein, verließ ihn aber als einer der ersten. Miss Lackey lacht: »Das Problem war, dass die Kids schnell merkten, dass es wirklich um Mathe ging. Sie waren sich nicht sicher, ob sie dafür nach der Schule länger bleiben wollten, besonders dann, wenn der Kurs sich mit ihren Basketballstunden überschnitt! Im Allgemeinen waren die Apex-Schüler in Mathematik und Naturwissenschaften deutlich überdurchschnittlich begabt. Justin war ein sehr guter Schüler, aber er musste sich dafür nicht sonderlich anstrengen.«

Justin schnitt im Jeter Buchstabierwettbewerb als Bester ab, aber trotz seiner Erfolge an der E. E. Jeter scheiterte er kläglich am Buchstabierwettbewerb des Shelby County bei Memphis, als er in der ersten Runde ausschied und auf dem 136. Platz landete. Er hatte das Wort »Wharf«, also Werft, falsch buchstabiert. Kein Wunder, dass es bisher noch nie in einem Songtext von Justin Timberlake aufgetaucht ist.

Erstaunlicherweise ist Justin Timberlake aber nicht das Größte, was E. E. Jeter je passiert ist. Vielleicht wäre es etwas anderes, wenn er jetzt auftauchen und auf einem Abschlussball singen würde, aber als er seine ersten Erfolge im Showgeschäft feierte, war er für seine Mitschüler immer noch der gute alte Justin. Tom Cruise war die wirkliche Attraktion. Der Hollywoodstar wohnte während der Dreharbeiten zu John Grishams *Die Firma* in einem Haus nicht weit von Justins Adresse. Regina Castleberry drückt es so aus: »Tom Cruise war ein Star. Justin war einer von uns.« Jeden

Tag versammelten sich die Lehrer vor den Toren der Schule und hofften, einen Blick auf den zierlichen Herzensbrecher zu erhaschen, wenn seine Limousine vorbeischoss. Justins Englischlehrerin Karen Toombs erinnert sich: »Eines Tages warteten wir wieder darauf, dass er vorbeifuhr, als der Schülerlotse das Auto anhielt, damit jemand die Straße überqueren konnte. Und wir alle riefen wie aus einem Mund: ›Yeahh!!!‹«

Mrs. Toombs und ihre Kollegen hatten dennoch weniger Glück als eine Schülerin namens Scarlet Hurt, deren Vater der Shelby Forest General Store gehörte. Eines Tages hielt Scarlet vor dem Laden ein Schild in die Höhe, auf dem »Tom, we love you« stand. Zu ihrem Entzücken bat Tom darauf seinen Chauffeur anzuhalten. Tagelang hatten sich Justin und seine Klassenkameraden – oder vielmehr Kameradinnen – nach der Schule im Laden herumgetrieben und gehofft, der Star würde sich einen der berühmten Cheeseburger genehmigen, aber inzwischen war ihr Interesse erlahmt. An jenem Nachmittag war nur Scarlet da. Tom unterhielt sich mit ihr und posierte bereitwillig für ein Foto, das einen Ehrenplatz im Laden erhielt, bis die Hurts schließlich ihr Geschäft aufgaben.

Das war das Aufregendste, was in diesem verschlafenen Nest im mittleren Süden je passierte, obwohl der Bombenalarm nur knapp auf dem zweiten Platz landete. Justin und seine Freunde wurden auf einen nahe gelegenen Baseballplatz evakuiert, während die Schule durchsucht wurde. Alle Eltern wuselten herum, brachten Decken, Getränke und belegte Brote. Sie verwandelten eine potenziell gefährliche Situation in ein Picknick und einen spaßigen Ausflug. Mrs. Toombs erinnert sich: »Die Eltern waren sofort da, wenn irgendetwas passierte. Wir waren nur eine kleine Schule auf dem Land. Die Kinder waren schon zusammen im Kindergarten gewesen, und alle kannten sich sehr gut. Es war fast wie eine große Familie.« Glücklicherweise handelte es sich bei der Bombendrohung nur um einen schlechten Scherz.

Bei E. E. Jeter, einer Public School, müssen die Eltern keine Schulgebühren zahlen. Manchmal kommen sie aber für Schulbücher, Ausrüstung, Sportgeräte und Mannschaftsuniformen auf.

Zur Essenszeit gab es ein gemeinsames Mittagessen, Justins Lieblingsgericht war die Pizza, die es immer am Apex-Tag gab.

Justins Schulkameraden gaben sich relativ unbeeindruckt von seinem Erfolg. Er war mit ihnen aufgewachsen und gehörte zu ihrer Gang, fertig. Sogar zwischen den Dreharbeiten zum *Mickey Mouse Club*, wenn er wieder in der Schule war, war er für sie derselbe alte Justin. Chris Kirkpatrick spielte da schon in einer anderen Liga. Nachdem Justin ihm zu 'N Sync gefolgt war, aber bevor sie die größte Boygroup der Welt wurden, brachte er Chris eines Freitags mit ins Apex-Programm. Chris war zehn Jahre älter und, wie Erika sich erinnert, ein echter Herzensbrecher: »Wir Mädels fanden ihn unheimlich süß, weil er älter war. Bei uns hieß es: ›Der ist richtig süß. Setz dich neben mich, setz dich neben mich.‹ An diesem Tag machten wir zufällig einen IQ-Test und er kam an, setzte sich an dieses winzige Pult in diesem winzig kleinen Klassenzimmer und sagte, er wolle bei dem Test mitmachen. Aber er wusste keine einzige Antwort und schrieb eigentlich alles von uns ab. Wir waren vier Mädchen in der Klasse, und wir fanden ihn alle ziemlich cool. Justin war bloß Justin.«

Justin fegte die Mädels vielleicht nicht von den Füßen, aber seine ersten zögernden Schritte in die Welt der Romanzen fanden in der sicheren Umgebung der E. E. Jeter statt. Die Kids waren noch sehr jung, aber das Pärchen-Szenario wurde sehr ernst genommen und nach allen Regeln der Kunst und der Höflichkeit aufgeführt. Aber die ganze Sache trug noch sehr kindliche Züge. Freunde und Freundinnen sahen sich jeden Tag im Unterricht und telefonierten den ganzen Abend miteinander. Ein sehr hübsches, dunkelhaariges Mädchen namens Deanna Dooley war die erste, mit der Justin richtig ausging, aber es war nichts Ernstes. Deanna spielte fantastisch Basketball, das beeindruckte Justin natürlich. Die Dooleys hätten, genau wie die Timberlakes und die Bomars, den ganzen Park mit ihren Familienmitgliedern füllen können. Erika Ruch sagt: »Deanna hatte eine strahlende Persönlichkeit und war sehr lustig, genau wie Justin.«

Damals war Justin vierzehn Jahre alt und in der achten Klasse. Er küsste Deanna zum ersten Mal an ihrem Geburtstag, auf dem

Rücksitz des Autos eines Freundes. Es war kein überwältigender Erfolg: »Ich wurde puterrot und drehte mich verlegen weg.« Justins romantische Ader war für sein Alter erstaunlich stark ausgeprägt. Als er mit Deanna zum E. E. Jeter Homecoming Dance ging, mietete er eine weiße Limousine und schenkte ihr einen goldenen Armreif und Parfum. Ein frühes Beispiel für die Überschwänglichkeit, die so charakteristisch für Justins Verhalten gegenüber dem anderen Geschlecht werden sollte. Deanna war bezaubernd in ihrem schwarzen Kleid und sah entfernt aus wie Marie Osmond als Teenager. Justin hätte in seinem doppelreihigen grauen Jackett, den dunklen Hosen, dem weißen Hemd, der gestreiften Krawatte und der weißen Nelke in seinem Knopfloch auch zu einer Hochzeit gehen können. Als sie für das offizielle Foto posierten, wirkte er nicht, als fühle er sich besonders wohl in seiner Haut. Richtig entspannt sah er erst aus, als er sich wieder Jeans angezogen hatte und mit Deanna auf der Tanzfläche abrockte.

Justin und Deanna waren so beliebt, dass sie von den anderen Schülern zu Mr. und Miss Jeter gewählt wurden, eine Ehrenwahl. Für das Schuljahrbuch gibt es eine Fotoserie von ihnen, in der sie unschuldig und ein wenig befangen in einem Wäldchen nahe der Schule posieren. Das Schuljahrbuch ist in den Vereinigten Staaten ein faszinierendes Dokument, in ihm schreiben Schüler ihren Klassenkameraden und ihren Lehrern Nachrichten und Eltern gratulieren ihrem Nachwuchs öffentlich dazu, dass sie so toll sind. Justins Mutter und sein Stiefvater waren da keine Ausnahme:

> Justin Timberlake – unser Superstar! Setz dir hohe Ziele und versuche immer, sie zu erreichen! Wir sind so stolz auf dich. Wir lieben dich! ... Mom & Dad

Diese aufrichtigen, gefühlvollen Zeilen zeigen ganz deutlich, wie viel Unterstützung Justin schon immer von seiner Mutter Lynn und seinem Stiefvater Paul Harless, den er schon immer »Dad« genannt hat, erhalten hat. Wenigstens war Justins Nachricht nicht so abgrundtief peinlich wie die seines Klassenkameraden Patrick Walker, der über die Rektorin schrieb: »Mrs. McNeil – Danke für ihre herausragenden Führungsqualitäten während meiner Zeit in Jeter.«

Zwischen all den Lobreden fällt die auf ein Mädchen namens Kera Bolgeo heraus, mit der Justin ein paarmal ausgegangen war. Shelby Forest ist nicht gerade die Verbrechenshauptstadt des Südens, deshalb schockierte es die Gemeinde zutiefst, als Kera erschossen wurde. Das war ein paar Jahre später, nachdem sie die Highschool verlassen und sich in Memphis mit ein paar Leuten aus der Drogenszene eingelassen hatte. Zwei Männer drangen in das Haus ein, in dem sie mit ihrem Freund wohnte, und sie wurde in den Rücken geschossen, als sie versuchte, zur Eingangstür zu fliehen. Ein Freund aus der Schule gesteht: »Kera war auf die schiefe Bahn geraten.«

***»Justin war hochintelligent. Er hätte sich wahrscheinlich auch selbst unterrichten können.«***

# 2

# God's Country

*Als Justin neun Jahre alt war, bat man ihn, bei einem Schulfest in Millington vor dreihundert Leuten aufzutreten. Die Organisatorin Debbie Welch machte sich Sorgen darüber, wie einige der älteren Einwohner dieser sehr christlichen Ecke von Tennessee auf die Bewegungen reagieren würden, die Justin auf der Bühne machte. Also sah sie sich ein Video von ihm an, das ihn zeigte, wie er einen Song von Garth Brooks coverte. Sie hatte Angst, der Hüftschwung dieses Jungen könne Anstoß erregen. Am Ende ließ sie ihn einfach machen. »Er legte einen wunderbaren Auftritt hin«, erinnert sie sich.*

Justin geht mit seinem Glauben an Gott sehr offen und freimütig um. In seinem Teil der Danksagungen auf dem Albumcover von 'N Syncs Album *Celebrity* schreibt er, dass er GOTT (in Großbuchstaben) jeden Tag dafür dankt, dass er ihn beschützt, und dass es »keine größere Macht gibt als Seine Liebe«. In unseren gottlosen Zeiten könnten solche Empfindungen schnell abgetan werden, bestenfalls als kitschiges Südstaatengewäsch, schlimmstenfalls als die Heuchelei eines Mannes, der es ansonsten genießt, die Früchte der dionysischen Welt des Showbusiness zu kosten. Aber Justins Glaube an Gott ist weder aufgesetzt noch übertrieben. Er wurde schlicht in eine Familie und in eine Gemeinde hineingeboren, in der die Kirche das Fundament des täglichen Lebens ist.

Shelby Forest liegt im Bible-Belt, ein Name, der für den protestantischen Süden der USA durchaus zutreffend ist, aber durch die überkandidelten Auftritte einiger Fernsehprediger schon fast zum Klischee verkommen ist. Als Justin das Licht der Welt erblickte, war sein Großvater Charles Timberlake der Pfarrer der Shelby Forest Baptist Church, ein in seiner Gemeinde hoch geschätzter Mann. Bei ihm musste man immer seine besten Manieren an den Tag legen. Eine von Justins Freundinnen erinnert sich: »Man durfte nicht Mist sagen, und dies nicht, und das nicht. Es hieß: Sag bloß dieses Wort nicht. Ich musste ganz schön aufpassen. Seine Familie ist sehr religiös.«

Die erste Baptistengemeinde in den Vereinigten Staaten wurde 1639 in Providence, Rhode Island, gegründet, aber die Konfession breitete sich im späten achtzehnten und im neunzehnten Jahrhundert sehr schnell im gesamten Süden aus, als sie eine treue Anhängerschaft in der schwarzen Bevölkerung fand. Die schwarzen Baptistengemeinden der Südstaaten spielten eine wichtige Rolle im Kampf um die Bürgerrechte, einer Bewegung, die von Martin Luther King in den sechziger Jahren angeführt wurde. King selbst war der Sohn eines schwarzen Pfarrers. In Justins Gegend von Tennessee legte man in der Kirche besonderen Wert auf Musik und auf leidenschaftliche Predigten, die auf Bibeltexten basierten. Die Timberlakes stammten ursprünglich aus England und hatten sich zu Beginn des achtzehnten Jahrhunderts in die Vereinigten Staaten eingeschifft. Justins schillerndster Vorfahr war ein gewisser Leutnant Henry Timberlake, der die Tochter eines Cherokee-Häuptlings geheiratet hatte, nachdem man ihn zu dem Stamm geschickt hatte, um die Bedingungen für einen Friedensvertrag auszuhandeln.

Justin wuchs in dem Bewusstsein auf, dass sein Glaube – und das korrekte Verhalten Erwachsenen gegenüber – sehr wichtig waren. Dies ist die Art des Südens: Höflichkeit und das viel zu inflationär gebrauchte Wort »Respekt« haben hier noch eine wirkliche Bedeutung; Männer werden »Sir« genannt und Frauen »Ma'am« oder »Miss«. Chuck Yerger, der Justin in dessen Teenagerzeit unterrichtete, erinnert sich an einen Besuch bei Justin zu Hause, bei dem er seine Frau Sherry mitbrachte. Sie gingen in die Lounge, wo

Justin sie freundlich und informell begrüßte. »Er sagte: ›Hi, Mr. Yerger. Hi, Sherry‹«, erinnert sich Chuck. »Seine Mutter Lynn hörte ihn von weiter hinten im Haus und brüllte ›Justin‹, wie das nur eine Mutter kann. Ohne ein weiteres Wort von Lynn berichtigte sich Justin, der vor Verlegenheit rot angelaufen war, und sagte: ›Entschuldigung. Miss Sherry.‹«

Leider ist ein starker Glaube nicht immer ein Garant für eine perfekte Ehe. Justins Eltern waren noch sehr jung, als sie 1978 heirateten. Randall Timberlake, der im Baugeschäft arbeitete, war zwanzig, und Lynn Bomar gerade mal siebzehn. Sie war erst zwanzig, als Justin in der Entbindungsstation des St. Jude Memorial Hospital in Memphis am 31. Januar 1981 zur Welt kam. Randall und Lynn trennten sich zwei Jahre später und ließen sich scheiden, als Justin erst drei Jahre alt war. Die größte Auswirkung, die das auf die Gemeinde hatte, war, dass Lynn die Kirche wechselte. Es wäre zu schmerzlich und peinlich für sie gewesen, ihren ehemaligen Gatten jeden Sonntag singen zu hören, besonders in einer so kleinen Kirche. Also trat sie in die viel größere First Baptist Church neben der Highschool in Millington ein. Obwohl er den größten Teil seines Lebens weniger als zwei Meilen von der Shelby Forest Church entfernt wohnte, war Justin dort nur ein seltener Gast, obwohl er manchmal in dem kleinen Gästezimmer seines Großvaters übernachtete.

Randy Timberlake hat eine schöne Singstimme, ein bisschen tiefer als die seines Sohnes. Randys Vater hat inzwischen die Leitung einer anderen Gemeinde übernommen, aber Randy hat weiterhin eine sehr enge Bindung an Shelby Forest; er ist mittlerweile »Musical Minister«, eine Art »Musikbeauftragter«, der Kirche, die nun unter der geistlichen Leitung von Pfarrer Barney Austin steht. Gemeindemitglieder bestätigen, dass er »richtig losschmettern« kann. Beth Wendell, die immer noch in der Gegend wohnt, erinnert sich: »Ich ging dort zur Kirche und weiß noch, wie Justins Dad jeden Abend nach vorne zum Altar ging. Er spielte dann Gitarre, und wir sangen alle zusammen.« Ihre Freundin Allison Hammett fügt hinzu: »Randy ist ein sehr talentierter Musiker. Von ihm hat Justin zumindest einen Teil seiner Musikalität geerbt.«

Bob Westbrook, der Justin früher Gesangsunterricht gab, bestätigt das. »Ich kann mir vorstellen, dass Justin sein Gesangstalent eher von Randy geerbt hat als von Lynn, obwohl sie ein sehr gutes Gefühl für Musik hat. Randy ist ein hervorragender Solist.« Sogar Lynn soll manchmal im Scherz sagen, dass das Einzige, was Justin jemals von seinem Dad geschenkt bekommen hat, seine schöne Singstimme ist. Oberflächlich betrachtet gibt es kaum körperliche Ähnlichkeit zwischen Randy und seinem Sohn. Justin war schon immer schlank und athletisch, während Randy eher Gemütlichkeit als Stromlinienform ausstrahlt. Erika Ruch, deren Eltern neben Randy wohnen, drückt es sehr treffend aus. »Justin war schon immer ein dünner Hering, aber Randy ist ziemlich gut gepolstert.«

Sowohl Randy als auch Lynn heirateten wieder, als Justin noch ein kleiner Junge war. Lynn konzentriert ihre mütterliche Energie ausschließlich auf Justin, aber Randy und seine zweite Ehefrau Lisa haben zwei Söhne, Jonathan und Stephen. Justin war immer ihr »großer Bruder«, und diese liebevolle Geschwisterbindung hat zu einem engen, herzlichen Verhältnis der beiden Familien geführt. Freunde geben zwar zu, dass Justin und sein Vater »ein paar Probleme« hatten, als Justin noch jünger war, aber inzwischen genießen die beiden die Zeit, die sie miteinander verbringen. Wenn man sie zusammen beobachtet, zum Beispiel auf dem Golfplatz, dann sieht man sehr schnell, dass die beiden verwandt sind, denn auf ihrem Weg über den Platz kommen sie aus dem Lachen und Witzeln gar nicht heraus. Erika, die auf Jonathan und Stephen aufpasste, als sie jünger war, meint: »Ich halte die beiden für richtig gute Kumpel. Randy ist unheimlich lustig. Er schneidet ständig blöde Grimassen, das hat Justin definitiv von ihm gelernt. Ich mag Randy wirklich unheimlich gern.«

Randy hat immer großen Wert darauf gelegt, dass ihn der Aufstieg seines Sohnes in die Welt der Reichen und Berühmten nicht selbst ins Licht der Öffentlichkeit katapultiert. Ganz bewusst lebt er unauffällig und bevorzugt das Leben eines stillen Familienmenschen; er arbeitet im Lebonheur-Kinderkrankenhaus in Memphis und hat nebenbei seinen Musikjob in der Kirche. Eine Menge

Quatsch wurde über ihn geschrieben, unter anderem die Legende, er habe früher in Elvis Presleys Bühnencombo gespielt. Er hat sich nie dazu geäußert. Er freut sich einfach darüber, dass er an Justins Leben teilhaben darf und dass sein ältester Sohn ihn immer noch »Daddy« nennt. Aber natürlich bedauert er, dass er viel von Justins Leben verpasst hat und gibt auch zu, dass sich die beiden nicht immer so nahe standen, wie er sich das gewünscht hätte, besonders, als Justin noch jünger war. Die Familie konzediert ihm, dass er bei seiner ersten Heirat wahrscheinlich einfach noch viel zu jung war, um sich häuslich niederzulassen.

In nur einer Generation hat sich Justins Familie in Shelby Forest ausgebreitet. Randy lebt immer noch in einer ruhigen Wohngegend ganz in Justins Nähe. Er und Lisa teilen sich ein Haus mit ihrem Vater Mack Perry, einem beliebten Mann, der als Aushilfslehrer an der Millington Highschool arbeitet. »Pa Mack«, wie Justin ihn nennt, ist ein großer Fan der Südstaaten-Gospelmusik der alten Schule und fände es großartig, wenn sein Stiefenkel dieser Musikrichtung ein Album widmen würde. Er hat ebenfalls eine hervorragende Singstimme und sang früher in einem Quartett, das regelmäßig in der Shelby Forest Baptist Church auftrat.

Justins Stiefmutter Lisa ist Apothekerin, spielt sehr gut Klavier und ist eine große Pferdenärrin. Justin beschreibt sie voller Zuneigung als »großartige Mutter«. Einmal gewann sie das Tennessee High School Rodeo Association Breakaway Roping and Goat Tying Championship, und sie nahm regelmäßig an den Wettkämpfen der Intercollegiate Rodeo Association teil. Ihre ältere Schwester Sue Lynn ist eine ehemalige Miss Rodeo Tennessee und ihre Mutter Mimi betreibt einen Reitstall in Harrisburg, Arkansas, direkt auf der anderen Seite der Staatsgrenze. Mimi brachte Justin das Reiten auf einem hübschen kleinen Pony namens Molly bei, das sie ihm zu seinem achten Geburtstag schenkte. Justin zeigte das Pony in dem Reitstall in Shelby Forest vor, dem Woodstock Saddle Club. Leider bekam Molly später Founder, eine Krankheit, die Pferde und Nutzvieh befällt und sie in ihren Bewegungen einschränkt. Aber zu diesem Zeitpunkt hatte Justin sowieso nur noch Zeit für Singen und Basketball.

Justin liebt seine beiden jüngeren Halbbrüder über alles. Jonathan, der zwölf Jahre jünger ist als Justin, ist inzwischen ein hervorragender Hip-Hop-Tänzer, der bei Wettkämpfen und auf Sportveranstaltungen auftritt. Er trat in der Halbzeitpause bei einem Spiel der Grizzlies in Memphis auf – zufällig das gleiche Spiel, das mit einem Auftritt von Justin begann, der mit Isaac Hayes die Nationalhymne »The Star-Spangled Banner« sang. Stephen ist das Nesthäkchen der Familie und siebzehn Jahre jünger als Justin. Er erblickte nach einer Tragödie das Licht der Welt, die das Familienidyll erschüttert und ihren christlichen Glauben auf eine harte Probe gestellt hatte. Es handelte sich um den Tod von Justins Schwester. Die Welt erhielt eine Ahnung von dem Trauma, als das Debütalbum von 'N Sync erschien. In der Widmung schloss Justin in seiner Liste der wichtigen Menschen, denen er danken wollte, auch »meinen Engel im Himmel, meine Schwester Laura Katherine« mit ein. Das wunderte Justins Fans jahrelang, denn es war allgemein bekannt, dass er ein Einzelkind war. Niemand wusste, dass es sich um seine kleine Halbschwester handelte, die nach der Geburt nur eine Stunde am Leben blieb.

Zu diesem Zeitpunkt war Justin sechzehn und lebte in Orlando, wo 'N Sync stationiert war und wo die Band gerade versuchte, sich im Musikgeschäft zu etablieren. Die Neuigkeit erschütterte ihn tief. Im *Commercial Appeal*, der Lokalzeitung von Memphis, erschien eine nüchterne Todesanzeige im Mai 1997: »Laura Katherine Timberlake, die neugeborene Tochter von Randy und Lisa Timberlake, starb am Dienstag im Methodist Hospital North aufgrund von Komplikationen nach der Geburt.« Eine schlichte Gedenktafel auf dem Friedhof Memory Gardens in Millington trägt die Inschrift: »Laura Katherine Timberlake ruht in Jesus Armen.« Das Grab ist sehr gepflegt und wird von einem Strauß Seidenblumen und einem Engel geschmückt.

Dies war Justins erste Berührung mit dem Tod, jedenfalls mit einem Todesfall in der Familie. Seine Freunde berichten, dass es ihm die ganze Zeit schwer auf der Seele lag und den Teenager-Liebeskummer, unter dem er damals gerade litt, völlig bedeutungslos erscheinen ließ. Diese Tragödie brachte Justin und seinen Vater einander so nahe, wie sie sich wahrscheinlich niemals zuvor gewesen waren. Erika Ruch erinnert sich: »Es war eine schwere Zeit für die Familie. Ich weiß, dass es Justin sehr getroffen hat. Sie war ein kleines Mädchen, und alle Jungs schließen kleine Mädchen ins Herz. Und Justin kann wunderbar mit Kindern umgehen.«

Randy und Lisa entschieden sich dafür, noch ein Kind zu bekommen, und Stephen war das glückliche Ergebnis. »Justin hält große Stücke auf seine Brüder«, bestätigt Pat Austin, die Ehefrau des örtlichen Pfarrers. Es ist wahrscheinlich ganz natürlich, dass der Tod Lauras dazu führte, dass Justin seine Familie jetzt noch mehr schätzt. In seiner Widmung auf dem 'N Sync-Album *Celebrity* ergreift er die Gelegenheit und erwähnt ausdrücklich einen seiner liebsten Menschen, seinen Großvater und Kumpel William S. Bomar. Justin schreibt: »Du bist ein ganzer Kerl und dein Lächeln wird mich begleiten, solange ich lebe.« Es ist eine sehr treffende Ehrung, denn nur wenige wussten damals, dass Bill Bomar schwer erkrankt war und seine Chancen schlecht standen. Inzwischen ist er zwar gebrechlicher als früher, aber er hat überlebt und wurde Zeuge des enormen Erfolges seines Enkels als Solokünstler, obwohl es ihm lieber wäre, er klänge mehr wie Johnny Cash. »Ich versuche, Justin zu einem Country-Album zu überreden, bevor ich sterbe«, hat er Freunden anvertraut.

Justin erwähnt seine Familie in jedem Interview, sei es nun mündlich oder gedruckt. Er schließt auch jedes Mal Gott mit ein und wiederholt immer wieder, er sei gesegnet. Fast so, als sei Gott selbst ein Teil des weitläufigen Timberlake-Clans. Justin ist damit aufgewachsen, dass man vor dem Essen ein Tischgebet spricht, und es ist ihm fast zur zweiten Natur geworden. Natürlich ist es nicht ganz einfach, die Kirche mit jedem Aspekt eines Lebens als Rock 'n' Roller in Einklang zu bringen, aber es ist hauptsächlich der Kirche zu verdanken, dass Justin mit seinen beiden Füßen der Größe 47 fest auf dem Boden geblieben ist. Sein christlicher Glaube hielt Justin allerdings nicht davon ab, sich schon als Teenager den Freuden des Fleisches hinzugeben. Aber wer weiß, vielleicht fühlte er sich deswegen schuldig.

Die Kirche fungiert in diesem kleinen Teil des Bible-Belts fast als eine Art Single-Bar für die Nachbarschaft. Justins Mutter lernte dort seinen Vater kennen, als ihre Familie anfing, den Gottesdienst in der Shelby Forest Baptist Church zu besuchen. Auch Justin traf seine erste Freundin auf einer Veranstaltung der Kirche. Kirche und Schule bilden das soziale Netzwerk einer so eng verbundenen Gemeinde.

Es überrascht daher, dass sich Kirche und Schule im Lehrplan fast nicht überschneiden. Religionsunterricht gehört in staatlichen amerikanischen Schulen nicht zum Lehrplan. Die religiöse Erziehung liegt in der Verantwortung der Eltern. Rektorin Mary Ann McNeil erklärt: »Unser Lehrplan soll den Charakter bilden – wir lehren Ehrlichkeit, Vertrauenswürdigkeit und Respekt. Das ist unser Südstaatenerbe. Wenn wir fragen, wie es dir geht, dann wollen wir das wirklich wissen. Wenn es dir gut geht, dann freuen wir uns für dich. Wenn du sagst, dass es dir nicht gut geht, dann wollen wir wissen, wie wir dir helfen können.« In der E. E. Jeter Elementary School war es ein bisschen anders. Regina Castleberry räumt ein, dass sie an Weihnachten religiöse Aufführungen abhielten, bei denen Justin oft sang. »O Holy Night« und »Away In A Manger« waren zwei besonders beeindruckende Timberlake-Solos. »Jeter war so einzigartig, weil man sich wie in einer großen Familie fühlte. Wir sind so ein kleiner Ort. Ich weiß, dass der christliche Glaube in Justins Familie einen hohen Stellenwert hatte.«

Während Justins Zeit als Apex-Schüler bereitete die Klasse ein Stück vor, das auf *The Twelve Days of Christmas* basierte. Justin übte seine Rolle wochenlang. Er spielte den Vater der Hauptdarstellerin und alle waren sich einig, dass er ein Talent für alte Stimmen hatte. Leider überschnitt sich der große Auftritt vor der versammelten Schule mit einem Vorsingen, zu dem er sich verpflichtet hatte, und Lynn entschied, dass er seine Stimme schonen müsse. Zur allgemeinen Enttäuschung sprang Renée Earnest ein und übernahm Justins Part. Selbst in diesem frühen Stadium von Justins Karriere hatte Lynn immer alles im Blick.

Justin Timberlake dankt auf jeder seiner Platten zuerst und vor allem Gott. Wenn man Justins Charakter als Junge und als Mann verstehen will, dann ist es wichtig, auch diesen großen Teil seines

Lebens zu kennen und den Einfluss, den er auf seine Entwicklung gehabt haben muss. Er ist kein religiöser Eiferer, aber er weiß, wie wichtig die Kirche für ihn und die Menschen, die er liebt, ist. Die Pfarrersfrau und Vertrauenslehrerin an der Millington Highschool Pat Austin erklärt das so: »Manchmal stellt man die Kirche in den Hintergrund, aber man kann immer wieder zu ihr zurückkommen. Die Kirche ist ein wichtiger Teil von Justins Leben. Die Werte, die er vermittelt bekommen hat, bleiben und bilden den Hintergrund für alles, was Kinder wie Justin, die hier aufgewachsen sind, in ihrem Leben tun.«

Justin verbringt nicht jeden Moment seines Lebens als Superstar damit, die Bibel zu lesen oder auf dem Sunset Strip in die Kirche zu gehen. In den letzten Jahren hatte er keine Zeit für den Gottesdienst, und regelmäßiger Kirchgang passt auch nicht zu seinem Lebensstil. Er hat seinen christlichen Glauben einem modernen Leben angepasst und sagt, er treffe lieber seine Entscheidungen aus Liebe zu Gott, als regelmäßig in die Kirche zu gehen. Aber das bedeutet nicht, dass er seine Spiritualität aufgegeben hat. Er sagt: »Ich glaube daran, dass Gott überall ist, in allem, was wir sagen, in allem, was wir tun, in allem, was wir fühlen. Das glaube ich wirklich.«

Und er glaubt an Engel.

## *»Er ist ein sehr spiritueller junger Mann.«*

# 3

# Mom

*Als Justin ein kleiner Junge war, scherzte seine Mutter Lynn immer: »Wenn du eines Tages reich und berühmt bist, kaufst du mir dann eine Harley?« Nachdem er seinen ersten dicken Scheck von 'N Sync bekommen hatte, schenkte er ihr zu Weihnachten eine Schmuckschatulle. Darinnen lag ein Zündschlüssel.*

Es war Justins Mutter, die ihm die Haare schnitt. Die Bilder, die Justin mit einer »tuntigen Frisur« – Zitat einer frühen Freundin – zeigen, sind das Ergebnis. Kein Wunder, dass Justin immer sehr unsicher war, was seine Haare anging. Könnt ihr euch irgendeinen Teenager mit einem Funken Selbstachtung vorstellen, der seine Mum auch nur in die Nähe seiner Haare lässt, wenn sie eine Schere in der Hand hat? Da muss einfach ein katastrophales Ergebnis herauskommen. Aber Justin hatte schon immer ein außergewöhnlich enges Verhältnis zu seiner Mutter. Sie ist nach wie vor die wichtigste Frau in seinem Leben, die Person, die hauptsächlich dafür verantwortlich ist, dass er seine Träume lebt. Sie ist auch der Grund für Justins »Venus-Komplex«, durch den er Frauen immer wieder auf ein Podest erhebt. Sein Problem besteht darin, dass keine Frau aus Fleisch und Blut seinen außergewöhnlich hohen Ansprüchen und seiner idealistischen Sicht von Verliebtheit und Liebe zu entsprechen vermag. Er sagte einmal: »Du suchst immer nach jemanden, der so toll ist wie deine Mutter, und das wird nie klappen.«

Oberflächlich gesehen repräsentiert Lynn Harless alles, was man von einer tyrannischen Showbiz-Mutter erwartet, einer Tigerin, die ihr Junges beschützt, während sie durch den Dschungel prescht. Aber obwohl Lynn eine Menge Energie in ihr einziges Kind investierte, machte sie nie einen nervigen, verwöhnten Bengel aus ihm. Freunde bestätigen, dass sie Justin nur in dem Sinne verwöhnt hat, dass sie ihm erlaubte, seine Zeit und seine Energie ganz auf die Erfüllung seiner persönlichen Träume zu richten. Aber es sind seine Träume, er lebt nicht ihre aus.

Lynns Erziehungsphilosophie für Justin war entwaffnend einfach: Wenn er Spaß hatte, dann war alles in Ordnung und sie setzte sich für seine Interessen ein. Darauf spielte Justin an, als er in einem Doku-Film von 2003 beteuerte: »Ich habe immer noch Spaß, Mutter.« Ihr Verhalten findet die volle Zustimmung von Mary Ann McNeil: »Justin hat eine wunderbare Mutter, voller Leben, aufmerksam und sehr aktiv eingebunden. Ich glaube, dass Entertainer genau so eine Mutter brauchen.«

In einem Alter, in dem die meisten Mädchen ihren Abschluss am College machen und sich überlegen, was sie mit ihrem Leben anfangen sollen, richtete sich Lynn Timberlake auf ein Leben als allein erziehende Mutter ein. Im Nachhinein lässt sich leicht feststellen, dass sie viel zu früh einen Mann heiratete, der damals noch nicht sehr verantwortungsbewusst war. Randy Timberlake war einfach noch nicht dazu bereit, sich häuslich niederzulassen. Später in seinem Leben wurde er zu einem verantwortungsvollen Vater, aber als Lynn sich wegen unüberwindbarer Schwierigkeiten von ihm scheiden ließ, gab er ihr nur 45 Dollar wöchentlich an Unterhalt für den kleinen Justin. In einer anderen Gemeinde als Shelby Forest hätte das vielleicht einen verzweifelten Überlebenskampf bedeutet, aber hier konnte sie auf die Unterstützung ihrer Familie und den Zusammenhalt der Gemeinde zählen. Dort ist eine allein erziehende Mutter keine Aussätzige, die sich für einen mageren Scheck beim Sozialamt anstellen muss.

Lynns Eltern, Bill und Sadie Bomar, waren in der Gegend sehr beliebt und genossen großen Respekt. Sie kümmerten sich sofort um ihre Tochter, obwohl sie versucht hatten, ihr die frühe Heirat auszureden. Sie wollten damals, dass sie aufs College ging – sie hatte ein Stipendium erhalten –, aber wie jeder sturköpfige Teenager war Lynn entschlossen, ihren eigenen Weg zu gehen. Es ist immer noch ein wunder Punkt für Lynn, dass sie ihre Ausbildung am College verpasst hat. So ist vielleicht zu verstehen, dass sie in Justins Leben Bildung immer in den Vordergrund stellte. Der ehrgeizigste Plan, den sie für ihren Sohn hatte, war mitnichten der, dass er der neue »King of Pop« werden sollte, sondern dass er einen Collegeabschluss machte. Sie bestand darauf, dass er lernte, sogar als er schon ein waschechter Star war. Danielle Ditto, Justins erste Liebe, erinnert sich an die vielen Gelegenheiten, an denen sie im 'N Sync-Haus anrief, in dem die Jungs in Orlando wohnten, nur um Lynn sagen zu hören, sie solle später wieder anrufen, denn Justin sei »in der Schule«. »Seine Mum war da richtig streng«, erinnert sie sich. »Aber es wirkte, denn er bekam wirklich sehr gute Noten. Sogar wenn ich ihn besuchte, durften wir erst Zeit miteinander verbringen, wenn er seine Schularbeiten fertig hatte.«

Lynn hatte das große Glück, dass ihre Mutter Sadie sich gerne um den kleinen Justin kümmerte. Und Lynns Vater baute nicht nur sein eigenes Haus selbst, sondern auch das nebenan, welches Justin seit zwanzig Jahren sein Zuhause nennt. Dank der Unterstützung ihrer Eltern konnte Lynn einen Job am Schalter der First Tennessee National Corporation Bank annehmen. Dort lernte sie den Mann kennen und lieben, der die einflussreichste männliche Bezugsperson in Justins Leben werden sollte, den Mann, den er »Dad« nennt.

Als Paul Harless Lynn traf, war er völlig fasziniert von ihrer Lebendigkeit und ihrer Attraktivität. Sie heirateten, als Justin fünf Jahre alt war, und seitdem hat Paul Justin immer wie seinen eigenen Sohn behandelt. Sadie Bomar gibt zu, dass Justin Paul »verehrt«. Paul gab Justin jeden Tag einen Kuss auf die Stirn und sagte: »Hab einen schönen Tag, mein Sohn. Ich liebe dich.« Das war genau die Sicherheit, die ein kleiner Junge, den die Scheidung seiner Eltern natürlich sehr mitgenommen hatte, brauchte. Sein Zuhause wurde für Justin ein glücklicher Ort, und er hat immer versucht, Pauls Eigenschaften auch in sein eigenes Verhalten einfließen zu lassen. Viel sagend schrieb er in der Danksagung für *Justified*: »Jeden Tag verstehe ich ein bisschen besser, was es bedeutet, ein ›Mann‹ zu sein, und das verdanke ich nur dir.« Dieser väterliche Verhaltenskodex schließt auch das makellose und romantische Verhalten, das er Lynn gegenüber an den Tag legt, mit ein. Danielle Ditto erklärt: »Justin ist ein hoffnungsloser Romantiker, weil sein Stiefvater das auch ist. Als er mich eines Valentinstages damit überraschte, dass er mir ein wunderbares Abendessen kochte, wurde mir klar, dass Paul genau das Gleiche für Lynn tun würde.«

Äußerlich gibt Paul nicht gerade den idealen Kandidaten ab für das Vorbild eines coolen, hippen Jungen. Er ist ein überzeugter Konservativer und trägt zu jeder Gelegenheit ein Hemd mit Button-Down-Kragen. Als Justin noch klein war, fuhr er einen Sportwagen, aber er verdarb den coolen Eindruck gleich wieder, weil in seinem Kassettendeck immer die Doobie Brothers dudelten. Justins unmöglicher »Erdkundelehrer-Look« von den Brit Awards 2004, wo er in seinem Hemd mit Krawatte und Sportjackett unglaublich altbacken wirkte, entsprach mehr dem eines gewissen Bankiers aus Millington, Tennessee. Danielle meint dazu: »Ich glaube, ich habe Paul noch nie im T-Shirt gesehen, er trug immer ein Hemd und eine Krawatte. Er war durch und durch konservativ und spießig, aber ich mochte ihn sehr gern. Justin hatte ein paar Probleme mit seinem Vater – sie standen sich nicht so nahe, wie er das gerne gehabt hätte –, also war Paul sein richtiger Vater. Er war der Mann in seinem Leben. Paul brachte ihm alles Mögliche bei, zum Beispiel wie man Basketball spielt.«

Paul Harless gab Justin und Lynn die Sicherheit, die sie brauchten, um Justins volles Potenzial als Entertainer auszuschöpfen. Paul mag vielleicht konservativ aussehen, aber er ist kein Langweiler, und er ist geistig sehr offen. Wenn er und Lynn zu Hause in Shelby Forest sind, dann geht er oft spontan mit ihr abends aus, zum Beispiel ins Casino. In ihrem bibelfesten Landkreis ist das Glücksspiel zwar verboten, aber eine halbe Fahrtstunde entfernt liegt Tunica, wo die Bewohner von Tennessee sich hinter der Staatsgrenze von Mississippi mal ein bisschen gehen lassen können. Momentan verbringen er und Lynn ihre Zeit entweder in

Shelby Forest oder in Bay Hill, Orlando, wo die beiden ein schönes Haus an der Sonne besitzen und bei der Leitung von Justins Firma »Just-In-Time« helfen. Auf die Art kann sich Paul etwas mehr in Justins Karriere einbringen und ist zusammen mit Lynn inzwischen ein offizieller Teil des Management-Teams.

Paul war während Justins Kindheit eher konservativ und ein bisschen vorsichtig, Lynn hingegen war die Art Mutter, die ihrem Kind eine Freundin wird. Sie erklärt das so: »Ich bekam Justin mit zwanzig, und er schien bei seiner Geburt auch etwa zwanzig Jahre alt zu sein, deshalb teilen wir eigentlich alles miteinander.« Justin hat seine Mutter wiederholt als seine »beste Freundin« und »ganz besondere Frau« beschrieben. Sie telefonieren jeden Tag miteinander, ob sich Justin nun in seinem neuen Haus in den Hollywood Hills in Los Angeles aufhält oder auf einer Tour in einem abgelegenen Hotel sitzt. Lynn ist im Herzen jung geblieben, die Sorte Mutter, die auf einer Party immer noch abfeiert, wenn ihr Sohn schon längst ins Bett gegangen ist. Nicht viele Mütter können von sich sagen, dass sie ihrem Sohn die Liebe für Motorräder und die Freude am Fahren auf weiten Landstraßen vermittelt haben. Justin fährt unheimlich gerne mit einer Harley durch Shelby Forest. Dabei fühlt er sich frei. Heute fährt er mit größerer Wahrscheinlichkeit auf dem Pacific Coast Highway, aber das Prinzip des »Easyriding« bleibt dasselbe. Lynn ist inzwischen von Harleys umgeben, egal, an welchem Wohnsitz sie sich gerade aufhält. Sie und Paul haben zwei zu Hause in Shelby Forest stehen, in ihrem Haus in Orlando stehen drei, und Justin hat zwei in Los Angeles. Lynn lässt sich den Spaß am Leben nicht nehmen. Paul sitzt in einem Hemd mit Krawatte herum, derweil sie in einem Jersey-Nachthemd durch die Gegend hüpft, auf dem »Be Naughty« steht, quer über die Brust gedruckt. Justins zweite »Liebe« Veronica Finn meint dazu: »Paul ist ein sehr intelligenter und ernsthafter Mann, Lynn ist dagegen ein bisschen lockerer und nimmt alles ein bisschen leichter. Zusammen sind sie einfach toll.«

Justins bester Freund im traditionellen Sinne stammt ebenfalls aus Shelby Forest. Sein Name ist Trace Ayala. Justin hat zwar genug Cousins, um mit ihnen den Stadtpark zu bevölkern, aber Trace war schon immer wie ein Bruder für ihn. Viele Leute halten die beiden auch für Brüder, wenn sie zusammen unterwegs sind. Ihre Geschichte gleicht im Großen und Ganzen derjenigen der beiden anderen berühmten Kumpel, Robbie Williams und Jonathan Wilkes. Auch deren Mütter waren die besten Freundinnen, und beide wuchsen zusammen in einer eher kleinstädtischen Umgebung auf, gingen zusammen in den Urlaub und blieben bis ins Erwachsenenalter Freunde. Trace und Justin unternahmen zusammen Spritztouren auf den Straßen von Shelby Forest. Eigentlich durften sie das nicht, denn sie waren noch zu jung, aber in der Nachbarschaft gab es kaum Polizisten. Justin fuhr schon immer einen heißen Reifen und trainierte fleißig auf seinen Mini-Quad-Bikes. Erika Ruch erinnert sich: »Er fuhr immer zu schnell. Er drückte zu stark aufs Gas und flog ständig auf die Nase.«

Jonathan Wilkes hat sich seine eigene Karriere im Showbusiness unabhängig von Robbie aufgebaut. Im Gegensatz dazu arbeitet Trace für Justin. Bei der *Justified*-Tour war er »Persönlicher Assistent von Mr. Timberlake«, was nichts anderes bedeutet als Gegner bei allen möglichen Spielen und Freizeitaktivitäten zu sein. Er ist derjenige, der beim Flippern oder bei Halo verlieren muss. Justin spielt, um zu gewinnen, also ist Trace, der kleiner und weniger sportlich ist, der ideale Gegenspieler beim Körbe werfen, Snowboarden oder Billard spielen. Freunde bestätigen, dass die beiden einen sehr ähnlichen Sinn für Humor haben und sehr viel zusammen lachen. Justin wird viel lockerer, wenn Trace da ist, und vergisst seinen brennenden Ehrgeiz ein bisschen. Trace ist auch Justins »persönlicher Assistent«, wenn es ums Verkuppeln geht. Er ging nicht nur mit Danielle Ditto aus, bevor sie mit Justin zusammenkam, sondern stellte ihm auch Veronica Finn vor, weil er dachte, die beiden müssten sich gut verstehen. Damit hatte er hundertprozentig Recht.

Trace hatte nie das Verlangen nach einer eigenen Karriere im Pop-Business, denn ihm wurde schnell klar, dass es in ihrer Freundschaft nur Platz für einen Superstar gibt. Er möchte aber unbedingt Schauspieler werden. Bisher hatte er einen Filmauftritt mit Justin in einem Film namens *Jack of All Trades*, in dem die beiden einen

Kurzauftritt als Einparker hatten. Justin warf Trace ein paar Autoschlüssel zu, und das war's auch schon.

Justin wuchs mit allen Annehmlichkeiten auf, die das Leben in Amerikas Mittelklasse so mit sich bringt. Das zeigte sich besonders deutlich in den Urlauben. Nicht jeder Junge hat die Chance, Skiurlaube und Badeferien auf Hawaii zu genießen. Justins Zuhause war stilvoll und modern eingerichtet, und im Spielzimmer im Obergeschoss gab's sogar einen Billardtisch. Im Wohnzimmer stand ein Klavier. Veronica Finn beschreibt das Haus als »einladend und gemütlich«. Sie erinnert sich, dass Justin oft auf dem Klavier herumklimperte.

Justins Zimmer, in seinem Lieblingsblau gestrichen, war bis zum Überlaufen mit »Zeug« voll gestopft, hauptsächlich Klamotten, vor allem Schuhe. Justin war schon immer ein fanatischer Sammler von Fußbekleidung, ganz besonders von Turnschuhen. Lynn sagt, dass Justin es als Junge nicht ertragen konnte, wenn ein Fleck auf seinen Schuhen war. Sie mussten perfekt aussehen. »Er war ein Schuhfanatiker«, lacht Danielle. »Sie mussten immer zu seiner Kleidung passen!«

Justin teilte sein Zuhause mit einer Reihe von Haustieren. Lynns Augapfel war ein Cairn-Terrier namens Ozzie, weil er aussah wie Toto in dem Film *Der Zauberer von Oz*. Als Lynn mit Justin nach Orlando zog, um seine Karriere voranzutreiben, kam Ozzie auch mit. Justins dortiger Lehrer Chuck Yerger erinnert sich daran, wie der Hund allen um die Beine rannte. »Lynn war so stolz auf ihn. Sie sagte immer. ›Chuck, du weißt gar nicht, wie klug dieser Hund ist.‹ Sie hatte Hundespielzeug, das wie Gemüse aus Gummi aussah, und sie sagte. ›Pass mal auf. Ozzie, bring mir den Brokkoli‹, und er rannte los und kam mit dem völlig zerkauten Spielzeugbrokkoli zurück. Und dann bat sie um die Karotte und das Ganze wiederholte sich.« Lynn hatte keine Ahnung, dass Justin und ihr heiß geliebtes Hündchen sich überhaupt nicht ausstehen konnten. Ozzie schnappte immer nach Justins Knöcheln, wenn Lynn nicht im Haus war. Eines Nachmittags entschloss sich Justin, hart durchzugreifen und warf Ozzie eine Treppe hinunter. »Er hinkte danach ein paar Wochen lang, aber von diesem Zeitpunkt an respektierte er mich.«

Justin hatte auch eine Hündin, Scooter, eine süße »Töle«, in die er sich verliebt hatte, als sie ihm bei einem Besuch im örtlichen Tierheim das Gesicht abgeschleckt hatte, damals war er sechs Jahre alt. Leider riss sie in Justins Abschlussjahr an der E. E. Jeter von zu Hause aus und fraß versehentlich Gift. Justin musste die schwierige und traurige Entscheidung treffen, seinen Hund einschläfern zu lassen. »Das war wirklich schlimm für mich. Sie war mein Hund, verstehst du?«

Justins Zuhause wirkte wie aus dem Bilderbuch. An Halloween verkleidete er sich als Batman, zog mit Trace, Kyle Davenport und Nick Bomar zum »Trick or Treating«, dem traditionellen Erbetteln von Süßigkeiten, um die Häuser und kam mit einer Jahresration Süßkram zurück. Lynn kochte seine Lieblingsessen, zum Beispiel Philly-Cheesesteak-Sandwiches mit selbst gemachten Pommes. Oder er ging rüber in die Küche seiner Großmutter Sadie, wo ihr in der ganzen Gegend berühmter Pfirsichpunsch auf ihn wartete. Er ging auch gerne mit seiner Familie beim Italiener essen, wo er sich dann unweigerlich eine Lasagne bestellte. Justins absolutes Lieblingsessen sind allerdings Frühstücksflocken. Zu jeder Tageszeit kann es vorkommen, dass Justin in die Speisekammer verschwindet und mit einer riesigen Plastikschüssel voller Apple Jacks wieder auftaucht. Im Gegensatz zu Robbie Williams Mutter musste Lynn nicht mit ansehen, wie ihr Sohn in den Teufelskreis von Alkohol, Drogen und Depressionen geriet. Er steht allerdings immer mit dem falschen Fuß zuerst auf. In der ersten Stunde nach dem Aufstehen ist er legendär mies gelaunt; er biss Lynn fast den Kopf ab, wenn sie es wagte, ihn anzusprechen.

Falls Hollywood jemals die Justin-Timberlake-Story verfilmt, dann müsste man höllisch aufpassen, dass es nicht ein zuckersüßes Rührstück aus der Welt des Mickey Rooney wird, des amerikanischen Kinderstars, der in den vierziger Jahren Musicals drehte, in denen Enthusiasmus, harte Arbeit und die guten alten Familienwerte zum triumphalen Erfolg eines außergewöhnlich begabten Kindes führten. Es ist furchtbar schwer, nicht in abgedroschene Klischees zu verfallen, wenn man die Talente eines Kindes beschreibt. Die stolzen Eltern erzählen fast immer, dass ihr kleiner Schatz im Takt zu einer Sinatra-Single mit dem Fuß wippte und sie sofort wussten, dass sie einen zukünftigen Superstar vor sich hatten. Bei Justin war es eine Spielzeuggitarre, die er überallhin mitschleppte. Sein Großvater Bill Bomar war ein ausgezeichneter Gitarrist und Justin ahmte ihn ständig nach – ein erstklassiger Luftgitarrist, schon als er noch in den Windeln steckte. Eine seiner eigenen frühesten Erinnerungen ist, dass er mit zwei Jahren in seinem Wohnzimmer zu Hause saß und die Titelmelodie von Cheers sang: »Where Everybody Knows Your Name«. »Ich sang das jeden Abend vor mich hin.«

Justin hatte das Glück, dass seine Familie sehr musikalisch war, denn zu seiner Zeit gab es praktisch keinen Musikunterricht an der E. E. Jeter. Lynn ermutigte Justin dazu, die »Giving Back Foundation« ins Leben zu rufen, die lokale Projekte unterstützt, die er für wichtig hält. Robbie Williams hat mit der »Give It Sum«-Wohltätigkeitsorganisation, die in Stoke-on-Trent ihren Sitz hat, etwas ganz Ähnliches geschaffen. Als Erstes spendete Robbie seiner alten Schule Geld für den Kunst- und Musikunterricht. Auch Justin spendete der E. E. Jeter 50 000 Dollar, die ausdrücklich für den Musikunterricht verwendet werden müssen. Das Ergebnis ist ein Programm, das seine alte Schule einrichten konnte. Es heißt »Musik in der Bildung« und besteht aus sechzehn Keyboards, die alle computerisiert und an einen zentralen Rechner angeschlossen sind. Die Spende reichte auch noch für viele Blas- und Schlaginstrumente. Außerdem wird gerade ein riesiges Musikzimmer eingerichtet, in die die ganze State-of-the-Art-Ausrüstung passen wird. Für eine Schule auf dem Land wird E. E. Jeter bald außergewöhnlich gut dafür ausgerüstet sein, die musikalischen Talente der Schüler zu fördern. Die amtierende Rektorin Paulette Bond freut sich sehr darüber, dass die Schule, dank Justin, nun gratis Klavierunterricht anbieten kann, und zwar für die gesamte Gemeinde, nicht nur für die Schüler von E. E. Jeter. Lynn, die das Ganze viel besser im Auge behalten kann als Justin, hält ihn darüber auf dem Laufenden, wie sein Geld ausgegeben wird. Er hat sich in seinem Haus in Shelby Forest inzwischen auch ein Studio eingerichtet; wenn also ein Kind aus der Gegend besonderes Talent zeigt, dann gibt es ganz in der Nähe einen Platz, wo es ein Demoband aufnehmen kann.

Justin zeigte zwar früh Anzeichen seines musikalischen Talentes, war aber sonst ein so stilles Kind, dass seine besorgte Mutter ständig nachschauen musste, ob auch alles in Ordnung war. Obwohl er seine Karriere im Showbusiness ohne eine gehörige Portion Extrovertiertheit und Narzissmus nicht so früh hätte starten können, fühlte Justin sich immer schon auch allein sehr wohl. Als kleines Kind verschwand er oft für Stunden in seinem Zimmer und spielte dort. Der einzige Nachteil an dieser Fähigkeit zum Alleinsein ist eine Tendenz dazu, über viele Dinge nachzugrübeln und Vieles zu Tode zu analysieren. Justin ist sehr selbstkritisch und strebt immer nach Perfektion, sei es nun in seiner Musik oder in seinen Beziehungen. Nur wenige Menschen können den hohen Maßstäben gerecht werden, die er sich selbst setzt. Er überlegt sich auch ganz genau, was er von sich erzählt, deshalb hat es auch noch kein Interviewer geschafft herauszufinden, wie er wirklich tickt. Diesen Perfektionismus hat Lynn ihm seit frühester Kindheit vermittelt, denn sie ermutigte ihn, »immer sein Bestes zu geben«. Als sich Justin dafür entschied, dass er Sänger werden wollte, sorgte sie dafür, dass er Gesangsunterricht erhielt, damit er es richtig machte. Als er sich für die Teilnahme an Talentwettbewerben entschied, arbeitete sie an seinem Programm und seinem Auftritt und ging immer mit, um ihm zuzujubeln. Als er den Talentwettbewerb in Nashville gewann, rannte sie voller Stolz auf die Bühne wie ein verrückter Mustang und umarmte ihren winzigen Sohn so fest, dass sie ihn fast erdrückte. Ihre Freude äußerte sich keinesfalls bescheiden oder zurückhaltend, sie triumphierte lauthals. In jedem Stadium von Justins Karriere stand Lynn immer hinter ihm, besonders bei den relativ seltenen Gelegenheiten, an denen mal etwas nicht ganz so klappte, wie er sich das vorgestellt hatte.

Justin ist intelligent und selbst erfahren genug, um zu merken, dass sein Perfektionismus, der zur Besessenheit ausarten kann, einen beunruhigenden Nebeneffekt hat. Es fällt ihm schwer, anderen Menschen ihre Fehler zu verzeihen. Er war noch nie jemand, der schnell verzeiht und vergisst. Das zeigt sich besonders deutlich daran, wie die ersten drei ernsthaften Beziehungen in seinem Leben endeten. Zufälligerweise verwandelte sich Lynn während Justins erster sexueller Beziehung von der liebsten Mutti in einen Hausdrachen. Sie wollte verhindern, dass er die gleichen Fehler machte, die sie in ihrer Teenagerzeit gemacht hatte.

Der Eindruck, den Menschen von Lynn vermitteln, die sie auch schon früher gekannt haben, ist sehr positiv. Sie lässt sich von dem Prestige und dem enormen Reichtum, den sie indirekt durch ihren Sohn erlangt hat, nicht blenden. Ihre Nachbarn beteuern, dass sie sich kaum verändert hat. Allison Hammett bestätigt: »Sie ist überhaupt nicht hochnäsig und hält sich nicht für etwas Besseres.« Lynn Harless ist erst vierundvierzig, und ihre Energie und ihr Ehrgeiz für ihren Sohn sind ungebrochen. Manchmal wirkt sie eher wie seine große Schwester, als wie seine Mutter. Sie hat immer noch sehr lockiges und volles Haar. Auf diesem Gebiet wenigstens hat sich Justin von seiner Mutter emanzipiert.

### *»Er war immer schon ein Muttersöhnchen.«*

# 4

# Talent

*An einem Dezembernachmittag bat die Englisch- und Gemeinschaftskundelehrerin Karen Toombs ihre elfjährigen Schüler, ihre eigene Mini-Biografie zu verfassen. Justin schrieb: »Ich sollte wahrscheinlich erwähnen, dass ich singe. Ich habe gerade sogar Wertpapiere im Wert von 16 000 Dollar bei einem Talentwettbewerb in Nashville gewonnen. Okay, genug vom Gesang. Lasst uns über meine Kindheit sprechen. Ich bin ganz gut im Sport, meine Lieblingssorte Eis ist Chocolate Chip, und ich liebe Basketball. Nun, das ist eigentlich auch schon alles. Ich muss los. In Eile, Justin.«*

Justin erhielt einen ersten Vorgeschmack auf das frenetische Publikum, das inzwischen jede seiner Bewegungen auf der Bühne begleitet, in der dritten Klasse der E. E. Jeter, als er gerade acht Jahre alt war. Er und seine aus vier Freunden bestehende »Gang« beschlossen, bei einem Schulkonzert als die New Kids on the Block aufzutreten. In den frühen Neunzigern waren die New Kids die größte Teenager-Sensation der Welt. Sie stellten Rekorde auf, die unangetastet blieben, bis eine andere Boygroup, 'N Sync, sie ein Jahrzehnt später brach. Die Band aus Boston war der Archetyp der modernen Boygroup und bildete die größte Inspiration für Take That, die erfolgreichste britische Band der Neunziger. Die New Kids waren nur sehr kurz im Geschäft – nicht viel länger als drei Jahre –, aber allein im Jahr 1990 erwirtschafteten sie 861 Millionen Dollar. Poster von Jordan, John, Danny, Donnie und Joey schmückten Millionen von Schlafzimmern im ganzen Land. Es lag also nahe, dass Justin, Kyle, Trace, Nick und Wade es sich lustig vorstellten, sie zu imitieren. Justin übernahm den Jordan-Part, hauptsächlich deshalb, weil er der Einzige war, der singen konnte. Sie ahmten die Tanzschritte nach und sangen Playback zu den millionenfach verkauften Hits »Hanging Tough« und »Step by Step«, aber Justin sang bei einigen Songs auch tatsächlich, besonders gut zu »Please, Don't Go, Girl«. Die Reaktion der Schulmädchen, die sich das Konzert ansahen, war, gelinde gesagt, überraschend. Wade Horton konnte es kaum glauben, aber die Mädchen kreischten, als seien sie die echten New Kids on the Block, und nicht ein paar kleine Achtjährige. »Die Mädels verfolgten uns und unsere Eltern mussten die Tür abriegeln, damit wir entkommen konnten.« Erika Ruch, die zu diesen Mädchen gehörte, erinnert sich: »Damals waren die New Kids das Allergrößte. Ich war ein Fan von Jordan, genau wie Justin. Sie machten all die Tanzbewegungen, sie waren richtig gut. Eine der besten Aufführungen des Konzerts. Die Mädchen drehten völlig durch. Wir fanden sie unheimlich süß.«

Die wichtigste Zuhörerin, die an diesem Tag im Publikum saß, war Justins Mutter, Lynn. Sie rannte ihrem Sohn vielleicht nicht hinterher wie ein Teenie-Bopper, aber seine Performance beeindruckte sie so nachhaltig, dass sie etwas daraus machen wollte. Sie kannte einen Gesangslehrer namens Bob Westbrook. Sie hatte in ihrer Jugend bei ihm Klavierunterricht gehabt und hielt ihn für am besten geeignet, ihrem talentierten Sohn die Grundzüge des richtigen Singens beizubringen. Bewaffnet mit dem Video, das sie bei Justins Auftritt in der Schule aufgenommen hatte, besuchte sie Bob zu Hause in Germantown, einem der beliebteren Vororte von Memphis. Sie spielte ihm das Band vor und fragte: »Meinst du, wir sollten ihn Unterricht nehmen lassen?«

Bob hatte genug gesehen und stimmte zu. »Er hatte noch keine Technik, aber er hatte bereits eine echte Bühnenpräsenz und bewegte sich sehr gut. Die Mädchen kreischten so laut, dass man ihn ohnehin kaum singen hörte!«

Und so begann Justin Timberlake im Alter von acht Jahren ernsthaft zu singen. Er hatte nicht wirklich seit seiner Geburt geträllert, aber er wurde in eine Umgebung hineingeboren, in der Gesang als positiv und erhebend betrachtet wurde, besonders im Gottesdienst. In seiner Familie gab es viele gute Sänger, besonders seinen Vater Randy, und wie jedes Kind, war Justin sehr erpicht darauf, die Erwachsenen zu kopieren. Lynn hatte ihn immer für eher still gehalten, aber Justin war eines dieser Kinder, die man kaum bemerkte, bis sie ein Publikum hatten. Dann verwandelten sie sich völlig und blühten durch ihre aufregenden Auftritte auf.

Bob Westbrooks erste Aufgabe war, Justin zu bremsen und ihn zu den Grundlagen zurückzuführen. »Kinder wie Justin werden sehr schnell frustriert, denn sie wollen alles ganz schnell machen, aber manche Dinge muss man eben sehr oft wiederholen. Ich sagte ihm immer, er solle aufhören zu schmollen, denn wir würden alles so lange wiederholen, bis er es richtig intus hatte.« Bob achtet sehr darauf, am Anfang nicht zu viel Kritik zu üben, besonders bei Kindern. »Man will schließlich nicht ihr Ego verletzen. Wenn man sie völlig auseinander nimmt, dann ist es sehr schwer, sie wieder aufzubauen.«

Der Schlüssel zum Erfolg ist die richtige Atemtechnik. Ein Kind, das nie die grundlegenden Techniken gelernt hat, aber glaubt, es könne singen wie Elvis, wird seine Stimme früher oder später irreparabel schädigen. »Man unterrichtet Kinder genauso wie Erwachsene. Es ist die gleiche Technik, man bringt sie nur mit anderen Worten rüber«, erklärt Bob. »Wenn wir, du und ich, atmen, um zu leben, dann atmen wir aus der Brust heraus. Die Atmung beim Gesang ist völlig anders, und Justin musste das lernen. Ich sagte ihm, er solle sich aufblasen wie ein Luftballon. Manche Lehrer behaupten, dass man Kindern erst mit fünfzehn Jahren Gesangsunterricht geben sollte. Das ist wohl das magische Alter. Dahinter steckt der Gedanke, dass die Stimme dann ausgereift genug ist, um Unterricht zu vertragen. Aber was macht man dann mit einem Kind, das sowieso schon singt? Soll man einfach zuschauen, wie es seine Stimme kaputtmacht? Ich freute mich sehr, dass Lynn Justin zu diesem Zeitpunkt zu mir brachte. Er sang sowieso schon, und das würde er auch weiterhin tun, egal, unter welchen Umständen.«

Justin musste seine wöchentlichen, 30-Dollar-Gesangsstunden zwischen seine Hausaufgaben und sein Basketballtraining einschieben. Wenn Bob ihm öffentliche Auftritte organisierte, dann wurde seine Zeit noch viel knapper. Justin gehörte nie zu den Kindern, die nach der Schule nach Hause schlurfen und erst mal den Fernseher anschalten. Er nahm seine Gesangsambitionen sehr ernst. Bob erklärt: »Justin war bei mir, um etwas zu lernen. Ich wusste, dass Justin sich auf der Bühne zu Hause fühlte, noch bevor ich ihm seine erste Stunde gab. Ich hatte ja das Video gesehen. Aber wenn er hier war, dann bekam ich von seiner Bühnenpräsenz nichts mit, denn er nahm Unterricht. Selbst wenn er seine Technik vor dem Spiegel übte, dachte er nicht ans Auftreten. Hin und wieder – er war ja schließlich ein Kind – begann er herumzuhüpfen und ich musste ihn bremsen. Man kann schließlich keinem Jungen Technik beibringen, der gerade durch das Zimmer tanzt.« Ironischerweise musste Justin genau die Fähigkeit, beim Singen zu tanzen, später in seiner professionellen Karriere perfektionieren.

Im Laufe der nächsten zwei, drei Jahre verbreitete sich Justins Ruf als junger Sänger in seiner Heimatgemeinde. Justin verfügte über zwei entscheidende Eigenschaften, die einen Kindersänger ausmachen: Zuerst einmal sein Selbstvertrauen, das er schon immer hatte und auch an anderen Menschen bewundert. Mrs. McNeil, die viele seiner frühen Auftritte gesehen hat, erinnert sich: »Bereits mit acht, neun oder zehn Jahren hatte er eine unglaubliche Ausstrahlung. Er zeigte keinerlei Angst. Für ihn war das alles ein Spaß, nie eine Last. Als sei es die natürlichste Sache der Welt.« Zweitens hält er immer den Ton. »Er hat ein sehr gutes Gehör«, versichert Bob. Justin und die vier anderen »New Kids« traten noch bei ein paar weiteren Schul-»Konzerten« auf, aber bald zeigte sich, dass Justins Ehrgeiz weit darüber hinausging, den Star-Imitator im Klassenzimmer zu spielen. Bob ermutigte ihn, bei jeder Gelegenheit in der Öffentlichkeit zu singen, sei es nun in der Schule, in der Kirche oder in einem Einkaufszentrum.

Bob stellte aus einer Gruppe von Schülern die Bob-Westbrook-

Singers zusammen, und die sammelten unschätzbare Erfahrungen bei lokalen Veranstaltungen. Justin war jünger und kleiner als die anderen, und der einzige Junge unter sechs Mädchen. Sie machten immer harmlose Witze über Justin und nannten ihn »Afro«, wegen seiner wilden lockigen Haarpracht. Für Justin war es ein Lernprozess. Bob nahm die Shows immer auf Video auf, damit er die Fortschritte seines Starschülers verfolgen konnte. Die zeigten sich am deutlichsten in Justins Bewegungen auf der Bühne, die zuerst ein bisschen zaghaft und steif waren, aber mit der Zeit immer rhythmischer wurden. Anfangs trippelte er auf die Bühne und erklärte vor dem versammelten Publikum: »Guten Tag, zusammen. Mein Name ist Justin Timberlake und ich singe jetzt für sie: ›Please, Don't Go, Girl‹.«

Justin gewann rasch an Selbstvertrauen. Bob erinnert sich an eine stürmische Version von Elvis Presleys »Heartbreak Hotel«, bei der sein junger Charge eine Selbstsicherheit an den Tag legte, die ihm zeigte, wie weit er sich seit den unsicheren Anfangstagen entwickelt hatte. Ein weiterer Höhepunkt war, wenn die Mädchen »Leader Of The Pack« aufführten, den alten Hit der Shangri-Las aus den Sechzigern. Justin stand in der Mitte der Bühne, er trug eine schwarze Lederjacke und sah sehr cool aus auf einer Harley Davidson.

Justin beschloss, sein Glück in der harten Welt der Nachwuchswettbewerbe zu versuchen. Bob stellte ihm eine seiner Schülerinnen zur Seite, Holly Gaines, die eine sehr hübsche hohe Sopranstimme hatte, die ein bisschen nach Charlotte Church klang. Zusammen erreichten sie das Finale des Mid South State Fair, sie sangen das christliche Lied »More Than Wonderful«, ursprünglich ein US-Hit von Sandy Patti und Lauradale Harris. Meistens hatte Justin eine sehr genaue Vorstellung davon, welche Lieder er üben und mit Bob zurechtfeilen wollte. Gelegentlich kam auch Lynn mit und sie sprachen die Ideen zusammen durch. Justin orientierte sich sehr stark an den Charts, aber Bob suchte nach Songs, die seinem Stimmumfang entsprachen und ihn gleichzeitig herausforderten. Justin ist sich bewusst, dass diese Welt der Talentwettbewerbe und Auftritte in Einkaufszentren ihm klar machte, dass es sein Schicksal war, auf der Bühne zu stehen. Er liebte den Applaus und brauchte ihn wie die Luft zum Atmen. Mit zehn Jahren trat er in der Grand Ole Opry in Nashville auf und gewann einen Talentwettbewerb in Houston, Texas.

Holly wollte ihr Glück am 8. August 1992 bei einem Wettbewerb in Nashville namens Universal Charm Pageant versuchen. Justin entschied sich, auch mitzumachen, aber nicht nur als Sänger. Justin machte keine halben Sachen und bewarb sich auch beim Modelwettbewerb und der Modenschau für Sportswear. Bob erinnert sich: »Er war der einzige Junge im ganzen Wettbewerb, aber er gewann alles.« Der erste Preis war ein Auto, oder genauer gesagt, Wertpapiere für 16 000 Dollar, dem Preis des Fahrzeugs. Zusätzlich zu seinem Sieg im Gesangsteil räumte Justin auch den Preis in der Kategorie Best Model, Best Dressed, Best Sportswear, Most Handsome und Supreme Winner ab. Die ganze Sache klang mehr nach einer Hundeschau als nach einem seriösen Wettbewerb für Nachwuchskünstler, und Justin sah auf jeden Fall aus wie ein Schoßhündchen. Er erinnerte an den jugendlichen Elvis in einem seiner grässlichen weißen Anzüge. Die Direktorin des Wettbewerbs, Darlene Burgess, schwärmte: »Er ist einfach unglaublich für sein Alter, so etwas habe ich noch nie gesehen. Er hat die Ausstrahlung. Er hat das Talent.«

Der Gesangspart von Justins Auftritt stand seltsamerweise sehr im Schatten seiner Leistung auf dem Laufsteg, aber er hatte eine – für einen Elfjährigen –, sehr kraftvolle Version des unvergesslichen Soul-Klassikers »When A Man Loves A Woman« vorgetragen. Gott sei Dank entschied sich Justin dafür, das großartige Original von Percy Sledge zu kopieren, und nicht die lauwarme Coverversion von Michael Bolton. Justin hatte vielleicht eine fürchterliche Frisur, aber sein Musikgeschmack war schon immer ziemlich gut.

Zu Hause in Memphis zeigte sich der *Commercial Appeal* beeindruckt über den Jungen aus seiner Gegend, der es geschafft hatte: »Seine babyblauen Augen strahlen. Sein goldener Haarschopf umweht sein Gesicht. Sein breites Lächeln glänzt perlweiß. Seine ausgebildete Sopranstimme klingt, trillert, jodelt und juchzt ... Justin Randall Timberlake, elf, ist vielleicht nur einer der vielen Jugendlichen, die davon träumen, eine Musikkarriere zu starten. Aber dieser Sechstklässler aus Shelby Forest, der Country und Pop singt, hat sich heute ein gutes Stück in Richtung der Erfüllung seines Traums katapultiert.«

Dieser Traum rückte bald in greifbare Nähe, als Justin für einen Auftritt in Memphis im folgenden Monat gebucht wurde, einen Wohltätigkeitsabend am 4. September 1992, bei dem Country-Künstler wie Billy Jo Spears und Curtis Walker auftraten. Ein Jurymitglied aus Nashville war Plattenproduzent, und er forderte Justin auf, ein Demoband aufzunehmen. Die nahe liegende Wahl für Justins erste Aufnahmen waren die Ardent-Studios in Memphis, denn dort hatte er quasi Familie: Sue Lynn Perry, die Schwester seiner Stiefmutter Lisa, arbeitete dort. Bekleidet mit spießigen lilafarbenen Shorts sang dort der zukünftige Superstar »When A Man Loves A Woman« und den Garth-Brooks-Song »Two Of A Kind« – inklusive des Jodelns, für das Brooks bekannt war. Lynn war dort und feuerte ihn an, aber Justin hatte Probleme mit den Nebenhöhlen und war nicht in Bestform.

Er gab dem Tontechniker Andy Black einen Vorgeschmack des Timberlake'schen Perfektionismus. »Klang das kratzig?«, fragte er durchs Mikrofon.

»Ein paar Mal«, sagte Andy. »Aber wie fandest du dich im Allgemeinen?«

»Ich kann das besser.«

Lynn war sehr erpicht darauf, dass Justin die auf ihn gerichtete Aufmerksamkeit so gut als möglich nutzte, und sie entschieden sich dafür, dass die »junge Gesangssensation aus North Shelby Country« versuchen sollte, den »nationalen Durchbruch« zu schaffen. In diesem Stadium seiner Karriere zerbrach sich Lynn den Kopf über Justins Künstlernamen. Sie versuchten verschiedene Varianten. Als Justin Randall Timberlake mischte er sich unter 500 hoffnungsvolle Nachwuchstalente in der Oak Court Mall in Memphis, um für die zwei freien Plätze bei *Star Search* vorzusingen, dem frühen Vorbild für »Deutschland sucht den Superstar«. Justin hatte gerade mal dreißig Sekunden Zeit, um die Jury mit seiner Performance von »Two Of A Kind« zu beeindrucken. Er schaffte es bis in die Hauptrunde, die in Orlando, Florida, aufgezeichnet wurde. Damals hatte Justin noch keine Ahnung, dass das Land von Disney einmal seine zweite Heimat werden sollte.

Einer der Mythen über Justins Karriere ist, dass er als Country-Sänger anfing und sich wahrscheinlich zu einem zweiten Kenny Rogers entwickelt hätte, wenn 'N Sync nicht gewesen wäre. Laut Bob Westbrook sang Justin aber nur diesen einen klassischen Country-Song. Die Verwirrung bezüglich Justins musikalischen Wurzeln konnte deshalb entstehen, weil er diesen Song bei seinem ersten Griff nach nationaler Berühmtheit sang, und Videoclips, die ihn zeigen, wie er ihn singt, immer noch ständig im Fernsehen gezeigt werden. Als erster Misserfolg des Popstars mit dem goldenen Händchen. Die Nachwuchsabteilung von *Star Search* war ein Wettbewerb für eingebildete, leicht unangenehme Kids, die mal die Nase ins Showgeschäft stecken wollten. Die 1999 verstorbene Lena Zavaroni wurde dadurch berühmt, dass sie den britischen Talentwettbewerb *Opportunity Knocks* als eingebildetes Kind gewann. Stellt euch eine Show vor, bei der nur kleine Lenas auftreten, dann habt ihr einen guten Eindruck von *Star Search*, das von Ed McMahon moderiert wurde, wohlbekannt als Sidekick bei Johnny Carsons *The Tonight Show*.

Das Besondere an *Star Search* war das K.-o.-System zwischen zwei Teilnehmern. Entweder war man nach einem Auftritt von zwei Minuten erledigt, oder man erlebte den nächsten Tag und einen neuen Kampf. Zu den heutigen Stars, die sich in dieser Show ihre ersten Sporen im Showgeschäft verdienten, gehörten unter anderem: Britney Spears, Beyoncé, Christina Aguilera, LeAnn Rimes, Alanis Morissette und Rosie O'Donnell. Justin hatte seinen Garth-Brooks-Song bei jeder Gelegenheit geübt, die sich ihm bot. Karen Toombs erinnert sich an den ersten Talentwettbewerb an der E. E. Jeter, zu dem sie ging. Sie hatte keine Ahnung, dass Justin Jeters Star-Imitator war: »Damals unterrichtete ich ihn noch nicht. All diese Kinder gaben ihr Bestes, aber das Ganze war schon sehr auf Schulniveau. Plötzlich kommt dieser kleine Kerl auf die Bühne, in seinen Jeans, seinem Button-Down-Hemd, einen schwarzen Cowboyhut auf dem Kopf, und fängt an, diesen Country-Song zu schmettern. Es haute mich völlig um.«

Bob übte die Show unermüdlich mit Justin, bis hin zu der kleinen Bewegung, wo er den Hut über den Arm rollt wie ein Profi aus Las Vegas. Trotz der harten Arbeit verlor Justin seine erste Runde gegen ein zehnjähriges Mädchen namens Anna Nardona, die eine schelmische Version von Crystal Gayles Hit »Don't It Make My Brown Eyes Blue« zwitscherte. Natürlich war er am Boden zerstört. Aber es hätte schlimmer kommen können. Seine siegreiche Konkurrentin wurde in der nächsten Runde von einer niedlichen Fünfjährigen geschlagen, was sie so peinlich fand, dass sie danach ihre Showbiz-Ambitionen aufgab.

Justin war in guter Gesellschaft, denn auch Britney und Christina, die er damals noch nicht kennen gelernt hatte, unterlagen in ihren ersten Runden, als sie in der Show auftraten.

Genau wie seine beiden jungen zukünftigen Kolleginnen rappelte sich Justin nach seiner Niederlage wieder auf, und seine nächste Chance kam viel früher, als er erwartet hatte. Ein klassischer Fall: Steig gleich wieder aufs Pferd, wenn es dich abgeworfen hat. Justin war bockig und hatte keine Lust mehr, er wollte nur noch nach Hause nach Shelby Forest, aber Lynn überredete ihn, sich noch bei einer anderen Show zu bewerben.

Während sie für *Star Search* in Orlando waren, hatte Lynn von einer anderen Mutter von einem Casting in Hendersonville bei Nashville erfahren. Es ging um eine Show für Kids, die Disney produzierte. Justin segelte geradezu durch die allgemeine Vorauswahl und man sagte ihm, er solle ein paar Wochen später zum eigentlichen Vorsprechen wiederkommen. Die feine Ironie an der Sache ist, dass er nie dem *Mickey Mouse Club* beigetreten wäre, wenn er es bei *Star Search* eine Runde weiter geschafft hätte.

Ehrgeiz, Talent und der Wille, hart zu arbeiten, sind wichtig, wenn es darum geht, ein talentiertes Kind in einen Star zu verwandeln, aber ohne ein bisschen Glück nützen sie überhaupt nichts. Dies war Justins große Chance und er nutzte sie. Kylie Minogue hätte vielleicht nie für *Neighbours* vorgesprochen, wenn sie nicht aus der zweiten Staffel einer drögen, australischen Soap namens *The Henderson Kids* gestrichen worden wäre. Justin gibt zu, dass das Ganze reines Glück war. »Wenn ich nur ein einziges Mal bei

*Star Search* gewonnen hätte, wäre ich nie zu diesem Vorsprechen gegangen. Ich glaube, Gott hat alle Fäden in der Hand, und er reicht die richtigen an dich weiter. Aber an denen musst du dann auch ziehen.«

***»Er sang, als wäre es so leicht wie atmen.«***

# 5

# Der Mouseketeer

*Justin machte eine Drehpause, damit er mit seinen alten Freunden aus der Apex-Klasse von Jeter rumhängen und mit ihnen ein bisschen Spaß in Disneyworld haben konnte. »Hey, schaut mal, was ich kann«, verkündete er, nahm seine Kappe ab und legte sie auf den Boden. Er begann, die ersten Takte von »New York, New York« zu summen und dann, zur Überraschung seiner Freunde, zu singen: »Start spreading the news ...«. Ein Tourist lief vorbei und warf ein paar Dollar in die Kappe.*

Beim eigentlichen Vorsprechen wurde Justin von Gary Spatz bewertet, dem Schauspiellehrer beim *Mickey Mouse Club* (MMC). Zufällig war Justin in der gleichen Gruppe wie Britney Spears und Christina Aguilera. Sie mussten ein Programm einstudieren, das aus Gesang, Tanz und einer Rede bestand. Gary gab ihnen Noten auf einer Skala von Zehn, in sechs Kategorien. Justins Ergebnisse waren: Stimme: 8–8½; Schauspiel: 7½–8; Kameratauglichkeit: 8; Tanz: 7½–8; Persönlichkeit: 8; Erscheinungsbild: 8½. Garys Gesamteindruck von Justin Randall, wie er sich bei diesem Vorsprechen nannte, war: »Noch ein bisschen grün hinter den Ohren, aber gut.« Britney, die als kleines Mädchen noch mausbraune Haare hatte, schnitt besser ab als Justin, man sagte den beiden ihre Ergebnisse allerdings nicht. Sie erreichte in jeder Kategorie 8½, außer beim Erscheinungsbild, wo sie auf 8 abrutschte. Britney hatte das höchste Gesamtergebnis bei diesem Vorsprechen, obwohl in der Kategorie Gesang jeder weit hinter Christina Aguilera landete, deren Stimme schon immer außergewöhnlich war. Gary gab ihr 9 Punkte für ihre Stimme.

Alle drei wurden für die sechste Staffel der Show vorgeschlagen, die im folgenden Frühjahr beginnen sollte. Man sollte nicht unterschätzen, was Justin erreicht hatte, als er eine Rolle in dieser Show erhielt. Mehr als 200 000 Jugendliche aus ganz Amerika hatten sich beworben in der Hoffnung, auf diesem Weg dem Ruhm einen wichtigen Schritt näher zu kommen. Gary erinnert sich, dass ihm schon damals auffiel, wie außerordentlich konzentriert sowohl Justin als auch Britney waren. »Sie brachten eine große Leidenschaft für ihre Arbeit mit.«

Wieder zurück in Shelby Forest, musste Justins Mutter über eine Menge Dinge nachdenken. Es war keine Frage, dass Justin das Angebot von Disney annehmen würde. Davon hatte sie schließlich für ihren Sohn geträumt. Aber das bedeutete, dass sie sechs Monate des Jahres in Orlando verbringen musste, weit weg von ihrem bequemen Haus, ihren Freunden und vor allem ihrem Mann Paul. Für die Familie war es eine ungeheuerliche Veränderung, allerdings auch sehr aufregend. Der *Mickey Mouse Club* lief schon seit fünf Jahren im Fernsehen, also waren Justin und seine Freunde quasi damit aufgewachsen. Nur Justin hatte sich jemals ernsthafte Hoffnungen darauf gemacht, ein Teil der Besetzung zu werden, die, in seinen jugendlichen Augen, unglaublich viel Spaß haben musste.

Die Show lief von April bis September 1993, also musste Lynn zuerst sicherstellen, dass Mrs. McNeil von E. E. Jeter kein Problem damit hatte, Justin für ein halbes Jahr von der Schule freizustellen. Lynn war sehr aktiv im Elternbeirat und vertrug sich bestens mit den Lehrern. Mrs. McNeill erinnert sich: »Sie kam in meine Sprechstunde und erklärte mir, was man ihr bei Disney gesagt hatte: Er würde soundso viele Stunde trainieren, soundso viele Stunden drehen und soundso viele Stunden Unterricht erhalten. Ihr war völlig klar, dass er seine Ausbildung brauchte und dass es nicht nur ums Entertainment ging. Ich wusste, dass sie dieses Abenteuer niemals unterstützt hätte, würden Justin dadurch irgendwelche Nachteile erwachsen. Ich hielt es für eine wunderbare Gelegenheit für ihn, besonders, weil er auf andere Kinder mit ähnlichen Talenten treffen würde und es ihm die Chance verschaffen würde aufzutreten.«

*MMC* verschaffte Justin eine »Millionen-Dollar-Ausbildung«, wie Gary Spatz sie nennt, und zwar im Singen, Tanzen und Schauspielen. Für jemanden, der sein Ziel so fest vor Augen hatte wie Justin, war sie unbezahlbar. Justin konnte es natürlich kaum abwarten, ein Fernsehstar zu werden. Er dachte bestimmt nicht an Schulstunden, als sich die Neuzugänge der Kinderstars mit ihren Eltern oder Aufsichtspersonen in einem Konferenzsaal in den Disney/MGM-Studios in Orlando zum ersten Mal trafen. Damals wussten sie es noch nicht, aber diese sieben Neulinge waren die letzten, die neu zum *Mickey Mouse Club* stoßen würden, denn die Show sollte umgestylt werden. Bei Disney hielt man *MMC* mittlerweile für ein wenig angestaubt und spießig. Blueway Productions, die die Show für Disney produzierten, sollten der Show ein erwachsenes, hipperes Image verpassen. Sie versuchten, den Namen *Mickey Mouse Club* nicht mehr so oft zu benutzen und nannten die Show stattdessen *MMC*. Dadurch klang sie mehr nach einem Grippeimpfstoff als nach einer coolen Show für Kids.

Am ersten Tag saßen die sieben neuen »Mouseketeers« mit ihren Eltern, die sich fragten, auf was in aller Welt sie sich da bloß eingelassen hatten, um einen großen Tisch herum. Alle waren natürlich unheimlich aufgeregt, deshalb war die Erkenntnis, dass der wichtigste Mensch, den sie heute kennen lernen würden, der für sie verantwortliche Lehrer war, eher ein Schock. Zurück auf die Schulbank! Sein Name war Chuck Yerger, und er sollte sich als wichtige Bezugsperson in Justins Teenagerzeit erweisen. Chuck war von Pennsylvania nach Florida gezogen und hatte einen Job bei On Location Education ergattert, einer Firma, die sich darauf spezialisiert hatte, jugendliche Schauspieler und Entertainer zu unterrichten, solange sie am Set waren. Sein erster Job war als Lehrer von Macauley Culkins kleinem Bruder Shane, als der Star aus *Kevin – Allein zu Haus* in Orlando *My Girl* drehte. Von dort kam Chuck zum *Mickey Mouse Club*, als die dritte Staffel gerade lief. Er hatte ein so gutes Händchen im Umgang mit seinen frischgebackenen

Stars, dass er zum Rektor der Schule avanciert war, als Justin auf der Bildfläche erschien, verantwortlich für Einstellungen, Entlassungen, Erstellung der Stundenpläne und den eigentlichen Unterricht. Er unterrichtete in Orlando auch für Nickelodeon, wo er eine seiner Lieblingsschülerinnen kennen lernte, Melissa Joan Hart, die später mit *Sabrina – Total Verhext* berühmt werden sollte. »Ich unterrichtete sie jeden Sonntag sechs Stunden lang«, erinnert sich Chuck. »Sie war eine wundervolle junge Dame.«

Bei dem ersten Treffen sprach Dennis Steinmetz, der Executive Producer des *Mickey Mouse Club*, über die Drehpläne und lenkte die Aufmerksamkeit auf den Unterricht, den die Kinder den Vorschriften gemäß erhalten sollten. Die Screen Actors Guild (SAG), die amerikanische Schauspielergewerkschaft, und die American Federation of Television and Radio Actors (AFTRA) verlangten, dass alle Kinder täglich drei Stunden Unterricht erhielten, also fünfzehn Stunden in der Woche. Für den Unterricht durfte man allerdings nicht einfach irgendein altes Schulbuch nehmen, das zufällig gerade herumlag, sondern die ursprüngliche Schule des Kindes – in Justins Fall also E. E. Jeter – musste einen offiziellen Lehrplan genehmigen. Die jungen Schauspieler konnten zwar Stunden anrechnen lassen, wenn der Unterricht länger als drei Stunden am Tag dauerte, aber das Limit lag bei dreißig Stunden. Damit sollte verhindert werden, dass eine skrupellose Produktionsfirma Kinder womöglich einen Monat lang zehn Stunden täglich in die Schule schickte, sie dann nach Mexiko verfrachtete und dort ohne jeden Unterricht einen Film drehte. Die Leute bei Disney nahmen ihre Ausbildungsverpflichtungen ernst, denn wenn die Inspektoren vorbeikamen und nur ein Kind fanden, dessen schulische Leistungen nicht den Anforderungen genügten, dann bekamen sie große Probleme. Justin, Britney, Christina und den anderen wurde das von Dennis Steinmetz unmissverständlich klar gemacht, als er ihnen Chuck Yerger vorstellte: »Dieser Mann wird mir sagen, ob ihr auftreten dürft.«

Chuck war überrascht, als er seine neuen Schützlinge an diesem ersten Morgen erblickte. Er wusste, dass die Produzenten von *MMC* ein älteres Image anstrebten, deshalb war er nicht auf das neue Ensemble vorbereitet, welches ihn da begrüßte. »Ich war sprachlos. Das waren kleine Kinder. Ich hatte Teenager erwartet, die zeigten, wie cool sie waren. Aber das waren ›Rugrats‹, Dreikäsehochs, die, wie wir Lehrer sagen, noch auf dem Boden spielen.« Chuck war von seiner ersten Begegnung mit Justin Timberlake besonders wenig beeindruckt: »Er trug eine lederne Schiene um sein linkes Handgelenk. Ich wusste damals nicht, dass er sich den Arm beim Basketball verstaucht hatte. Ich dachte so bei mir: ›Na toll, hier haben wir eine Primadonna, die ständig verletzt sein wird. Schaut her, ich bin verletzt. Was hat er angestellt? Sich das Handgelenk beim Stepptanzen verletzt?‹ Ich dachte, der Junge wird sicher zum Problem. Ich hatte keine Ahnung, was für ein Sportler er war.«

Lynn war immer noch unsicher wegen Justins Künstlernamen. Langsam musste sie sich entscheiden. Chuck erinnert sich daran, dass er sie an jenem ersten Tag mit einer anderen Mutter darüber sprechen hörte: »Ich kannte sie damals noch überhaupt nicht, aber sie machte sich Sorgen, weil der Name, unter dem er im *Mickey Mouse Club* mitmachte, für den Rest seines Lebens sein Aushängeschild sein würde: Justin Randall Timberlake, Justin Timberlake oder Justin Randall, oder Randall Timberlake. Was war der coolste Name?« Auf ähnliche Art hatte sich vorher auch JC Chasez (ausgesprochen Scha-sey), der später mit Justin zu 'N Sync gehen sollte, über seinen Namen den Kopf zerbrochen. Der *Mickey Mouse Club* hatte schon einen Joshua, als er in der vierten Staffel einstieg, also entschied er sich für die Initialen, die später so berühmt werden sollten. Nach langem Hin und Her, und Ratschlägen von Hinz und Kunz, vom Produzenten bei Disney bis hin zum Pizzaboten, überließ Lynn schließlich Justin die Entscheidung, und der blieb einfach bei Justin Timberlake, weil das sein Name und er daran gewöhnt war.

Das Leben bei Mickey Mouse war vielleicht nicht ganz so glamourös, wie es nach außen hin wirkte. Die Welt der »Beinahe-Stars« beschränkte sich auf vier Bungalows am Ende des Studiogeländes. In einem war die »Schule« untergebracht, und in den anderen wurde gefilmt, geprobt oder trainiert. Disney brachte die Jugendlichen und ihre Eltern in Orlando in Apartments unter. In Justins Fall waren das nur er und Lynn, Paul flog nur hin und wieder übers Wochenende ein. Die Familie hatte keine finanziellen Sorgen. Justins Gewinne aus Talentwettbewerben waren gut angelegt worden, und mit seinem Gehalt von Disney wurde er zwar nicht zum Millionär, doch es reichte. Die Mouseketeers bekamen etwa 15 000 Dollar für eine sechsmonatige Staffel, allerdings bedeuteten die Vergünstigungen – unter anderem wohnten sie mietfrei –, dass sie das meiste Geld auf die Bank tragen konnten.

Die »Millionen-Dollar-Ausbildung« bewirkte rapide Veränderungen bei den Neuzugängen. Die »Dreikäsehochs«, die an jenem ersten Tag verständlicherweise noch recht eingeschüchtert waren, erlangten ein wertvolles Gut: Selbstvertrauen. Als Justin anfing, bestand ein typischer Tag aus drei Stunden Unterricht am Morgen, gefolgt von Proben und Aufnahmen. Es gab zwar keinen offiziellen Sportunterricht, aber das Ensemble erhielt jeden Tag mindestens eine Stunde Tanzunterricht. Sie filmten fast jeden Tag, obwohl die neue Staffel nicht vor Oktober beginnen sollte. Sie wurde stückweise aufgezeichnet und dann zu den einzelnen Sendungen zusammengeschnitten. Manchmal drehte Justin Eröffnungssequenzen, ein anderes Mal dann eine Menge Sketche. Sie mussten alle höllisch aufpassen. Als das zwanzigköpfige Ensemble Orlando Ende Oktober verließ – sie waren zwischen elf und achtzehn Jahre alt, Britney, das Nesthäkchen, sollte erst im Dezember ihren zwölften Geburtstag feiern –, hatten sie fünfunddreißig Episoden abgedreht.

Justin liebte die kleinen komödiantischen Szenen besonders, dort zeigten er und Britney bereits viel Harmonie. Alles war sehr familiär, das Set hätte auch in der *Lindenstraße* nicht fehl am Platz gewirkt. Die auffallendste Veränderung vollzog sich bei Justins Bühnenoutfits. Die seltsamen weißen Anzüge aus der Grand Ole Opry waren längst Geschichte, an ihre Stelle traten coole Teenagerklamotten, Jeans und Tops. Chuck Yerger merkte, dass Justin erwachsen wurde. »Als ich ihn kennen lernte, war er noch ein Junge vom Land, der nicht begreifen konnte, wie ihm geschah. Aber er war sehr respektvoll und ein überdurchschnittlicher Schüler.«

Jetzt, da er von geballtem jugendlichem Talent umgeben war, fiel Justin gar nicht mehr so besonders auf, er war ein guter Allroundperformer. Christina Aguilera hatte die Stimme, die jedem auffiel, und bekam den Spitznamen »Diva«. Sogar Chuck, der meist viel zu beschäftigt war, um seine Schüler bei ihren Auftritten zu beobachten, sagt: »Ich glaube, Christina hatte die schönste Stimme, die ich je gehört habe. Sie war ein winziges Mädchen, ein Windhauch konnte sie umwerfen, aber wenn sie den Mund aufmachte und sang, dann füllte sie jeden Raum aus, in dem sie sich befand.«

Man ermutigte die Jugendlichen dazu, zusammenzuhalten, zusammen zu arbeiten und zusammen zu spielen, damit eine familiäre Stimmung entstand. Britney und Christina steckten anfangs immer viel zusammen, denn sie waren die Kleinsten und Schmächtigsten. Justin und die sehr hübsche Nikki DeLoach waren ein bisschen älter, und die Erwachsenen nannten sie »Weenies«, weil sie genau zwischen den kleinen Kindern und den älteren Teenager steckten. Nikki verbrachte eine Menge Zeit mit Justin, als sie später auch versuchte, sich als Popstar zu etablieren. Britney Spears und Justin sollten später zwar das berühmteste Ex-*Mickey-Mouse*-Paar werden, aber auch Nikki und JC Chasez gingen später eine Weile miteinander aus. Justin freundete sich besonders mit einem Mouseketeer namens Matt Morris an, später ein bekannter Songwriter. Er war unter anderem an einigen Songs auf Christina Aguileras phänomenalem Erfolgsalbum *Stripped* beteiligt.

Die älteren Kinder wurden bald Vorbilder für die Jüngsten. Britney und Christina bewunderten Keri Russell, die mit ihren sechzehn Jahren schon ein alter Hase im *Mickey Mouse Club* war und bereits einen Freund hatte. Christina, die ihre Zeit beim *MMC* sehr genossen hatte, über Keri: »Sie hatte das Auto. Sie hatte den Freund. Sie war weiter entwickelt. Wir bewunderten sie und wollten ganz genau so werden wie sie.« Tony Lucca war der Herzensbrecher der Gruppe, ein gut aussehender, geradliniger Siebzehnjähriger aus Detroit, der später ein erfolgreicher Musiker werden sollte. Die älteren Kinder verbrachten nur selten Zeit mit den jüngeren, einfach deshalb, weil es bei Teenagern einen riesigen Unterschied macht, ob man dreizehn oder siebzehn ist. Allerdings verstand sich Justin sehr gut mit JC Chasez, dem Moderator des *MMC*.

Die jüngsten Kinder verbrachten den größten Teil ihrer Freizeit zusammen, sie gingen Eis essen oder nutzten ihre Gratisausweise für den Vergnügungspark. Manchmal gingen sie in Pleasure Island tanzen und übten die Tanzschritte, die sie gerade gelernt hatten.

Am Ende jeder Sendung versammelten sich die Mouseketeers, nahmen sich an den Händen und sangen den *MMC*-Titelsong, ein wunderbar kitschiges Stück Amerika:

And now it's time to say goodbye
To all our company
M-I-C, See you real soon! K-E-Y
Why? Because we like you! M-O-U-S-E

Jetzt sagen wir auf Wiedersehn
Zu uns'ren Freunden hier.
M-I-C-K, wir sehn euch bald! E-Y, Wieso?
Weil wir euch mögen! M-O-U-S-E!

Dann, auf ein Zeichen, Umarmungen und spontane Tanzschritte. Ein Insider-Witz hinter den Kulissen war das alternative Abschiedslied, das Justin bald lernte:

M-I-C-K, wir sehn euch bald! E-Y, Wieso?
Weil wir dafür bezahlt werden! M-O-U-S-E!

Die sieben Neulinge wurden von Disney im Laufe des Juli den Zuschauern vorgestellt. Diese Anreißer wurden im Disney-Kabelkanal montags bis donnerstags täglich um 17.30 Uhr ausgestrahlt. Die Neuzugänge waren: Justin Timberlake (mag Eiskrem mit Schokoladenstückchen); Britney Spears (Lieblingsschauspieler: Tom Cruise); Christina Aguilera (Lieblingsfarben: Türkis und Lila); Ryan Gosling (Spitzname: Trouble); Tate Lynche (Lieblingssport: Tennis); Nikki DeLoach (Lieblingsschauspielerin: Meg Ryan) und TJ Fantini (Lieblingssänger: Michael Jackson). Justin musste sich schon jetzt daran gewöhnen, dass Fans einen unersättlichen Appetit auf noch die kleinsten persönlichen Details haben, daraus bestehen schließlich die meisten Teenagerzeitschriften.

Justins Biografie bei Disney war ziemlich langweilig. »Justin Timberlake ist ein loyaler, kreativer, sehr gewissenhafter Zwölfjähriger, der alles dafür tut, ein großer Performer zu werden ... In der Schule passt Justin immer gut auf, er bekommt nur glatte Einsen und mag besonders die Fächer Mathematik und Naturwissenschaften ...« Das Image des Musterschülers konnte er nur schwer abschütteln.

Justin hatte Glück, weil seine Stimme sich in Klang und Tonlage kaum änderte, als er durch den Stimmbruch ging. Er war ein hoher Tenor gewesen, und jetzt bekam er, was sein alter Gesangslehrer Bob Westbrook einen Tenor »am unteren Rand« nannte. Ein Großteil der Mannschaft machte während der Dreharbeiten für den *MMC* die Pubertät durch. Das machte es Chuck Yerger nicht leichter, in der Schule Disziplin durchzusetzen. »Manchmal haben Kids schlechte Tage, wenn sie heranwachsen. Ich musste aber streng bleiben. Wenn eins der Kids zum Unterricht kam und sagte: ›Ich bin müde, ich habe gerade Tanzunterricht gehabt. Kann ich nicht einfach ein Buch lesen?‹, dann musste ich immer ›Nein‹ sagen, weil ich sie nicht einfach durchrutschen lassen konnte. Das sagte ich ihnen auch. Manchmal musste ich ihnen damit drohen, der Produktionsleitung Bescheid zu sagen. Die schlimmste Drohung war aber ›Muss ich vielleicht mit deiner Mutter sprechen?‹« Immerhin hatte das Ensemble nur so lange zu leiden, bis in ihrer Schule zu Hause die Ferien anfingen. Dann bekamen sie nämlich auch frei.

Ende Oktober war Justin wieder in Shelby Forest. Mittlerweile war Mrs. McNeil an eine neue Schule in Collierville, einem Vorort von Memphis, versetzt worden. Regina Castleberry, die neue Rektorin, erwies sich als eine von Justins größten Fans. Sie hatte noch nie von Justin Timberlake gehört, bis sie eine Lehrerkollegin zufällig an dem Abend besuchte, an dem Justin bei *Star Search* auftrat. »Er trug diesen riesigen Cowboyhut, hinter dem er fast verschwand und er war so süß.«

Mrs. Castleberry befürchtete, dass Justin furchtbar eingebildet sein werde: »Ich erwartete ein Kind, das ungeheuer viel auf sich hielt. Aber Justin zeigte nie irgendwelche Starallüren, das ist ein

Grund, warum ihn alle an seiner Schule so mochten. Er ging nie herum und sagte: ›Schaut mal, wer ich bin‹, oder ›Schaut mal, was ich Tolles gemacht habe‹. Als er wieder hierher kam, war er einfach ein Junge unter vielen, man hätte ihn nie für etwas Besonderes gehalten, wenn man nicht wusste, wer er war. Man merkte es nur, wenn wir an der Schule eine Musikveranstaltung hatten, weil man ihn immer die Solos singen ließ.«

Mrs. Castleberry war so beeindruckt von Justins Talent, dass sie ihn zwei Mal dazu überredete, während der Ferien bei den abendlichen Treffen ihres Damenkränzchens zu singen. Die ADK-Sorority war eine Art Klub für Lehrerinnen aus der Gegend von Memphis, und sie trafen sich zum Dinner, zu Diskussionen und zu gemütlichen Abenden. Justin hatte durchschlagenden Erfolg bei den Ladys. Regina holte ihn von Zuhause ab, dann besorgten sie zusammen das Essen, das sie vorbestellt hatte – meistens Hühnchen –, und schließlich wurde Justin den Klubmitgliedern vorgestellt. »Er wirkte sehr schüchtern, aber wenn man ihm ein Mikrofon in die Hand drückte, dann verwandelte er sich völlig.«

Bei einem Dinner sang Justin »All I Want For Christmas Is A Kiss From Santa Claus«. Er trug eine schwarze Hose, ein weißes Hemd und eine rote Weste mit Taschen, in die er kleine Küsse aus Papier gestopft hatte. Die reichte er den Damen, während er sang. »Sie hätten ihn beinahe aufgefressen«, erinnert sich Mrs. Castleberry. »Er war einfach zu niedlich.«

Justin präsentierte sich nie selbst als der große Sänger von der Jeter. Aber am letzten Schultag in der achten Klasse verwöhnte er sein Publikum mit einer sensationellen Version des Seal-Hits »A Kiss From A Rose«, über die diejenigen, die das Glück hatten, dabei zu sein, heute immer noch reden.

Als Justin im April 1994 für seine zweite *MMC*-Staffel wieder nach Orlando zurückkam, hatte sich einiges verändert. Das Studio hatte die üblichen drei Stunden Unterricht am Tag verworfen und ging jetzt viel flexibler an die Sache heran. Der Regisseur Jack Seifert hatte entschieden, dass sie bisher einen halben Tag verschwendet hatten, und beschloss, dass die jungen Schauspieler dann zum Unterricht gehen sollten, wenn man sie gerade nicht am Set brauchte. Das war ein logistischer Albtraum für Chuck Yerger, der alle Stunden- und Drehpläne seiner Schüler genau im Kopf haben musste: »Für die Kids war es auch schwer. Justin war inzwischen dreizehn Jahre alt. Oft drehte er einen Sketch oder eine Tanznummer, ging dann von der Bühne und hörte den Bühnenmanager sagen: ›Okay, Justin. Die nächsten 90 Minuten hast du Schule.‹ Er musste mit vollem Bühnen-Make-up vom Set gehen, sein Kostüm ausziehen, ins Klassenzimmer gehen und eine Doppelstunde Erdkunde durchstehen! Natürlich wollte er eigentlich nur über das reden, was er da gerade in der Sendung gemacht hatte.«

Die Produzenten versuchten, einige Themen, die aktuelle Probleme behandelten, in die Show mit einfließen zu lassen, zum Beispiel Essstörungen, Depressionen bei Teenagern und Rassismus, aber der *MMC* hatte das Handicap, dass er ein typisches Produkt der Marke Disney war. Disney verkörpert einen großartigen, uramerikanischen Eskapismus, eine Fantasiewelt, in der nur glückliche Kinder mit makellosen Zähnen leben. Alles Talent der Welt und die Erschließung einer neuen Zielgruppe schafften es nicht, aus dem *Mickey Mouse Club* eine Show auf der Höhe der Zeit zu machen.

Am Ende von Justins zweiter Staffel, im Oktober 1994, hatte kein Mitglied der Besetzung auch nur die leiseste Ahnung, dass die Show abgesetzt werden sollte. Die Einschaltquoten konnten sich immer noch sehen lassen. Chuck Yerger erinnert sich: »Disney wollte lange nicht zugeben, dass die Show abgesetzt wurde. Noch an Weihnachten redeten sie davon, mit *MMC* wieder auf Sendung zu gehen. Die offizielle Entscheidung wurde erst im Februar bekannt gegeben. Also gab es keinen großen tränenreichen Abschied, denn als die Entscheidung fiel, waren die Kinder in alle Winde zerstreut.« Stattdessen hatte es eine große Feier zum Abschluss der Dreharbeiten gegeben. Justin schenkte Chuck Yerger einen speziellen Lehrerpullover, auf dem mathematische Gleichungen aufgedruckt waren, sowie die gefürchteten Worte: »Morgen schreiben wir ein Diktat«. Er schrieb seinem Lehrer auch eine rührende Karte:

Chuck – Danke für alles.
Du bist wie ein zweiter Vater für mich.
Nochmals Danke.
Alles Liebe – Justin

Hätten sie gewusst, dass sie gerade ihre letzte Abschiedsparty feierten, wären sicherlich viele Tränen geflossen, denn der *Mickey Mouse Club* war wie eine exklusive *Fame Academy*, die einer relativ kleinen Gruppe von Kindern einen intensiven Crashkurs im Showgeschäft verpasste, und so was schweißt zusammen. Sie hatten eine viel engere Beziehung, als das unter zusammengewürfelten Gruppen sonst so üblich ist. Justin und Britney sorgten in den nächsten acht Jahren zwar für die meisten Schlagzeilen, aber viele Ex-Mouseketeers haben eine Art Netzwerk gebildet, dass einen der Ihren immer unterstützt.

Die dringendste Frage war natürlich, wer, wenn überhaupt jemand, von den Mouseketeers etwas Großes zustande bringen würde. Sie witzelten hinter der Bühne immer, dass sie, wenn die Show jemals abgesetzt würde, einfach alle Stars werden würden. Sie hatten alle unbestreitbar Talent, aber jetzt waren sie nur ein Haufen arbeitsloser Teenager, die sich an den Gedanken gewöhnen mussten, zurück in die Schule in ihrer Heimatstadt zu gehen. Ihre Erfolgsrate in den zehn Jahren nach der letzten *MMC*-Staffel ist phänomenal, insbesondere, wenn man berücksichtigt, was für ein erbarmungsloses Geschäft das Showbusiness ist. Britney und Christina sind Pop-Superstars, JC Chasez und Tony Lucca folgen ihnen auf dem Fuß. Keri Russell wurde für ihre Rolle in der Erfolgsserie *Felicity* ausgezeichnet und Ryan Gosling ist ein gefragter Schauspieler und Star der Serie *Young Hercules*. Andere leben in L.A. und warten noch auf den großen Durchbruch. Wie würde es Justin Timberlake zu Hause in Shelby Forest ergehen? Er sollte sich zum ersten Mal verlieben.

***»Sie waren alle ziemlich aufgedreht und nervös.«***

# 6

# Total verliebt

*Es war Justins fünfzehnter Geburtstag, und er war untröstlich. Er hatte seine Freundin Danielle gebeten, in Orlando mit ihm zu feiern, aber sie hatte ihm gesagt, sie müsse wegen der Schule in Millington bleiben, und könne leider nicht dabei sein. Er lungerte traurig im Haus herum, da kam seine Mutter nach Hause und bat ihn, ihre Einkäufe aus ihrem weißen Lexus auszuladen. Er ging in die Einfahrt, öffnete den Kofferraum, und ihm fielen fast die Augen aus dem Kopf. Da saß Danielle, umgeben von Blumen, Luftballons und vielen bunt verpackten Geschenken. »Happy Birthday!«, rief sie. »Ich hab's doch geschafft!«*

Danielle Ditto war bei den heranwachsenden Jungs von Millington sehr beliebt. Sie war zierlich und wohlgeformt, mit honigblondem Haar und blauen Augen. Sie sah aus wie man sich eine klassische Südstaatenschönheit vorstellt. Ihre Wangenknochen wirkten wie aus feinstem Marmor gemeißelt. Es war kein Wunder, dass sie dem jungen Justin Timberlake auffiel, der gerade aus der aufregenden Großstadt Orlando nach Hause zurückgekehrt war und nur auf eine Gelegenheit wartete, seine im *Mickey Mouse Club* frisch erworbene Coolness auszuprobieren.

Wie der Zufall es wollte, war Danielle ein paar Mal mit Justins bestem Freund Trace Ayala ausgegangen, aber zu dieser Zeit war Justin in Florida gewesen, deshalb kannten sich die beiden noch nicht sehr gut. Das änderte sich an dem Abend, an dem sie beide zu einer Jugendveranstaltung in der Lucy Church gingen. Die Gruppe, mit der sie unterwegs waren, zog später noch in eine Pizzeria namens Madio's weiter. Danielle saß mit ihrer besten Freundin Stacey an einem Tisch und Justin sah seine Chance. Er ging zu Danielle und reichte ihr seine Visitenkarte, aber leider war sie nicht so beeindruckt, wie er sich das vorgestellt hatte: »Es war diese kleine Comic Karte, und er hatte sie mit den Worten signiert: ›Justin steht voll auf Frieden und Harmonie.‹ Ich dachte: ›Wer ist denn dieser Spinner?‹ Meine Freundin sagte mir: ›Das ist Justin Timberlake, er ist beim *Mickey Mouse Club*.‹ Ich wusste gar nicht, was das war. Ich sagte so etwas wie: ›Wow, dann müssen wir uns jetzt ja eine Satellitenschüssel anschaffen.‹ Also nahm ich eine Visitenkarte des Restaurants, schrieb meinen Namen auf die Rückseite und schickte sie zu ihm rüber. Er war fassungslos.«

Im zarten Alter von dreizehn Jahren war Justin noch keine beeindruckende Erscheinung. Er war klein für sein Alter und musste mit einer Afro-Frisur herumlaufen. Danielles Kommentar: »Seine Mom schmierte ihm immer eine Menge Zeug in die Haare, um sie irgendwie zu bändigen. Sie strich das Haar immer nach hinten, es lag wie eine Welle an seinem Kopf. Es sah schrecklich aus. Also lachten meine Freundin und ich ihn eigentlich nur aus. Ich war noch ein Kind, deshalb dachte ich, es sei okay, sich über Jungs lustig zu machen. Ich dachte nur: ›Wer ist der Kerl?‹«

Die Geschichte, wie aus Justin und Danielle junge Liebende wurden, erinnert mehr an *Harry und Sally* als an *Romeo und Julia*. Erst ein Jahr später unterhielt sie sich richtig mit ihm, diesmal bei dem Baseballplatz in der Nähe von E. E. Jeter. Danielle hatte ihn ein paar Mal aus der Schule kommen sehen: »Stacey zeigte immer auf ihn und sagte: ›Schau dir an, wie groß Justin geworden ist.‹ Er war über den Sommer wirklich in die Höhe geschossen, und es überraschte mich, dass dieser Typ aus der Pizzeria jetzt ein richtig süßes Gesicht bekommen hatte, auch wenn er schreckliche Akne hatte.« Justins Akne wurde so schlimm, dass Lynn mit ihm deswegen zum Arzt gehen musste. Justin machte eine intensive Tablettenkur und nach ein paar Monaten heilte die Akne völlig ab. Sein Gesicht war auf jeden

Fall fast pickelfrei, als er nach dem Baseballspiel Danielle und ein paar Freunde zu sich nach Hause zum Billardspielen einlud. An diesem Tag ergab sich keine Gelegenheit zu einem intensiveren Gespräch, aber wenigstens war das Eis gebrochen.

Bald darauf hatten sie bei einem anderen Baseballspiel die Chance, sich unter vier Augen zu unterhalten. Justin tauchte auf einem Motorrad auf und begann das Gespräch mit Danielle damit, dass er ihr die technischen Einzelheiten der Maschine erklärte. Mit vierzehn durfte Justin eigentlich noch nicht Motorrad fahren, aber wie Danielle erklärt, »fährt auf dem Land jeder sehr jung Motorrad«. Sie verstanden sich auf Anhieb fantastisch und entdeckten, dass sie beide modeverrückte Teenager waren. Danielle bemerkte, dass Justin Lucky's trug, eine Jeansmarke, von der in Shelby Forest sonst noch niemand gehört hatte. Was die neuesten Trends betraf, lebten die Leute dort völlig hinter dem Mond. »Ich konnte es gar nicht fassen, dass jemand aus Millington etwas von dieser Marke wusste. Es war seltsam. Wir waren in allem auf der gleichen Wellenlänge. Ich erinnere mich daran, dass einer die Sätze des anderen beendete. Wir erzählten uns gegenseitig Witze, und er war sehr lustig. Er schnitt die lustigsten Grimassen. Wenn man mit der besten Freundin unterwegs ist, dann kann man sich selten mit jemandem richtig unterhalten, aber diesmal machte es ›bumm‹!«

Millington und Shelby Forest waren wirklich verschlafene Nester, das wird ganz deutlich, wenn man bedenkt, dass Danielle die neuesten Trends nur deshalb kannte, weil sie oft ihre Mutter Shawn in Germantown, einer Vorstadt von Memphis, besuchte. Nur eine halbe Autostunde und doch Welten entfernt vom hinterwäldlerischen Landleben. Danielle und Justin entdeckten, dass ihre Familienstrukturen viele Gemeinsamkeiten aufwiesen. Ihre Mütter hatten sie beide sehr jung bekommen – Danielles war achtzehn und Justins Mutter zwanzig Jahre alt gewesen. Sie hatten sich auch beide scheiden lassen, als ihre Sprösslinge noch in den Windeln steckten, und beide hatten bald darauf wieder geheiratet. Danielles Vater John war früher bei der Navy gewesen und machte sich dann mit einem Fitnessstudio selbstständig. Danielle, die fast fünf Monate älter war als ihr zukünftiger Verehrer, verbrachte den größten

Teil ihrer Kindheit bei ihren Großeltern, die ganz in der Nähe von Justins Zuhause wohnten, wenn auch in einer weniger wohlhabenden Gegend. Sie hatten beide einen enormen Respekt vor ihren Großeltern und beide waren sich bewusst, wie wichtig die Kirche für ihre jeweiligen Familien war. »Meine Familie ging lieber in die Kirche als sonst irgendwohin«, erklärt Danielle. »Ich hatte eine ganz strenge Sperrstunde während meiner Jugend. Ich musste um neun Uhr abends zu Hause sein. Manchmal durfte ich am Wochenende bis um Mitternacht ausbleiben, aber wehe, ich kam auch nur eine Minute zu spät …«

Justin hatte vergessen, Danielle nach ihrer Telefonnummer zu fragen, was sie sehr enttäuschte. Aber er rettete die Situation, fragte Trace nach ihrer Nummer und rief sie noch am selben Abend an. In der schönsten Tradition der Teenagerliebe unterhielten sie sich bis vier Uhr morgens. Sie entdeckten, dass sie noch etwas gemeinsam hatten. Das Singen. Justin war gut ausgebildet und bereits erfolgreich, aber auch Danielle trat bei Talentwettbewerben innerhalb und außerhalb der Grenzen des Bundesstaats auf. Sie sang auch regelmäßig im Casper Creek Country Club bei Millington. In dem Klub wurde kein Alkohol ausgeschenkt, deshalb war er bei den Eltern sehr beliebt, weil sie ihre Kinder dort in guten Händen wussten. Danielle erzählte Justin, dass sie am folgenden Abend dort singen würde, aber sie verabredeten sich nicht. Welch eine Überraschung für sie, als Justin hereinkam, als sie gerade auf der Bühne stand. Aber es war nicht unbedingt eine freudige Überraschung, denn ihr Freund spielte gerade im Hinterzimmer Billard!

Danielle war völlig durcheinander. »Ich war total schockiert und dachte nur ›Oh nein!‹ Dieser Typ war auch da, und ich wurde panisch. ›Oje, jetzt bekomme ich Ärger.‹ Ich eilte zu Justin und sagte zu ihm: ›Du hättest nicht herkommen sollen. Verstehst du das nicht? Ich habe einen Freund, der wird dich verprügeln. Du musst unbedingt nach Hause gehen.‹ Und Justin sagte: ›Ich mag dich wirklich. Ich möchte mit dir ausgehen.‹ Und ich brabbelte so etwas wie: ›Vielleicht nicht gerade heute Abend. Ich glaube, das wäre keine so gute Idee.‹ Der andere Typ war größer und hatte ein aufbrausendes Temperament …«

Glücklicherweise ging der Freund, sodass Danielle Justin zum Auto seines Kumpels bringen konnte. Es war eine Chance, und Justin nutzte sie. »Er gibt mir einfach einen Kuss. Und was für einen – einen echten Knutscher! Es war fast schon beängstigend, wie gut wir uns verstanden. Du weißt ja, wie es ist. Man lernt jemanden kennen und denkt dann manchmal: ›Ich glaube, den mag ich.‹ Und manchmal denkt man. ›Den mag ich wirklich.‹ Und ganz selten denkt man. ›Oh mein Gott, das ist ja unglaublich!‹ Und so war es mit Justin. Es traf mich wie ein Blitzschlag.«

Im Moment machte sich Danielle aber hauptsächlich Gedanken über ihren Freund, besonders, als besagter Junge plötzlich wieder auf den Parkplatz einbog. »Ich schrie nur: ›Geh, geh, geh! Steig ins Auto. Bitte, geh jetzt. Du verstehst das nicht.‹ Justin sagte zwar, er wolle bleiben, aber ich schaffte es schließlich, ihn ins Auto zu bugsieren.«

Als Danielle später nach Hause kam, rief Justin an, bevor sie noch den Schlüssel aus dem Schloss gezogen hatte. Er war für eine direkte Lösung und wollte noch am selben Abend mit Danielles Freund sprechen und ihm sagen, was los war. Danielle versuchte, ihn davon abzubringen, da blinkte die Nummer des besagten Jungen auf Justins Telefon als eingehender Anruf auf. Justin hatte ihm bereits eine Nachricht hinterlassen, er solle ihn zurückrufen. Danielle erinnert sich. »Justin sagte, er werde die Sache jetzt in die Hand nehmen und sich um alles kümmern. Er sagte ihm, dass er mich sehr möge, dass es etwas ganz Besonderes sei und er es gerne mit uns versuchen wolle. Er sagte: ›Wenn du damit ein Problem hast, dann weißt du ja, wo ich wohne.‹ Aber sie sprachen miteinander, und der Typ wechselte nie wieder ein Wort mit mir. Nie wieder.«

Jetzt, wo die »kleine Komplikation« aus dem Weg geräumt war, war es Zeit für Justin, Danielle mit einem richtigen Date im Sturme zu erobern. Er nahm sie zu einem Basketballspiel mit. Seine Eltern waren auch dabei. Glücklicherweise liebt Danielle Basketball und freute sich sehr über die Einladung zum jährlichen Penny Hardaway Classic in Memphis. Aber sie hatte nun nicht nur wegen ihres ersten Date Grund, nervös zu werden, sondern auch, weil sie die zukünftigen Schwiegereltern gleich mitgeliefert bekam.

Sie trug eine grün-weiß gemusterte ärmellose Button-Down-Bluse, dazu blaue Levis und Stiefel. Justin aber war ein Traum in Weiß. Ein weißer ärmelloser Pullunder mit V-Ausschnitt, weiße Hosen und Sommerschuhe. Das Ensemble wurde durch eine goldene Halskette abgerundet. Er frisierte sich seit kurzem selbst, knetete sich Haarschaum ins Haar und benutzte ein nach Menthol duftendes Shampoo namens Ice Cap, damit alles an seinem Platz blieb. Auf dem Weg zum Spiel brachte Lynn Justin in große Verlegenheit, als sie im Autoradio eine Kassette laufen ließ, auf der er ein Lied von Glen Campbell sang. »Er wurde knallrot«, lacht Danielle.

Nach dem Spiel gingen die vier zum Abendessen zu Wendy's, aber zu Danielles Erleichterung setzten sich Paul und Lynn an einen anderen Tisch, um den Teenagern ein bisschen Privatsphäre zu gönnen. Sie sprachen hauptsächlich über Basketball und gingen danach noch kurz zu Justin nach Hause, bevor Paul Danielle rechtzeitig vor ihrem Zapfenstreich zum Haus ihrer Großmutter brachte.

Das Wichtigste an Danielles erstem Date mit Justin Timberlake war, dass Danielle ein zweites wollte. Diesmal schlug Justin den Film *Braveheart* mit Mel Gibson vor. In Millington gab es kein Kino, also mussten sie sich zu einem Kino nach Memphis chauffieren lassen, aber wenigstens kamen Justins Eltern bei dieser Gelegenheit nicht mit. Danielle hätte sich also entspannen und den Film genießen können, hätte sie nicht ihren – mittlerweile – Exfreund ein paar Reihen vor sich im Kino gesehen. »Ich traute meinen Augen nicht. Wir hatten uns genau den gleichen Film ausgesucht. Mir war das den ganzen Film über furchtbar peinlich. Aber er sah uns nicht und drehte sich kein einziges Mal um. Justin und ich bekamen von dem Film nicht viel mit. Wir unterhielten uns die ganze Zeit.«

Justin und Danielle waren nun ganz offiziell ein Paar. Es war ein heißer Sommer in Tennessee. Justin hing ein bisschen in der Luft, weil der *Mickey Mouse Club* so überraschend abgesetzt worden war. Damals lag 'N Sync noch in weiter Ferne und Lynn war dabei sich zu überlegen, was ihr Sohn jetzt am besten machen sollte. Justin erzählte Danielle, dass seine Mutter darüber nachdenke, ob es nicht besser sei, mit ihm nach Kalifornien zu ziehen, und das Glück beim Film und der Schauspielerei zu versuchen. Er nahm das Singen immer noch sehr ernst, nahm Unterricht bei Bob Westbrook und reiste nach Nashville, um ein paar Demos aufzunehmen. Diese Reisen waren die längste Zeit, die er in diesem Sommer von Danielle getrennt war. Wenn sie zusammen waren, dann blieben sie lieber für sich, sahen fern oder blieben einfach zu Hause, als mit einer Gruppe Freunde etwas zu unternehmen. Das ist bei einer Teenager-Romanze ein sicheres Zeichen dafür, dass es eine ernste Sache ist.

Als Justin und Lynn nach Orlando zogen, um alles auf die Karte 'N Sync zu setzen, wurde Danielle klar, dass sie Justin liebte. Justin war kein Anhänger der »willst du was gelten, mache dich selten«-Philosophie. Er nannte Danielle immer »Baby«. Als sie in einen bösen Unfall verwickelt war und eine Schnittwunde in ihrem Gesicht genäht werden musste, schickte er ihr ein Dutzend Rosen. Zu ihrem Geburtstag im September kaufte er ihr ein cremefarbenes Sommerkleid, mit braunen und blauen Blütenblättern verziert. »Ich habe es nie getragen. Es ist so hässlich. Ich habe Justin nie gesagt, dass es mir überhaupt nicht gefiel.«

Die Beziehung wurde immer intensiver, als Justin Shelby Forest hinter sich ließ. Er und Lynn zogen in das Haus auf dem Doctor Phillips Boulevard in Orlando, das später als 'N Sync-Haus bekannt wurde. Seine Bandkollegen Chris Kirkpatrick und JC Chasez wohnten auch dort. Danielle flog oft übers Wochenende runter, manchmal blieb sie wochenlang dort. »Meine Eltern und seine Eltern waren sehr verständnisvoll. Wir waren total verliebt. Ich wäre gestorben, wenn ich ihn nicht hätte sehen dürfen. Ich glaube, dass meine Mutter ahnte, dass ich mich dann wahrscheinlich in meinem Zimmer eingeschlossen hätte und nie wieder herausgekommen wäre. Sie hätte mich nie mehr zu Gesicht bekommen. Es war wie bei Romeo und Julia, verstehen Sie. Also verhielten sich alle anständig und sprachen die ganze Sache durch. Meine Mom sagte schließlich: ›Bitte passt gut auf mein Baby auf‹, und so was, und ich schlief in meinem eigenen Zimmer im Haus. Jeder lebte in diesem

Haus! Ich glaube, dass meine Mom davon ausging, dass sie erfahren würde, wenn etwas passierte.«

Sie hatten viel Spaß, unter anderem, als sie mit ein paar Freunden und Familienmitgliedern ein altes Boot mieteten und auf dem Mississippi herumfuhren. Danielle erinnert sich daran, dass Justin von dem Turkey-Song des Schauspielers und Komikers Adam Sandler besessen war, Star aus den Filmen *Water Boy* und *Eine Hochzeit zum Verlieben*. An diesem Nachmittag sang Justin das Lied ständig. Sie waren zu dreizehnt, eine besonders unglückliche Zahl, denn das Boot begann zu sinken und sie strandeten auf einer Insel mitten im Fluss. Glücklicherweise wurde der Turkey-Song nicht Justin und Danielles gemeinsames Lied. Diese Ehre gebührte dem Soulklassiker »Still In Love« von Brian McKnight.

Justin und Danielle begannen, ernsthaft über ihr »Erstes Mal« nachzudenken. Keiner nahm diese Sache auf die leichte Schulter, im Gegenteil: Sie redeten acht Monate darüber und planten das Ganze generalstabsmäßig. Das Problem war, dass beiden strenge Moralvorstellungen eingeimpft worden waren, die von ihrer religiösen Erziehung herrührten. Und während sie sich mit dem Gedanken an Sex herumschlugen, wurden ihre Liebesschwüre immer glühender. Danielle kaufte Justin eine große, schwere Goldkette und einen Ring mit einem eingekerbten kleinen Goldbarren. Justin wollte den Ring unbedingt an seinem Verlobungsfinger tragen. Er wiederum schenkte ihr einen »Freundschaftsring«, den sie auch am Ringfinger ihrer linken Hand trug. Sie genoss Justins Zuneigungsbeweise und gibt zu, dass sie schon immer eine Schwäche für »hoffnungslose Romantiker« hatte. Aber sie machte sich Sorgen darüber, dass der Ring sie zu sehr an Justin fesselte. »Er kniete vor mir nieder, fast, als wolle er mir einen Heiratsantrag machen. Er sagte: ›Ich liebe dich; wir werden für immer zusammenbleiben.‹ Ich sagte vor lauter Schreck: ›Nein, nimm das Ding sofort wieder zurück!‹«

Justin neigt zu Überschwänglichkeit, wenn es um Frauen geht. Das zeigte sich, als er für Danielle eine Überraschung zum Valentinstag plante. Sie war »elend krank« und wollte sich nur im Haus ihrer Großeltern verkriechen und sterben. Ihr Großvater war nicht in der Stadt und sie hatte keine Ahnung, dass ihre Großmutter mit

Justin unter einer Decke steckte. Sie legte sich in die mit Badesalz parfümierte Badewanne und gönnte sich ein langes, schläfriges Erholungsbad. Inzwischen hatte sich Justin ins Haus geschlichen und ein Dinner bei Kerzenlicht vorbereitet, mit allem Drum und Dran: alkoholfreiem Champagner, Blumen, Karten und einem Teddybär. Er hatte Brownies gebacken und Blinis, die Danielle besonders gern mochte, wie er wusste. Danielle kam aus dem Badezimmer und fühlte sich hundeelend, und da stand der strahlende Justin und sagte: »Alles Gute zum Valentinstag, Baby.« Danielle war völlig überwältigt und fing an zu weinen. »Ich war völlig ungeschminkt, mein Haar sah einfach grässlich aus! Und ich trug dieses hässliche blaue Nachthemd. Ein langes, uraltes, blaues Flanellhemd. Darin sollte dich wirklich nur deine Großmutter zu Gesicht bekommen.«

Schließlich, im folgenden September 1995, kurz nach Danielles fünfzehntem Geburtstag, sollte Justin wieder zurück nach Shelby Forest fliegen, und sie entschieden sich, dass es der perfekte Zeitpunkt wäre, zum ersten Mal miteinander zu schlafen. Freitagabend fand ein Footballspiel statt, am Samstag war Danielles Homecoming Dance auf der Highschool, und Sonntag sollte der Tag sein, an dem sie es wirklich tun wollten. Sie kauften am Samstag zusammen in Memphis Kondome und kicherten, als sie in der Apotheke die Gebrauchsanweisung lasen. Sie wollten nicht riskieren, beim Kauf von Verhütungsmitteln in einer solch kleinen Stadt wie Millington erwischt zu werden, zumal Justins Stiefmutter in einer der größten Apotheken als Apothekerin arbeitete. Danielle möchte den Ort, den sie sich für ihr erstes Mal ausgesucht hatten, lieber für sich behalten.

»Mit Justin Liebe zu machen war romantisch und schön. Aber ich wäre vor Aufregung fast gestorben, und er war auch total nervös. Wir waren beide schüchtern und verlegen. Es ist gut, dass ich darauf zurückblicken kann und weiß, dass ich ihn wirklich liebte. Justin sagte: ›Egal, was passiert, das hier wird immer uns gehören.‹«

Danach brachte Justin Danielle mit seinem Motorrad nach Hause und am nächsten Morgen flog er zurück nach Orlando, auf dem Weg zu Ruhm und Erfolg. Ihre Beziehung führten sie weiter wie bisher, aber jetzt teilten sie noch dieses besondere Geheimnis.

»Ich bereute keine Sekunde lang, dass wir uns geliebt hatten«, sagt Danielle. Justin überschüttete sie mit Karten und kleinen Briefchen, in denen er ihr seine Liebe erklärte. Sie bewahrt immer noch die Karte auf, die er für sie auf dem Computer entworfen hat. Darauf steht einfach: »Justin *adores* Danielle« (»Justin liebt Danielle heiß und innig«). Eine andere ist an »Danielle, die Frau, die ich liebe«, adressiert. Am schönsten aber sind die Zeilen, die er für sie aus ganzem Herzen schrieb:

You are constantly in my thoughts.
Falling for you
Is the greatest thing
That has happened to me.

Du bist immer in meinen Gedanken.
Dich zu lieben
Ist das Größte,
Was mir jemals passiert ist.

Danielle begann Justin »Stud Muffin« zu nennen, was in etwa »mein toller Hengst« bedeutet, ein Zeichen dafür, dass sie mit Justins Qualitäten als Liebhaber mehr als zufrieden war. Bei ihren Besuchen in Florida wurden die beiden sehr viel unvorsichtiger und nutzten jede Gelegenheit, um Sex zu haben. »Kids sind gut darin, Dinge vor ihren Eltern geheim zu halten. Wir waren ziemlich gerissen und schafften es immer irgendwie. Vielleicht war bei mir auch ein bisschen Rebellion dabei, weil alle wollten, dass ich perfekt bin. Es gehörte mit zum Erwachsenwerden.« Im 'N Sync-Haus sollte eigentlich das Zölibat herrschen, aber die jungen Liebenden schafften es, diese Regel zu brechen.

Die ersten Probleme bedrohten die idyllische Situation, als Danielle sich der jüngeren Schwester ihrer Mutter anvertraute. Ihre Tante Micki war noch in ihren Zwanzigern und für Danielle eher wie eine Schwester, als wie eine Tante. Es war ein paar Monate später und sie saßen abends gemütlich auf der Couch und redeten über Gott und die Welt. Danielle las ein paar von Mickis alten Liebesbriefen und beschloss, ihr im Geist der Schwesternschaft von Justin und ihr zu erzählen. Die Details alarmierten Micki, weil sie merkte, dass die Jugendlichen unvorsichtig wurden und den Sex auf die leichte Schulter zu nehmen begannen: »Sie hatte Sorge, wir könnten erwischt werden und dass etwas Schlimmes passieren würde, besonders, weil ich noch in der Schule war und Justin an seiner Karriere arbeitete. Sie redete mit Mom, weil sie sich Sorgen um uns machte.«

Mickis Sorgen waren durchaus berechtigt, was sich zeigte, als Danielle in Orlando war und zu Justin ins Tonstudio ging, wo er an diesem Tag arbeiten musste. Von Lust überwältigt, verschwanden sie für einen Quickie ins Badezimmer, wurden aber mittendrin von einem Mädchen entdeckt, das sie kannte und beim Studiomanager verpetzte. »Ich glaube, sie war eifersüchtig. Sie wollte an Justin rankommen. Sie war schon seit dem *Mickey Mouse Club* ein Fan von ihm und wollte in seine Clique. Wir wurden aus dem Studio geworfen, das war einer der peinlichsten Augenblicke meines Lebens. Wirklich, das war ein grässlicher Moment.«

Es sollte noch schlimmer kommen, denn jetzt mussten sie sich Justins Mutter stellen. Sie rief die jugendlichen Liebenden zu sich ins Wohnzimmer und hielt ihnen eine ernsthafte Standpauke. Danielle erinnert sich: »Sie sagte uns, sie wüsste, dass es passiert sei, und dass wir vorsichtig sein müssten. Sie sagte: ›Ich will, dass das sofort aufhört. Ich will euch nicht Händchen haltend herumlaufen sehen, und ich will auch nicht sehen, wie ihr euch küsst. Macht euch euer Leben nicht kaputt.‹ Sie wollte nicht, dass wir sein Leben ruinierten.«

Shawn, Danielles Mutter, war für konkretere Maßnahmen und warf ihrer Tochter eine Großpackung Kondome an den Kopf. Vielleicht wurden die beiden Mütter von der Erinnerung an ihre eigenen Fehler verfolgt und reagierten deshalb derart heftig. Shawn wollte gerade ihre Ausbildung zur Krankenschwester beginnen, als sie schwanger wurde und ihren Beruf fürs Erste vergessen musste. Lynn hatte gerade erst ihre Teenagerzeit hinter sich, als die Ehe mit Justins Vater auseinander brach und sie als allein erziehende Mutter dastand. Beide hatten für ihre Kinder andere Pläne.

Hier hätte sich die Sache noch beruhigen können, wenn nicht eines Abends alles explodiert wäre. Der Zwischenfall im Tonstudio war noch nicht lange her, da besuchte Danielle Justin wieder in Orlando. Die beiden feierten im ’N Sync-Haus ein heißes Wiedersehen, als Lynn hereinkam und sie erwischte. Sie hatten keinen Sex, als sie die Tür öffnete, aber zehn Minuten später wäre es sicher so weit gewesen. Für Danielle markiert dieser schreckliche Abend im Nachhinein den Anfang vom Ende ihrer Beziehung zu Justin. Sie erinnert sich: »Lynn weinte hysterisch. Ich weinte. Justin weinte hysterisch. Lynn rief meine Großmutter an, die rief meine Mutter an, und sie rief seinen Vater Randy an und Paul. Ich war todunglücklich. Mir wird wahrscheinlich nie, nie wieder etwas so unangenehm sein. Ich glaube, Justin war völlig fertig, weil er versuchte, der perfekte Sohn zu sein. Das konnte ich verstehen. Auch mir war daran gelegen, das Bild, das meine Eltern von ihrer Tochter hatten, nicht zu zerstören. Ich wollte nicht, dass sie mich für ein böses Kind hielten. Ich wusste, dass meine Mom Ströme von Tränen vergießen würde …«

Zuerst verlangte Lynn, dass Danielle mit dem nächsten Flugzeug nach Hause flog, aber nachdem sie sich beruhigt hatte, sprachen sie sich aus, und Lynn zeigte ein bisschen mehr Verständnis für die Tatsache, dass Danielle und Justin sich liebten. Das Problem zeigte sich für die jungen Liebenden ganz deutlich, als Danielle zurück nach Memphis geflogen war. Wie sollten sie sich weiterhin treffen, wenn ihre Eltern nicht mehr arrangierten, dass Danielle Justin in Orlando besuchte? »Eigentlich wurden wir von unseren Eltern getrennt«, bestätigt Danielle. Das Ganze wurde noch dadurch verschlimmert, dass Lynn und Danielles Mutter sich mordsmäßig verkrachten. »Zwischen unseren Familien wurde die Stimmung ziemlich eisig. Meine Mom dachte, seine Mutter sei eine furchtbare Person, weil ihr Sohn mir das angetan hatte. Seine Mom dachte: ›Dieses Mädchen ist schrecklich, und das ist nur die Schuld ihrer Mutter.‹«

Justin musste jetzt die Binsenweisheit lernen, die alle berühmten Persönlichkeiten betrifft: durch eine Trennung werden nicht die Gefühle stärker, sondern nur Zweifel und Misstrauen, die schließlich einen Keil zwischen sehr viele Liebende treiben. Justin und Danielle telefonierten stundenlang miteinander, bis Danielles Großmutter zu ihrem Entsetzen feststellte, dass die Rechnung für die Ferngespräche mehr als 600 Dollar betrug. Sie reagierte sofort und ließ das Telefon sperren. Telefongespräche sind sowieso nur ein schwacher Trost und kein Ersatz für eine Beziehung. Justin und Danielle taten, was sie konnten. Sie stahlen sich davon, um miteinander zu schlafen, wenn Justin, was zunehmend seltener vorkam, zu Besuch nach Shelby Forest kam. Er schickte ihr einen aufrichtigen Brief, auf den seine Tränen getropft waren: »Ich liebe dich und weiß, dass unsere Liebe stark genug ist, diese schweren Zeiten zu überstehen.« Aber sie vertrauten sich nicht mehr so viel an wie früher. Justin regte die Tatsache auf, dass Danielle ihm seiner Meinung nach nicht mehr erzählte, wie sie mit ihrer Familie und dem Erwachsenwerden klarkam. »Das war ein Grund, weshalb wir uns auseinander lebten, aber ich hatte nie gelernt, darüber zu reden.« Danielle wurde immer schwieriger und benahm sich zu Hause immer bockiger. Auch in der Schule ließen ihre Leistungen nach. »Ich hasste alles und jeden«, erklärt sie.

Es dauerte noch weitere sechs Monate, bis aus dem Riss in ihrer Beziehung ein tiefer Graben wurde. Sie sahen sich immer seltener, denn Danielle bekam kaum noch Flugtickets. Justin war machtlos, denn obwohl er schon selbst Geld verdiente, kümmerte sich Lynn um alles Finanzielle. Wenn er ein Paar Turnschuhe wollte, die hundert Dollar kosteten, dann gab ihm Lynn den Betrag. Er konnte sie schlecht um ein Flugticket für Danielle bitten. Es geschah das Unvermeidliche. Danielle war an ihrer Schule sehr beliebt und eines Nachmittags ließ sie sich von einem Jungen, den sie kannte und mochte, nach Hause begleiten. »Er küsste mich«, erinnert sie sich. »Ich ging nach Hause und heulte zwei Tage lang ununterbrochen. Ich ging nicht ans Telefon, wenn Justin anrief. Die Tränen strömten einfach aus mir heraus. Ich hatte solche Angst, es ihm zu erzählen. Ich bin eine schlechte Lügnerin und kann Heimlichkeiten eigentlich nicht ausstehen. Wenn mein Freund ständig bei mir gewesen wäre, dann hätte ich einfach gesagt: ›Der Typ hat mich geküsst. Das ist doch nicht zu fassen!‹, aber Justin war so weit weg …«

Schließlich gestand Danielle Justin am Telefon, was passiert war. Er »drehte durch« und sie trennten sich für zwei Wochen: »Aber wir sprachen jeden Tag miteinander, und er sagte: ›Ich will nicht von dir getrennt sein. Ich will, dass wir zusammen sind.‹« Ungefähr eine Woche später flog Justin nach Hause und Danielle freute sich unheimlich darauf, dass sie nun alles klären konnten. Sie hatte allerdings die Rechnung ohne einen engen »Freund« von Justin gemacht, der Gift in dessen Ohren träufelte. »Er sagte Justin, dass da mehr gewesen sei, als nur ein Kuss, wenn du verstehst, was ich meine …«

Justin war am Boden zerstört. Er liebte Danielle über alles und fühlte sich zutiefst betrogen. Er fuhr so schnell als möglich zu ihrer Highschool und konfrontierte Danielle im Pausenhof vor all ihren Freunden. »Er stürmte weinend auf mich zu und sagte: ›Ich kann einfach nicht fassen, dass du mir so etwas angetan hast. Warum hast du mir das angetan?‹ Ich fragte: ›Von was redest du eigentlich?‹, aber er schrie nur: ›Ich weiß, dass da mehr war!‹ Ich versuchte, ihn zu beruhigen und beteuerte, dass nichts weiter passiert sei, und ich glaube, er spürte, dass alles in Ordnung war. Wir ließen die Sache auf sich beruhen, aber es war das Ende unserer Liebe, oder vielmehr der Anfang vom Ende.«

Justin flog zurück nach Orlando, aber ironischerweise wurde jetzt Danielle von Zweifeln darüber zerfressen, was er dort so anstellte. Sie fürchtete, dass sie ihm irgendwie grünes Licht gegeben hatte, sie zu betrügen. Nach ein paar weiteren Monaten nahm Danielle die Sache schließlich in die Hand. »Wir waren offiziell immer noch zusammen, bis ich ihn eines Tages anrief und sagte: ›Ich bin in der Highschool. Wir sind nie zusammen. Ich habe dich seit einem Monat nicht gesehen und ich will ausgehen und ein richtiges Highschool-Leben führen.‹ Danach war es aus.«

Es ist typisch, dass erst einmal keiner der beiden die neu gewonnene Freiheit nutzen und andere Leute kennen lernen wollte. Danielle sagt nachdenklich: »Unsere Trennung war einfach fürchterlich. Es dauerte fast ein Jahr, bis wir uns mit jemand anderes verabredeten. Ich trennte mich von ihm, weil ich mich mit anderen treffen wollte, und tat es dann doch nicht. Wir saßen beide bloß herum und tranken Kaffee. Es war einfach jämmerlich.«

Eines Abends wurde Danielle schwach und rief Justin in Orlando an. Just an diesem Abend hatte Justin zum ersten Mal eine hübsche Blondine namens Veronica Finn ausgeführt. Danielle lacht. »Bei meinem Glück rief ich ihn doch tatsächlich an diesem ersten Date an, und sie saß neben ihm. Ich sagte: ›Ich kann einfach nicht glauben, dass du dich mit jemandem triffst‹, und wir fingen an zu streiten. Ich hatte ihn eigentlich angerufen, weil er mich zu einem 'N Sync-Konzert in Memphis eingeladen hatte. Ich sagte ihm, dass ich sein hässliches Gesicht nicht sehen wollte, und er antwortete, dazu bräuchte ich sowieso einen speziellen Backstagepass. Ich sagte: ›Du Arsch!‹, und das war's dann.«

Und es war endgültig. Danielle zog sich den »Freundschaftsring« vom Finger und warf ihn mit solcher Wucht an die Wand, dass er zerbrach. »Er brach in der Mitte durch und als ich ihn schließlich suchte, konnte ich nur die eine Hälfte finden. Ich hatte ihn wahrscheinlich so lange getragen, dass das Metall brüchig geworden war. Auf dem Ring waren drei Diamanten, aber ich habe nur noch zwei.«

Danielle bewahrt den zerbrochenen Ring in ihrer »Justin-Erinnerungs-Schachtel« auf, zusammen mit ihren Eintrittskarten für das Penny Hardaway Classic und *Braveheart* und einigen Flugtickets von Memphis nach Orlando und zurück. Außerdem noch einige persönliche Erinnerungsstücke, unter anderem das Briefchen, in dem er sie bat: »Sei mein kleines Liebesäffchen.« An ihrem neunzehnten Geburtstag ließ sie sich auf ihren Knöchel einen kleinen blauen Sopran-Notenschlüssel tätowieren, eine musikalische Erinnerung an ihre Zeit mit Justin. Sie erklärt: »Ich wollte etwas, das mich immer erinnern würde, ... eine Warnung davor, mich nie wieder so dumm zu verhalten!«

Danielle hat ihr Leben wieder in den Griff bekommen. Sie hatte durch Justin genug von der Welt des Showbusiness gesehen. Sie singt immer noch gelegentlich, aber als sie mit achtzehn einen Talentwettbewerb in Florida gewann, entschied sie sich gegen eine Karriere als Sängerin. Der Preis war ein Plattenvertrag, aber sie entschied sich, ihn nicht anzunehmen. »Ich war an einem Punkt angelangt, an dem ich mein Leben wieder selbst in die Hand nehmen wollte.« Stattdessen entschied sie sich, den Weg zu gehen, den auch ihre Mutter gewählt hatte. Sie macht eine Ausbildung als Krankenschwester und hofft, irgendwann Medizin zu studieren und Ärztin zu werden. Außerdem hat sie eine Beziehung zu einem Arzt, den ihre Familie mit offenen Armen aufgenommen hat.

Seit ihrer Trennung ist sie nur einmal in Justins Nähe gewesen, und zwar, als er sie in der Nähe ihres Hauses einmal beinahe überfuhr. Manchmal sieht sie ihn noch auf den Straßen von Shelby Forest herumfahren, aber sie sprechen nicht miteinander, winken sich nicht einmal zu. Sie ging zwar einmal auf ein 'N Sync-Konzert in Memphis, aber auch dort trafen sie sich nicht.

Danielle wurde sozusagen zur Blaupause für den Typ Mädchen, auf den Justin steht. Sie erklärt das so: »Ich kann seinen Typ sehr genau beschreiben: eher klein, ordentlicher Hintern, lange, lange Haare, möglichst blaue Augen, obwohl er auch braune nehmen würde, und sehr hübsch.« Es mag ja sein, dass Justin keine Narben von dieser schrecklichen Trennungsgeschichte zurückbehalten hat, aber sie hinterließ ihre Spuren. Er verliebt sich zwar immer noch Hals über Kopf, aber sein Vertrauen gewinnt man nur noch schwer. Folglich endeten bislang alle seine ernsthaften Beziehungen mit der Beschuldigung, er sei betrogen worden. Aus seiner Sicht ist er immer das Opfer, wenn es um Frauen geht.

***»Vergiss nicht, dass ich dich immer lieben werde.«***

Mr. JT auf der Bühne beim ersten Konzert seiner *Justified*-Tour in Sheffield, England, im Mai 2003.

Justin mit seinen Schulfreunden Stephanie Roach, Amber Donovan und Kelley Thompson (stehend); Crystal Highfill und Trey Schweitzer (kniend).

Mr. und Miss Jeter. Justin Timberlake und Deanna Dooley geben sich ganz natürlich.

Justin sagte, er wolle lieber Basketballspieler als Sänger werden. Er trägt das Trikot mit der Nummer 12, vierter von links stehend auf dem Gruppenfoto der Schulmannschaft. Kurze Zeit später verließ er das Team und trat bei 'N Sync ein.

Die Mouseketeers. Justin umarmt Britney Spears, ganz links im Bild, die schon damals gerne ihren Bauch zeigte. Vor ihm sitzt eine sehr zerbrechliche Christina Aguilera.

Das letzte Gruppenfoto des *Mickey Mouse Club*, bevor die Sendung abgesetzt wurde. Justin hält das MMC-Schild. Christina Aguilera trägt eine blaue Jeansjacke und sitzt zu seiner Linken, neben Britney Spears im schwarzen Oberteil.

Justin und seine erste Freundin, Danielle Ditto, schliefen am Tag nach Danielles Homecoming Dance im September 1995 zum ersten Mal miteinander.

Justin und Danielle, Noch ist ihre junge Beziehung stabil.

Neues Jahr, neuer Homecoming Dance. Wenigstens hat Justin den weißen Anzug in Rente geschickt …

Justin, JC, Chris, Joey und Lance sind 'N Sync.

Justin tritt mit 'N Sync in New York auf.
Sie waren immer stolz darauf, gute Sänger zu sein.

Veronica Finn hat Justin im Urlaub auf den Bahamas im Juni 1998 fest im Griff.

Auch mal Luft holen:
Justin zeigt stolz seinen neuen, blonden Look.

Justin hat engen Kontakt zu seiner Familie. Er steht neben seiner Cousine Amy und seinen Cousins Nick und Matthew. Vor ihm seine Großeltern Sadie und Bill Bomar, auf dem Boden seine Cousine Heather.

Justin mit seinem Vater Randy Timberlake, seiner Stiefmutter Lisa und seinen Halbbrüdern Jonathan (stehend) und Stephen. Justin ist unglaublich stolz auf seine jüngeren Brüder.

# ZWEITER TEIL

# *NSYNC

# 7

## Sync(hron)

*Justin fand, es sei an der Zeit, mehr Gitarre zu üben, weil er Lieder schreiben wollte. Eines Abends – er und Danielle Ditto saßen im 'N Sync-Haus –, komponierte er seinen ersten »Hit«. Er nannte den Song »Just Another Lonely Night«.*

Die Originalbesetzung der Band, die später als 'N Sync bekannt werden sollte, bestand aus: Chris Kirkpatrick, Charles Edwards, Justin Timberlake, Joey Fatone (ausgesprochen Fa-*tone*, nicht Fat one) und JC Chasez. Der Mann, der nicht ins Bild passt, ist schnell entdeckt: Charles Edwards taucht in keiner Geschichte über die Boygroup mit dem phänomenalen Erfolg auf. Er ist die eine der beiden sensationellen Enthüllungen, die aus den offiziellen 'N Sync-Biografien ausradiert wurden, um den Fans gefälligeren Lesestoff zu bieten. Wie es Lou Pearlman ausdrückt, der erste Plattenboss von 'N Sync: »Das mit Charles ist eine Wahnsinnsgeschichte. Er ist sozusagen der doppelte Pete Best.«

Pete Best schrieb ungewollt eines der tragischsten Kapitel der Popgeschichte, weil er der erste Drummer der Beatles war. Er wurde durch Ringo Starr ersetzt und verpasste sagenhaften Reichtum und den Status einer Legende. Charles Edwards ist der vom Pech verfolgte Sänger, der den Ruhm zwei Mal um Haaresbreite verfehlte, zuerst mit den Backstreet Boys und dann mit 'N Sync. Der musikalische Erfolg von 'N Sync und schließlich auch der des

Künstlers Justin Timberlake beruht sowohl auf der Tatsache, dass die Band in die Fußstapfen der Backstreet Boys trat, als auch auf dem Respekt, den Lou Pearlman Charles Edwards zollte.

Lou Pearlman, auch bekannt als Big Poppa, ist einer der Pop-Mogule, auf die das Klischee »überlebensgroß« tatsächlich zutrifft. Er ist sowohl körperlich als auch durch seine Ausstrahlung imposant, die er als millionenschwerer Boss des Trans Continental Conglomerate hat. Er ist nicht unumstritten, um es mal vorsichtig auszudrücken, besonders im Licht der erbitterten Prozesse, in die sowohl die Backstreet Boys als auch 'N Sync verwickelt waren. Aber er genießt den uneingeschränkten Respekt der Menschen, die erkennen, mit welcher Loyalität und welchem Enthusiasmus er sich den Projekten widmet, die er auf die Beine stellt. Er ist ein risikofreudiger Unternehmer, dem nur wenige im Musikgeschäft das Wasser reichen können. Er sitzt in seinen Büros in Orlando hinter einem riesigen Schreibtisch und lässt Scharen von Geschäftsleuten an sich vorbeiziehen, die ihm ihre neueste Idee präsentieren, wie man an noch mehr Geld kommt. Gelegentlich öffnet er eine Schublade, in der dann aber mitnichten wichtige Papiere und Unterlagen zum Vorschein kommen, sondern eine riesige Auswahl an Schokoriegeln.

Obwohl Lou sich in seiner Wahlheimat Orlando mit ihrem Sonnenschein und ihren Palmen wohl fühlt, ist er sehr stolz darauf, dass er ein waschechter New Yorker ist. Er wuchs in einer Zweizimmerwohnung in einem Arbeiterviertel in Queens auf, nicht weit vom Austragungsort der US-Tennismeisterschaften in Flushing Meadows. Sein Vater leitete eine kleine Reinigung und seine Mutter verteilte in seiner Schule die Milch an die Kinder. Seine Eltern erzogen ihr einziges Kind nach dem System, das auch Lynn und Paul Harless bei Justin anwendeten: »Ich bekam so viel Unterstützung von meinen Eltern, dass ich mich in meiner Haut wohl fühlte. Sie liebten mich sehr. Durch sie lernte ich Selbstvertrauen und glaubte, dass ich in meinem Leben Großes vollbringen konnte.«

Er erprobte seine unternehmerischen Fähigkeiten, indem er einen Limonadenstand aufmachte, Zeitungen austrug und Doughnuts auslieferte. Dann erkannte er das Potenzial, das Luftschiffe für die

Werbung boten. (Luftschiffe sind die kleinen Zeppeline, auch Blimps genannt, die den Himmel beherrschen, wenn ein großes Sportevent oder eine touristische Veranstaltung stattfindet.) Seine Strategie war simpel: Er erkannte eine Nachfrage und befriedigte sie. Das sollte ihn mit den Backstreet Boys und 'N Sync noch weit bringen. Er war bereits mit dem Musikgeschäft in Berührung gekommen, als er 1985 ein spektakuläres Luftschiff für die USA-Tour von Pink Floyd bereitstellte. Der Blimp landete auf dem Parkplatz des Rose Bowl in Pasadena, Kalifornien, um die PR-Kampagne für die Tour zu starten, und flog dann vor der Band in die Städte, in denen sie auftreten würde. Die Ticketverkäufe waren sensationell.

Lou nennt seine Verbindung mit dem Musikgeschäft immer seine Midlifecrisis, aber diese Midlifecrisis hat bisher auf der ganzen Welt einen Gewinn von ungefähr zwei Milliarden Dollar erwirtschaftet. Er hatte einen wichtigen musikalischen Kontaktmann, den er um Rat fragen konnte: Art Garfunkel ist sein Cousin, der Sohn der Schwester seines Vaters. Allerdings waren es nicht Simon & Garfunkel, die Lou dazu veranlassten, ins Musikgeschäft einzusteigen. Nein, ihn hatte der phänomenale Erfolg der New Kids on the Block beeindruckt. Nicht das Talent der New Kids erregte Lous Aufmerksamkeit, sondern die Tatsache, dass die vier von Maurice Starr »zusammengeführt« worden waren, der aus den absoluten Nobodys eine millionenschwere Gelddruckmaschine gemacht hatte. Lous Cousin »Artie« war bei der gleichen Plattenfirma und erzählte ihm, dass Starr sich eine brillante Promotions- und Marketingkampagne ausgedacht hatte, um den Teenager-Markt zu erobern. Lou fing sofort Feuer. Er wollte in Florida eine Alternative zu den New Kids finden, die er ebenfalls aus dem Nichts aufbauen wollte.

Das Ergebnis waren die Backstreet Boys. Die Band erlangte eine ungeheure Bedeutung für Justin und 'N Sync, weil Lou sich die Maxime zu Eigen machte, dass alles, was einmal gut klappt, auch noch ein zweites Mal erfolgreich werden kann. Ein paar Zeitungsanzeigen und einige Vorsingtermine verschafften ihm fünf viel versprechende Jungs, unter anderem Charles Edwards und ein zwölfjähriger Junge namens Nick Carter. Nick war der Prototyp des singenden Teenagers in einer Gruppe junger Männer – Justins unmittelbarer Vorgänger. Zufälligerweise wollte auch Nick, der, wie offensichtlich alle, die es schaffen, im Showbusiness von Florida Fuß zu fassen, bereits ein alter Hase auf der Bühne war, auch beim *Mickey Mouse Club* mitmachen, bevor er sich dafür entschied, lieber eine Pop-Karriere zu starten. Es ist reine Ironie, dass er, wäre er gleichzeitig mit Justin in den *MMC* eingetreten, wahrscheinlich im Endeffekt bei 'N Sync gelandet wäre, statt bei den Backstreet Boys. Da hören die Zufälle, die Justin und die Backstreet Boys verbanden, aber noch lange nicht auf. Backstreet Boy AJ McLean gewann einmal 1000 Dollar bei einem Talentwettbewerb in Miami, bei dem er sang, tanzte und ein Puppentheaterstück aufführte. Das einzige, was er nicht getan hatte, war, in Sportkleidung einen Laufsteg auf und ab zu marschieren.

Charles Edwards war ein junger Sänger, der bei dem Vorsingen, das in einer Lagerhalle stattfand, in der Lou Ersatzteile für seine Luftschiffe aufbewahrte, noch wie der ideale Kandidat für die Band gewirkt hatte. Leider wurde bald offensichtlich, dass seine Stimme den hohen gesanglichen Anforderungen nicht genügte. Lou erinnert sich, das er eine schwere Entscheidung zu treffen hatte: »Er sang einfach nicht kräftig genug, und seine Stimme klang mit den anderen zusammen nicht gut. Nick, AJ und Howie waren ziemlich traurig, als Charles gehen musste. Für eine Gruppe, die gerade erst anfing, war es eine ziemlich emotionale Reaktion.«

Niemand überbringt einem Menschen gerne die Nachricht, dass er rausfliegt, und Lou mochte Charles, also sagte er ihm, seine Tür stehe immer für ihn offen, wenn er Gesangsunterricht nehme und seine Stimme verbessere. Lou sagte, er werde ihm in Zukunft helfen, wenn er könne. Zu Justins Glück kam Charles zwei Jahre später tatsächlich wieder zu Lou, mit seinem Kumpel Chris Kirkpatrick im Schlepptau. Mit ihm wollte Charles eine Boygroup auf die Beine stellen, die a cappella singen konnte. Die Backstreet Boys hatten den ganz großen Durchbruch noch nicht geschafft, aber sie waren auf dem richtigen Weg. Den gleichen Weg sollte auch 'N Sync bald einschlagen. Sie gingen nach Europa, arbeiteten an ihrem Feinschliff und bauten sich eine Fanbasis auf, um sich einen

Namen zu machen. Es ist wohl hauptsächlich Chris Kirkpatrick zu verdanken, dass ’N Sync gegründet wurde. Er verlor nie den Glauben an die Sache und demonstrierte bewundernswerte Entschlossenheit. Er verdiente ein bisschen Glück. Er war in ärmlichen Verhältnissen in Pennsylvania aufgewachsen und hatte sich an seinem eigenen Schopf aus dem Sumpf gezogen. Sein Vater hatte die Familie verlassen, als Chris ein Jahr alt war, und sie hatten so wenig Geld, dass er, seine Mutter und seine vier jüngeren Halbschwestern sogar einmal obdachlos waren und in einem Chevy Suburban lebten. Er sagte der *New York Times*: »Wir hatten oft nichts zu beißen, das war schon fast alltäglich. Alles Geld, das wir hatten, ging für Rechnungen und solches Zeug drauf. Wir hatten kein Telefon. Wir hatten kein Auto.« Für Chris gab es mit dreizehn keinen *Mickey Mouse Club*. Stattdessen schaufelte er auf einer Farm bei Pittsburgh Schafsmist, um neben der Highschool noch etwas Geld für seine Familie zu verdienen. Sie zogen nach Dayton, Ohio, wo Chris die Highschool beendete. Er konzentrierte fast all seine Kräfte auf die Musik. Er bekam Rollen in den klassischen Musicals *Oliver* und *South Pacific* und lernte Posaune, Gitarre und Keyboard spielen. Mit sechzehn jobbte er morgens von vier Uhr bis acht Uhr in einem 24-Stunden-Laden, dann ging er zur Schule.

Chris wurde ein Witzbold, der sprichwörtliche Klassenclown. Vielleicht wollte er damit die harten Zeiten zu Hause kompensieren oder erreichen, dass seine Klassenkameraden nicht mehr auf ihm herumhackten. Er machte dauernd verrückte Sachen und verhielt sich sehr spontan. Sein schräger, fast Monty-Pythonesker Sinn für Humor war ein Grund, warum er und Justin so gute Freunde wurden, obwohl der Altersunterschied zwischen ihnen mehr als zehn Jahre betrug. Chris brachte Justin zum Lachen, als er sich als Haustier einen Baum ausdachte, mit dem er Gassi ging. Er tat sogar so, als pinkele der Baum auf vorbeilaufende Hunde.

Nach seinem Highschool-Abschluss beendete Chris sein Studium der schönen Künste am Valencia College, bevor er sich am Rollins College in Orlando für Psychologie einschrieb. Doch eigentlich träumte er von einer Karriere im Musikbusiness und hatte sich bei den Backstreet Boys beworben. Leider hatte sein Haar die falsche Farbe: braun. Lou brauchte einen blonden Jungen für den Look der Band, der ihm vorschwebte. Chris musste Nebenjobs im Showbusiness annehmen, damit er seine Rechnungen bezahlen und wenigstens in der Nähe der Entertainment-Branche bleiben konnte. Er arbeitete als Kellner in einem Outback-Steakhouse in Orlando und, was wichtiger war, er sang bei den Hollywood Hi-Tones, einer A-cappella-Gruppe, die aus drei Jungs und einem Mädchen bestand. Sie unterhielten die Gäste vor dem Fifties-Diner auf dem Studiogelände von Universal. Chris musste täglich sechsmal auftreten, ein steiniger Weg in die Welt des Showbiz. Aber wenigstens konnte er hier Gleichgesinnte kennen lernen, zum Beispiel Charles Edwards und Joey Fatone. Er kannte Justin Timberlake damals noch nicht, aber ihm war zu Ohren gekommen, dass Justin ein sehr talentiertes junges Mitglied im *Mickey Mouse Club* war.

Als Chris mit Charles zu Lou Pearlman ging, war er richtiggehend erfolgshungrig. Er war bereits vierundzwanzig Jahre alt, das war schon ziemlich alt für ein Mitglied einer Boygroup, aber Lou war beeindruckt von seinem Gesangstalent. Er war auch sehr angetan von Charles Edwards' verbesserter Stimme. »Er klang fantastisch.« Lou und die Jungs diskutierten die Möglichkeit, eine Band zu gründen. Lou hatte eine gesunde Geschäftsphilosophie. Er wollte nicht, dass ein weiterer talentierter Haufen Jungs einen Vertrag bei einer konkurrierenden Plattenfirma unterschrieb und den Backstreet Boys den großen Auftritt vermasselte.

»Zuerst sagte ich ihnen: ›Ihr braucht einen Anker – jemanden mit einer kräftigen Stimme, der der Leadsänger werden kann.‹ Chris kannte jemanden, der einen Justin Timberlake erwähnt hatte, der zu Hause bei seiner Familie in Memphis, Tennessee, lebte, und eine schöne, hohe Tenorstimme hatte. Wir wussten, dass er beim *Mickey Mouse Club* mitgemacht hatte, aber jetzt zur Schule ging und ein ganz normales Leben führte. Ich sah mir ein frühes Videoband von ihm bei *Mickey* an und war so beeindruckt, dass ich beschloss, ihn bei seinen Eltern anzurufen. Dieser Typ ging ans Telefon und ich sagte: ›Kann ich bitte Justin sprechen?‹, und diese tiefe Stimme antwortete: ›Hier spricht Justin.‹ Ich hatte gedacht, sein Vater sei dran! Ich sagte ihm: ›Du sprichst ja ganz schön tief,

Justin‹, und er darauf: ›Ja, meine Stimme hat sich verändert. Sie ist jetzt tiefer.‹ Darüber mussten wir beide lachen und ich lud ihn und seine Eltern für ein Vorsingen nach Orlando ein, damit wir über unsere Pläne für eine Band sprechen konnten.«

Justin flog mit Lynn und Paul ein, und Lou führte sie in ein mexikanisches Restaurant namens Chevy's aus, wo er, Charles und Chris ihre Pläne erläuterten. Lou erinnert sich daran, dass Lynn, die sich große Sorgen über Justins Zukunft gemacht hatte, nachdem der *Mickey Mouse Club* abgesetzt worden war, die ganze Sache großartig fand. Schon in diesen frühen Tagen der Bandgründung begann Lynns eigene Karriere im Management Gestalt anzunehmen.

Trotz des Namens war Trans Continental Records keine Plattenfirma. Es war eine Produktionsfirma, eine Musikfabrik, in der Lou in Bands investierte und sie mit etwas Glück so zurechtschliff, dass er mindestens das Zehnfache seiner Ausgaben wieder einnahm. Lou merkte schnell, dass Justin der perfekte Kandidat für eine Boygroup war und behauptet, dass er schon nach ein paar Minuten seine erste Vision von Justins Gesicht auf den Titelblättern aller Teenie-Zeitschriften hatte. Das steht zwar nicht in den 'N Sync-Historienbüchern, aber was Lou anging, so wurde Justin ganz klar als Aushängeschild der Band rekrutiert, als der Ronan Keating oder Gary Barlow, der zu noch Höherem bestimmt war.

Die magische Zahl war Fünf, deshalb mussten Justin, Chris und Charles noch zwei weitere Jungs finden. Bei Chevy's, mittlerweile zum Stammlokal avanciert, erwähnte Justin zum ersten Mal JC Chasez. Nach dem Ableben des *Mickey Mouse Club* waren die zwei in Kontakt geblieben und trafen sich manchmal in Nashville, wo JC Justin half, ein paar Demos aufzunehmen, die er im Endeffekt gar nicht brauchte. Justin überzeugte alle davon, dass JC im harmonischen Bereich hervorragend war. Er arbeitete in einem Restaurant in Baltimore, Maryland, als er die Einladung nach Orlando erhielt. Lou Pearlman fielen als Erstes seine Haare auf: »Er hatte sich die Haare sehr lang wachsen lassen. Ich sagte ihm, er solle erst mal zum Friseur gehen.«

Joshua Chasez wurde in Washington DC geboren, war aber in Maryland aufgewachsen. Auch er war ein frühreifer Junge, der sich für eine Karriere im Showbusiness entschied, nachdem er in seinem heimatlichen Bundesstaat einen Talentwettbewerb gewonnen hatte – und zwar als Tänzer. Der Einfluss des seltsamen amerikanischen Phänomens der Talentwettbewerbe reicht so weit, dass man in der neuen Generation der jungen Entertainer in den USA kaum einen findet, der nicht schon mal einen gewonnen hat. JC war fast fünf Jahre älter als Justin und ein *MMC*-Veteran, weil er bei fünf Staffeln mitgewirkt und die Sendung sogar zeitweilig moderiert hatte. JC war als junger Teenager sehr schüchtern gewesen, wenn es ums Auftreten ging. Nachdem er einige Wettbewerbe als Tänzer gewonnen hatte, meldete er sich aus einer Laune heraus für den Gesangswettbewerb an. Seine Familie wusste, dass er eine sehr schöne Tenorstimme hatte, aber sonst wusste das niemand. Sogar seine Tanzlehrerin, die ihm die Teilnahmegebühr für den Gesangsteil des Talentwettbewerbs bezahlte, hatte ihn noch nie singen hören. Sie hörte ihn zum ersten Mal, als er die Richard-Marx-Ballade »Right Here Waiting« sang. Er gewann, obwohl der Song furchtbar kitschig war.

JC behauptete später, dass seine Hemmungen mit seinem Wunsch nach Perfektion zusammenhingen. Er wollte erst auftreten, wenn er wusste, dass er die bestmögliche Leistung bringen konnte. Diesen Perfektionismus teilt er mit Justin. Obwohl Justin und JC charakterlich sehr verschieden sind, waren sich die beiden musikalisch in der Band am ähnlichsten. Manchmal konnten Fans die beiden schönen Tenorstimmen kaum unterscheiden, und es ist kein Zufall, dass ausgerechnet diese beiden Bandmitglieder Soloalben veröffentlicht haben.

Orlando war anscheinend voll gestopft mit Möchtegernstars im Teenageralter, eine Art Hollywood für Kids, die sich noch nicht rasieren müssen. Joey Fatone war ein weiteres bekanntes Gesicht, das den großen Durchbruch suchte. Er wollte zwar eigentlich lieber Schauspieler werden als Sänger, aber im Showbusiness musst du jede Gelegenheit ergreifen, die sich dir bietet. Seine Familie war von New York nach Florida gezogen, als er dreizehn Jahre alt war, und er hatte mit allen Mitteln versucht, zum *Mickey Mouse Club* zu kommen, leider ohne Erfolg. Er lernte aber die gesamte Besetzung kennen, besonders gut JC, der im gleichen Alter war. Nach der Schule fand Joey einen Job bei den Universal-Studios, wo er Chris Kirkpatrick kennen lernte. Joey spielte einen Werwolf namens Wolfie in der Show *The Beetlejuice Graveyard Revue* – nicht unbedingt der Ort, an dem man ein potenzielles Mitglied einer Boygroup vermutet hätte. Lou Pearlman erinnert sich, dass sie alle zum Set gingen und sich Joeys Nummer ansahen. Sie fanden ihn alle Spitze.

Joey war ein Frauenschwarm, voller Witz und Charme. Er flirtete gern, eine Eigenschaft, die sich bei der Bühnenshow der Band noch als ungeheuer wertvoll erweisen sollte. Bob Fischetti, Lous rechte Hand, bestätigt: »Die Jungs hatten alle ihre eigene, unverwechselbare Persönlichkeit, aber Joey war ganz klar der ›italienische Lover‹.«

Joey war im Gegensatz zu den anderen quasi im Musikgeschäft aufgewachsen. Sein Vater, Joe senior, war der Sänger der Orions, einer Doo-Wop-Band aus Brooklyn, die sich auf Songs aus den fünfziger und sechziger Jahren spezialisiert hatte. Joey bezeichnet die Band seines Vaters als seinen wichtigsten musikalischen Einfluss, dicht gefolgt von Boyz II Men.

Der gesamte »Selektionsprozess« war wesentlich unkomplizierter und schmerzloser als bei den Backstreet Boys, wo Lou erst nach mehr als hundert Vorsprechterminen die richtigen fünf Jungs beieinander hatte. Diesmal war es anders. Die Jungs hatten sich gegenseitig gefunden, sie hatten sich einfach unterhalten und Leute gesucht, die in die Band passen könnten. Ganz reibungslos lief es allerdings auch diesmal nicht ab, denn Charles Edwards ließ bald eine Bombe platzen. Lou erinnert sich: »Wir hatten ein richtig gutes Gefühl, aber dann verkündete Charles plötzlich aus heiterem Himmel, dass er ein junges Mädchen kennen gelernt habe und heiraten wolle. Ich war schockiert, als er ausstieg.«

Lou kam später zu Ohren, dass Charles nicht mit dem Herzen bei der Band gewesen war, das war jammerschade nach der ganzen harten Arbeit, die er in die Verbesserung seiner Stimme gesteckt hatte. Enthusiasmus ist unglaublich wichtig, wenn man die langen Proben durchhalten will und die Wochen und Jahre, in denen man darauf wartet, dass einen das Publikum entdeckt. Charles Edwards ist inzwischen geschieden, aber er telefoniert ziemlich oft mit Lou. Es wäre schon fast ein Wunder, wenn das Schicksal noch ein drittes Mal an seine Tür klopfen würde.

Also zerbrachen sich Justin, JC, Chris und Joey den Kopf drüber, wer in Charles Fußstapfen treten sollte. Joey, der schon länger als die anderen in Orlando lebte und auch dort zur Highschool gegangen war, empfahl einen Bekannten, der bei Flipper's Pizza arbeitete. Sein Name war Jason Galasso. Ein freundlicher, gelassener Typ, der nach allgemeiner Überzeugung gut zu den anderen passen würde.

Lou ließ ein paar Andeutungen darüber fallen, dass er sie irgendwann nach Deutschland schicken würde, weil das bei den Backstreet Boys so gut funktioniert hatte. Sie saßen mit Paul und Lynn beim Abendessen im Chevy's, als die Sprache auf das wichtige Thema kam, wie die Band denn nun eigentlich heißen solle. In Lous Erinnerung spielte sich die Sache so ab: »Lynn sagte irgendwann: ›Weißt du, diese Jungs klingen so gut zusammen, sie klingen sehr synchron‹ (»in sync«).« Es war ein Moment der Erleuchtung wie bei Archimedes, und obwohl niemand aufsprang und »Heureka!« schrie, wurde »In Sync« auf die Liste der viel versprechenden Namen gesetzt.

Es existieren zwei Versionen von dem, was als Nächstes passierte. In der ersten Version bemerkte Lou Pearlman, dass man 'N Sync mit den letzten Buchstaben der Vornamen der Bandmitglieder buchstabieren konnte. In der zweiten Version war es Justins Mutter, die mit den Namen spielte und bemerkte, dass sich 'N Sync aus JustiN, ChriS, JoeY, JasoN und JC zusammensetzte. Das war nun wirklich der Heureka-Moment, denn jetzt hatte der Name 'N Sync noch ein bisschen mehr Pfeffer.

Für 'N Sync standen nun alle Ampeln auf Grün, vielmehr wäre das so gewesen, wenn Jason nicht verkündet hätte, er wolle die Band verlassen. »Bist du irre?«, explodierte Lou. »Das kann eine Riesensache werden.« Jason blieb fest und antwortete: »Ich glaube nicht, dass aus 'N Sync was wird.« Jason ist Charles Edwards in den Mülleimer der Geschichte von 'N Sync gefolgt, obwohl er in den letzten Jahren oft seine Freunde mit der Geschichte unterhält, wie er fast berühmt geworden wäre. Obwohl die übrigen vier über seinen Ausstieg sehr enttäuscht waren, war es besser, diese Probleme jetzt zu lösen, bevor Verträge abgeschlossen und Platten aufgenommen wurden.

Die vier verbliebenen Mitglieder von 'N Sync zogen Bilanz. Das nächste Mal musste es klappen. Sie hatten das Gefühl, dass ihnen im Klang noch eine klare Bassstimme fehlte. Joey konnte Bariton singen, aber die Band brauchte jemanden für die »tiefen Lagen«. Justin entschloss sich zu einem Anruf bei Bob Westbrook, seinem alten Gesangslehrer. Bob unterrichtete gerade einen jungen Mann, der ihm sofort als die richtige Wahl erschien: »Justin rief mich an und sagte: ›Bob, ich brauche ein paar Namen deiner Schüler, weil wir unbedingt einen Bass für die Band brauchen.‹ Also nannte ich ihm Lances Namen. Lance hieß mit Nachnamen Bass, das war eine Art Zeichen. Justin verabschiedete sich und legte auf, aber dann rief seine Mutter Lynn an und sagte: ›Ich brauche noch ein paar Namen.‹ Ich sagte ihr: ›Du kriegst noch ein paar Namen, wenn das mit Lance nicht klappt. Ladet ihn zu euch da unten ein, wir zahlen ihm den Flug. Holt ihn einfach zu euch und lasst ihn vorsingen. Wenn er aus irgendwelchen Gründen nicht der Richtige ist, dann habe ich noch ein paar Namen für dich in petto.‹ Aber ich war überzeugt davon, dass Lance der Typ war, den sie suchten.«

Lance hatte weit weniger Erfahrungen im Showbusiness vorzuweisen als Justin und die restlichen Jungs. Sein engster Kontakt mit Disney war die Mickymauspuppe, die er mit sich herumschleppte, bis er fünf war – das ist einer der Informationsfetzen, die an die Teenie-Zeitschriften verfüttert werden. Er war ein Junge aus dem Süden, genau wie Justin, aus einer kleinen Stadt in Mississippi. Seine Mutter war Lehrerin und sein Vater arbeitete bei der örtlichen Telefongesellschaft. Er hatte eine sehr solide, stabile, christlich geprägte Kindheit genossen, die Justins ähnelte: »Ich wurde in Laurel, einer wirklich kleinen Stadt in Mississippi geboren, in der niemand seine Haustür abschloss und man sich keine Gedanken um Morde oder so etwas machte. Als Kind hatte ich ein großes Gefühl von Sicherheit. Ich hatte vor nichts Angst.«

Sein jugendlicher Ehrgeiz zielte nicht darauf ab, in einen weißen Anzug zu schlüpfen und Elvis zu spielen, sondern sich einen Raumanzug anzuziehen und der neue Neil Armstrong zu werden. Er sang in einem erfolgreichen Chor, der durch den Bundesstaat tourte, aber er steckte sich erst mit dem Showbiz-Virus an, als er mit vierzehn Jahren ein Konzert von Garth Brooks besuchte. Es hinterließ einen starken Eindruck bei ihm, obwohl er eigentlich plante, die Highschool zu beenden und dann aufs College zu gehen. Dann erhielt er die telefonische Einladung nach Orlando, um dort für eine Band vorzusingen. Seine Mutter Diane war nicht gerade begeistert. Lance war erst sechzehn und ein Nesthocker, Lichtjahre entfernt von dem relativ erfahrenen Justin Timberlake, obwohl der zwei Jahre jünger war. Justin war mit seinen vierzehn Jahren schließlich schon ein alter Hase.

Diane Bass wandte sich an Bob Westbrook, der alles versuchte, um sie zu beschwichtigen: »Sie war am Telefon den Tränen nahe, weil sie den Gedanken nicht ertragen konnte, dass Lance nach Florida gehen sollte. Ich sagte ihr: ›Lynn weiß, was sie tut, und du kannst darauf vertrauen, dass diese Jungs richtig gut werden. Mach dir keine Sorgen, geh einfach mit ihm zu diesem Vorsingen. Damit verpflichtest du dich zu gar nichts.‹«

Diane und Lance flogen also nach Florida, und diese Reise veränderte ihr Leben. Lance sang »The Star-Spangled Banner« für alle, dann sangen die Jungs das Lied noch einmal gemeinsam, um zu testen, wie ihre Stimmen zusammen klangen. Zu diesem Zeitpunkt brachte Lou Robin Wiley ins Spiel, eine musikalische Koordinatorin und Gesangslehrerin: »Sie war großartig, denn sie half uns bei dem Vorsingen und gab den Jungs ihren Sound. Sie traf sich mit Lance und fand ihn wunderbar. Das fanden wir alle. Wir mochten ihn und beschlossen, es mit ihm zu versuchen. Lance vervollständigte den Sound der Band, und Lance Bass war ein wirklich cooler Name!«

Robin war ein unendlich wichtiger Markstein für die Entwicklung von Justins Karriere und besonders für seinen individuellen Sound. Das beweist auch seine Danksagung auf dem ersten Album von 'N Sync, das er Robin Wiley Coyote widmete.

Lynn und Lous Überredungskünste waren so unwiderstehlich, dass Diane Bass sich in kürzester Zeit um 180 Grad drehte. Sie, die anfangs noch unsicher gewesen war, ob ihr Sohn überhaupt nach Orlando fliegen sollte, kündigte ihren Job und zog in ein Haus, das nur eine Meile von dem Haus auf dem Doctor Phillips Boulevard entfernt war, das Lou für die Jungs gemietet hatte. Ihr Ehemann folgte kurze Zeit später, und so konnte Lance weiterhin zu Hause wohnen, während er mit 'N Sync schnurstracks in Richtung Erfolg marschierte. Lance war Justin im Alter am nächsten, aber sie waren ziemlich unterschiedlich. Lance war nicht so überschwänglich und viel praktischer veranlagt, besonders, wenn es ums Geschäft ging.

Zu Hause in Memphis war Bob Westbrook entzückt darüber, wie gut seine kleine Kuppelei funktioniert hatte. »Lance war genau der Richtige. Aber meinen Mercedes habe ich immer noch nicht bekommen«, scherzte er.

Die Jungs schrieben aber großzügig »Thanks for Lance« auf ihr erstes Albumcover.

Ein winziges Problem hatten sie aber immer noch. Was sollten sie jetzt mit dem Bandnamen machen, da Lance Jason ersetzt hatte? Sie konnten sich ja nicht gut »E Sync« nennen. Lou erinnert sich: »Lynn sagte einfach: ›Wir nennen dich Lansten‹, und wir lachten alle. Wir hatten jetzt also LansteN und behielten den Namen 'N Sync bei.« Es war einer dieser wundervollen Momente im Rock 'n' Roll, in denen in einer gewöhnlichen Unterhaltung ganz nebenbei ein Mythos geboren wird. Die wahre Geschichte der Entstehung von 'N Sync hat sich mit den Jahren immer mehr verwischt. Die Rollen, die Charles Edwards und Jason Galasso gespielt haben, gingen unter im Popbusiness, in dem Image alles bedeutet. Stattdessen bekam ein bescheidener Teenager aus Mississippi plötzlich einen neuen Vornamen.

## *»Lasst uns die Band *NSYNC nennen.«*

# 8

# Die Pop-Zentrale

*Als Justin von der Bühne kam, war sein Daumen geschwollen und schmerzte sehr. Lynn fragte ihn, was passiert sei. »Ich bin blöd drauf gefallen«, antwortete er. Das Röntgenbild zeigte, dass er sich den Daumen gebrochen hatte. Es war während der ersten Nummer, »I Want You Back«, passiert, aber er hatte sich durch den Rest des Gigs gekämpft. Lou Pearlman war beeindruckt: »Wir wussten schon ganz am Anfang, dass diesen Typen nichts aufhalten konnte.«*

Fünf junge Männer standen vor etwas ganz Großem. Oder dem großen Nichts. Sie hatten noch nicht einmal einen Vertrag mit Lou Pearlman. Offiziell unterschrieben sie erst im April 1996, obwohl Lou ihr Potenzial erkannt hatte und scharf darauf war, die Band unter seine Fittiche zu nehmen. Aber weder Lou noch Lynn, die mit ihrem Schwung alle ansteckte, konnten für den Erfolg garantieren. Man kann einen jungen Teenager nicht zwingen, sein Geld – oder das Geld seiner Eltern – für eine Platte auszugeben. Als 'N Sync aufs Spielfeld kam, hatten sie ein paar große Heimvorteile. Der wichtigste war, dass sie aus dem gleichen Stall kamen wie die Backstreet Boys, die sozusagen ihre Vorhut bildeten und sich langsam aber sicher einen Weg zum Erfolg bahnten. 'N Sync konnte den Schildern folgen, die die Backstreet Boys im Minenfeld des Popgeschäfts als Orientierung aufgestellt hatten. Bob Fischetti meint dazu: »'N Sync konnten eine bereits bestehende Schablone ausfüllen.« Außerdem verfügten sie über eine sichere finanzielle Basis. Geld war für die frisch gebackene Band kein Problem, denn Lou bezahlte alles. Es klingt immer sehr romantisch, wenn eine Band ein paar Dollar zusammenkratzen muss, um das Benzin zu zahlen, das sie braucht, um in ihrem abgewrackten Van zum nächsten Gig zu fahren. Aber in Wirklichkeit lenkt dieser Überlebenskampf nur vom Wesentlichen ab, und die Motivation steigt dadurch auch nicht gerade. Alle Mitglieder von 'N Sync waren, relativ gesehen, alte Hasen. Sie hatten sowohl Triumphe als auch Katastrophen hinter sich. Justin hatte seine schmähliche Niederlage bei *Star Search* hinter sich gelassen und sich mit dem *Mickey Mouse Club* einen Kindheitstraum erfüllt. Der hatte sich zwar in Luft aufgelöst, als *MMC* abgesetzt wurde, aber er war bereit für einen Neuanfang.

Die Image-Maschinerie von 'N Sync wollte Justin, Lance, Joey, JC und Chris als die Jungs von nebenan hinstellen, »nicht als eine abgepackte Retortenband, die von wichtigtuerischen Produzenten zusammengestellt worden war«. Das entsprach natürlich so nicht ganz der Wahrheit. Es stimmt zwar, dass 'N Sync nicht das Ergebnis einer zehnwöchigen Castingshow war, die Pop-Katastrophen wie Overload oder die Pre-Luders zum Ergebnis hatte, aber die Band war ein Stück Showbiz, und die Jungs verband hauptsächlich der Wunsch, berühmt zu werden. Die Bandmitglieder waren nicht in den Bars von Greenwich Village entdeckt worden, wo sie Blues oder Jazz spielten. Sie waren vielmehr junge Möchtegernstars, die im Hollywood von Florida auf ihre große Chance hofften. Es ist kein Zufall, dass in Orlando Disney, Universal, Sea World und andere Lieblinge Kaliforniens eine Zweigstelle eröffnet haben. Diese jungen Männer waren keine Postboten, Klempner oder Leute mit »ganz normalen« Jobs. Zwei von ihnen waren ehemalige Mitglieder des *Mickey Mouse Clubs*, einer war Wolfie in der *Beetlejuice Graveyard Revue*, einer ein Sänger bei den Hollywood Hi-Tones, und Lance war immerhin bei den Mississippi Show Stoppers gewesen. Eins wussten sie alle über das Business: Ohne eine Menge harter Arbeit und eine gehörige Portion Glück kommt man in diesem Geschäft nicht weit.

Lou hatte das 'N Sync-Haus – auch als »The Compound«, der Zwinger bekannt – für die Jungs und Lynn gemietet, es lag in der Nähe des Marktplatzes auf dem Doctor Phillips Boulevard. Lance und Joey wohnten weiterhin die meiste Zeit bei ihren Eltern, aber für Justin wurde das Haus für die nächsten Jahre zu seinem Zuhause. Obwohl es später, als sie ernsthaft zu touren begannen, jeweils das Hotelzimmer war, in dem er sich gerade befand. Lou hatte die Backstreet Boys in einem Haus untergebracht und das hatte gut funktioniert, also übernahm er diese Strategie auch für 'N Sync. Er erklärt: »Hinter dem Haus steckte der Gedanke, dass die Jungs einen Platz brauchten, an dem sie leben und ihr eigenes Ding machen konnten, hier konnten sie üben und spielen, ohne dass sie jemand störte. Außerdem war es viel billiger als ein Hotel.«

Es war Ende 1995 und es sollte noch eine Weile dauern, bis 'N Sync im Bewusstsein junger Mädchen ankam; die Horden von Fans vor dem Haus waren noch ferne Zukunftsmusik. Lou wusste über diese Schattenseite des Ruhmes sehr gut Bescheid, denn auch sein Haus im vornehmen Vorort Windermere wurde von Mädchen belagert, die hofften, einen Blick auf ein Mitglied der Backstreet Boys erhaschen zu können. Beim 'N Sync-Haus hatte er darauf Wert gelegt, dass es nicht direkt an der Straße lag und eine lange Auffahrt hatte.

Justin hat sich noch nie wie ein Kind im Spielzeugladen benommen, wenn es um weibliche Fans ging. Er ist lieber in einer festen Beziehung. In dieser frühen Phase der Entwicklung von 'N Sync war er in Danielle Ditto verliebt. Sie erinnert sich daran, dass Lou oft ins Haus kam, um nach dem Rechten zu sehen. »Er kam rüber und überprüfte, ob sie auch alles richtig machten, und manchmal donnerte er: ›Ich bezahle euch schließlich nicht fürs Rumlungern‹, und solche Sachen. Er war wie ein Vater zu den Jungs. Eines Abends gingen wir zu Lou nach Hause, denn Justin wollte unbedingt, dass ich mir das Luxusdomizil ansah. Es war unglaublich. Der Fernseher senkte sich auf Knopfdruck von der Decke herab. Ich lief in die Küche, und da stand ein Sofa. Ein Sofa in der Küche! Ich suchte nach der Toilette und sah einen Typ auf einem Bett schlafen, und ich erkannte ihn, weil er einer der Chippendales war.

Ich musste meine Mutter anrufen und ihr sagen, dass ich einen Chippendale gesehen hatte!«

Auch ein altbekanntes Gesicht war anfangs sehr häufig zu Gast im 'N Sync-Haus. Justin war damals vierzehn. Nach den Sommerferien wäre er normalerweise in die Highschool gekommen. Bühne frei für Chuck Yerger. Lynn bestand darauf, dass Chuck Justins weitere Ausbildung übernahm. Danielle erinnert sich, dass Chuck Justin ziemlich hart an die Kandare nahm, denn es war ihm wohl klar, dass es für einen Jungen, der sich in den Kopf gesetzt hatte, ein Superstar zu werden, Wichtigeres gab, als die Feinheiten Shakespeares zu studieren. Chuck brachte Brenda Crenshaw mit, eine Kollegin von On Location Education. Zusammen setzten sie alles daran, dass Justin die Ausbildung bekam, die Lynn für angebracht hielt. Lous Firma Trans Continental bezahlte die Rechnung für diesen Privatunterricht. Lynn schrieb Justin im Fernunterrichtsprogramm der University of Nebraska ein, im Grunde genommen ein Fernstudium, dessen Lehrplan auf Schüler zugeschnitten war.

Chuck kam ins Haus, wann immer die Jungs gerade in der Stadt waren. Am Anfang war das noch relativ leicht, aber es wurde immer schwieriger, je mehr ihre Karriere ins Rollen kam. Später unterrichtete er auch Lance, aber sein Hauptgrund für die sonntagmorgendlichen Besuche im Haus am Doctor Phillips Boulevard war es, Justin aus dem Bett zu werfen. Justin ist morgens nie in Bestform, aber er war besonders widerborstig, weil Chris und JC sich sonntags einen faulen Lenz machten. Justin saß am Esstisch, mampfte eine riesige Schüssel Frühstücksflocken und hörte Chuck zu, der den Unterrichtsplan für den Tag erläuterte. Chuck schmunzelt: »Ich habe noch nie jemanden gesehen, der so verrückt nach Frühstücksflocken war, wie dieser Junge. Seine Müslischale war so groß wie eine Rührschüssel für Kuchenteig.«

Es ist kaum vorstellbar, aber Justin Timberlake, der Herzensbrecher von 'N Sync, war eigentlich ein Schuljunge. Sein Alter war in der Band nie ein Thema, und die anderen vier nutzten ihn nie aus und bevormundeten ihn auch nicht, nur weil er das Küken der Truppe war – volle zehn Jahre jünger als Chris. Justin war ein athletischer, gut gebauter Teenager, der auf der Bühne nie wie ein linkischer Halbwüchsiger wirkte. Er war schon immer ein guter Tänzer gewesen und hatte sich schon in Shelby Forest Tanzschritte von MTV abgeguckt. Der körperlich anstrengende Aspekt der Auftritte bereitete ihm viel weniger Mühe als den anderen vier, obwohl sie alle durch ihren Wunsch nach Erfolg beflügelt wurden. Mit Robin Wiley übten sie stundenlang Gesang und Harmonien, und an ihren Tanzkünsten feilten sie mit dem Choreographen Robert Jacquez. Es war gar nicht so einfach, sich Schrittfolgen und Tanzsequenzen zu überlegen, die die Jungs aufführen konnten, während sie sangen. Justin merkte, wie wichtig es war, sich körperlich fit zu halten. Du kannst nicht dein Bestes geben, wenn du nach zwei Minuten Bühnenaction schon keuchst und schnaufst. So quälte sich Justin täglich durch dreihundert Situps, wenn eine Tournee anstand.

Während die Jungs sich im Schweiße ihres Angesichts vorbereiteten, übernahm Johnny Wright, der Manager der Backstreet Boys, auch die Entwicklung von 'N Sync. Wright hatte als Lastwagenfahrer für Maurice Starr, den Manager der New Kids on the Block, seine ersten Erfahrungen im Popgeschäft gesammelt und war ein sehr erfahrener Recke im diesem Metier. Er wurde schließlich der Tourmanager der New Kids. Auf dem Höhepunkt des Erfolges von 'N Sync kommentierte Starr ironisch: »Ich hatte ihn unter meinen Fittichen, und jetzt wäre ich gerne unter seinen.« Wright sollte eine Schlüsselrolle in Justin Timberlakes Karriere spielen. Er besitzt ein dafür unersetzliches Gut: Justins Vertrauen. Er war gerade erst dreißig geworden, als Lou Pearlman ihm die Aufgabe übertrug, die Backstreet Boys zu Stars zu machen. Johnny hatte einen Sinn für Pop und Lou den fürs Geschäft. Sie wurden fantastisch aufeinander eingespielte Partner, bis 'N Syncs überwältigender Erfolg ihre Beziehung belastete. Johnny meint dazu: »Lou kann sehr gut Schecks schreiben. Ich bin mehr für die künstlerische Entwicklung zuständig.«

Wrights sanfte Umgangsformen verbergen einen Willen aus Stahl. Er war in den frühen Neunzigern wegen des Wetters nach Orlando gezogen. Er stammte ursprünglich aus Cape Cod, aber er hatte keine Lust mehr auf die harten Winter in New England. Er managte die in den Charts erfolgreiche Band Snap, als Pearlman ihn anrief und fragte, ob er die Backstreet Boys übernehmen wolle. Er war nicht interessiert, bis seine Frau Donna sich die Jungs ansah und ihm sagte, sie sei schwer beeindruckt. Ein entscheidender Faktor für sein späteres Vertrauensverhältnis zu Justin und den Jungs waren die tief verwurzelten christlichen Wertvorstellungen, die er mit ihnen teilte. Er trug immer eine Baseballkappe mit der Aufschrift WWJD – »What Would Jesus Do«.

Zuerst waren die Backstreet Boys alles andere als begeistert davon, dass ihr Manager ihren Erfolg mit einer anderen Boygroup kopieren wollte. Johnny gab damals zu: »Ich will nicht leugnen, dass wir diese Phase durchmachten. Aber es gibt keinerlei Animositäten zwischen uns. Je mehr gesangsorientierte Bands es gibt, desto besser.« Da war vielleicht der Wunsch der Vater des Gedankens, denn ein paar Jahre später trennten sich die Wege von Johnny und den Backstreet Boys endgültig. Justin für seinen Teil hatte noch nie von den Backstreet Boys gehört, als er die Chance bekam, selbst in einer Boygroup mitzumachen.

Das Wichtigste bei der Erschaffung einer Pop-Marke – und so sah Pearlman 'N Sync – ist seiner Ansicht nach, die Band bekannt zu machen, und zwar »mit allen Mitteln«. In seinem Buch *Bands, Brands and Billions* beschreibt er, wie schwierig es war, für die Backstreet Boys einen Plattenvertrag zu ergattern. Die Plattenfirmen waren offensichtlich der Auffassung, dass Boygroups gestorben waren, als sich die New Kids on the Block aufgelöst hatten. Also schickten er und Johnny die Backstreet Boys in Highschools und Einkaufszentren und bauten auf Mundpropaganda. Diese Strategie funktionierte bekanntlich, und Justin und die Jungs bedienten sich ihrer ebenfalls. 'N Sync produzierte ein Demo-Video, das sie im Rock 'n' Roll Beach Club in Pleasure Island, Orlando, drehten. Es diente als Basis für ihre erste Bühnenshow, die auf Schulkinder ausgerichtet war. Sie spielten einen Gig in der Doctor-Phillips-Highschool; Joey hatte dort im vorherigen Sommer seinen Abschluss gemacht. Justin hatte mit solchen Auftritten schon viel Erfahrung aus seinen Anfangstagen mit den Bob-Westbrook-Singers, die in Einkaufszentren, Schulen und bei Sportveranstaltungen gesungen hatten. Jedes dieser Minikonzerte stellte die Talente der

Jungs in den Mittelpunkt. Ziel war es, sich in die Welt zu wagen und so viele Menschen als möglich zu erreichen. Jeder neue Fan, den sie jetzt gewannen, würde ihnen später Geld auf dem Konto einbringen.

In der Zwischenzeit war Johnny Wright in Europa und tüftelte den ersten Plattenvertrag für 'N Sync aus. Die Karriere der Backstreet Boys war weiterhin ungeheuer wichtig für 'N Sync. Die Backstreet Boys schaffte den Durchbruch jenseits des Atlantiks, genauer gesagt in Deutschland, nachdem ihre erste Single, »We've Got It Goin' On« in den USA gefloppt war. Auch in Großbritannien schaffte es die Single nicht in die Top Fifty, aber in Deutschland stieg sie bis in die Top Ten, und die Band war im Geschäft. Mit einer sechsmonatigen Tour durch Europa festigten sie ihre Fanbasis. Mit diesem Erfolg ihrer ersten Gruppe im Gepäck waren Lou Pearlman und Johnny Wright jetzt bezüglich 'N Sync in einer viel besseren Position. Geschäftlicher Opportunismus sicherte ihnen ihren Plattenvertrag. Das Musikbusiness ist ein unentwirrbares Netz aus Verträgen und Vereinbarungen, wie auch Justin später noch entdecken sollte. Die Backstreet Boys waren bei Jive Records, aber den europäischen Vertrieb übernahm der gigantische deutsche Plattenkonzern BMG. Als Jive beschloss, den Vertrieb selbst zu übernehmen, sprach Thomas Stein, der Geschäftsführer von BMG, der für den deutschen, den schweizerischen und den österreichischen Markt verantwortlich war, mit Lou. Er sagte: »Ich fasse es nicht. Wir haben die Backstreet Boys aufgebaut. Jetzt sind sie berühmt und wir sind aus dem Geschäft.« Lou antwortete, ohne mit der Wimper zu zucken: »Wir haben noch eine Band, die sie vielleicht interessieren könnte.« Nach einiger Diskussion flogen zwei hochrangige Vertreter von BMG nach Orlando, um 'N Sync persönlich in Augenschein zu nehmen. Lou erinnert sich: »Sie fanden die Band großartig, aber von Lance waren sie nicht völlig überzeugt. Sie fanden seine Tanzschritte etwas schleppend, aber wir bestanden darauf, dass er nur noch ein bisschen Übung brauchte. Also sagte sie schließlich: ›Prima.‹ Wir hielten zu Lance und ließen die Band genau so, wie sie war.« Am 4. August 1996 unterschrieb 'N Sync bei RCA, einer Tochtergesellschaft der BMG. Sechs Tage später waren sie in München und führten ein paar A-cappella-Stücke auf einem dortigen Popfestival auf, damit die Führungsetage von BMG ihre neuen Schützlinge begutachten konnte. Genau wie vor langer Zeit bei dem Konzert in E. E. Jeter fiel im entscheidenden Augenblick der Strom aus. Es war dunkel, aber genau wie Justin damals machten die Jungs ruhig weiter, als sei nichts passiert. Wahrscheinlich gereichte ihnen dieses kleine Unglück sogar zum Vorteil, denn Lou schwärmt: »Sie waren fantastisch.« Außerdem waren dadurch von Anfang an alle Zweifel daran aus dem Weg geräumt, dass die Jungs von 'N Sync wirklich singen konnten. Das wurde bis dato für Boy- und Girlgroups mitnichten als notwendige Voraussetzung betrachtet.

Als Justin nach Orlando zurückkehrte, konnte er seine Aufregung über die Fortschritte, die die Band gemacht hatte, kaum im Zaum halten. Als Chuck Yerger ins 'N Sync-Haus kam, um ihn zu unterrichten, rief Justin aus: »Mr. Yerger, wir haben sie umgehauen! Wir kamen auf die Bühne, weil wir ihnen beweisen wollten, dass wir wirklich singen können, und dann stürzten wir uns in eine Hightech-Tanznummer.«

Justin und die Jungs waren auf den Zug aufgesprungen, aber es sollte noch weitere neunzehn Monate dauern, bis sie in den USA ein Album veröffentlichten. Während der frühen Live-Konzerte in Europa blühte Justin als Performer richtiggehend auf. Lou Pearlman meint dazu: »Justin war bereits damals der Herzensbrecher, der junge Kerl, den alle liebten. Die jungen Mädchen dachten definitiv, er sei der Star.« Und während Justin sich in der Gruppe ins Scheinwerferlicht tanzte, wurde Lynn hinter der Bühne immer mächtiger. Justin war immer noch sehr jung, und während der ersten achtzehn Monate seiner Karriere bei 'N Sync reiste Lynn überall als seine Aufsichtsperson mit. Sie und Diane Bass gingen beide mit nach Europa und standen bei jedem Konzert hinter der Bühne, applaudierten begeistert und feuerten ihre Söhne an.

Lynn war fest entschlossen, dass Justin Erfolg haben sollte, was vielleicht ihre Überreaktion auf die Affäre mit Danielle Ditto erklärt. Sie wollte nicht, dass er sich ablenken ließ, wenn das Ziel, das er sich gesetzt hatte, zum Greifen nah lag. Sie war auch bereit, in ihrem eigenen Leben Opfer zu bringen. Sie weinte, als sie die Familienkatze Millé weggeben musste, eine weiße flauschige Perserkatze mit Stammbaum, die Justin gehört hatte, als er noch ein Kind war. Sie hatte insgesamt sieben Namen und war von sehr edlem Geblüt, aber alle nannten sie Millie. Es wurde immer schwieriger, sich richtig um die Katze zu kümmern, weil die Jungs im folgenden Jahr sehr viel Zeit in Europa verbrachten. So entschied sich Lynn schweren Herzens, der Katze ein neues Zuhause zu geben.

Zufällig verbrachte Lynn Thanksgiving bei Chuck und Sherry Yerger und bemerkte bei ihnen eine geschmeidige Siamkatze. Sie erklärte die Situation und fragte, ob sie sich um Millé kümmern wollten. Die Yergers stimmten zu und so brachte Lynn sie an Weihnachten zu ihnen. Wenn Lynn danach mit Sherry telefonierte, fragte sie immer: »Wie geht es meiner Millie?«

Timing ist alles im Musikgeschäft. 'N Sync folgte den Backstreet Boys wie eine Burger-King-Filiale, die direkt neben einem McDonald's eröffnet. Anfang Oktober 1996 erschien 'N Syncs erste Single »I Want You Back« in Deutschland. Sie hatten sie in Stockholm aufgenommen, in den Cheiron-Studios des schwedischen DJ und Produzenten Denniz PoP. Denniz, dessen wirklicher Name Dag Volle war, und sein Freund und Songwriting-Partner Max Martin hatten ein paar frühe Songs der Backstreet Boys geschrieben, unter anderem »Quit Playing Games With My Heart« und »Nobody But You«. Die Backstreet Boys hatten in Europa in diesem Jahr einen Riesenhit nach dem anderen gelandet, es war der perfekte Zeitpunkt für 'N Sync, aus dem Ruhm ihrer Kollegen Profit zu schlagen. Eine Woche vor Erscheinen der Single wurde »I Want You Back« 103-mal von deutschen Rundfunksendern gespielt. Eine Woche nach Erscheinen war der Song in den deutschen Charts. Ein Ohrwurm, aber sehr nach Schema F aufgebaut und kein Vergleich zu den späteren Arbeiten der Band. Die Teenie Zeitschrift *Bop* beschrieb ihn später als »zuckersüß«. Das bereitete den Teenagern in Schweden allerdings keine Zahnschmerzen, denn dort schnellte der Song auf Platz Nummer eins.

Denniz PoP war in den neunziger Jahren eine sehr einflussreiche

Figur im Musikgeschäft. Er war nicht nur für den Sound der Boygroups Backstreet Boys und 'N Sync verantwortlich, sondern auch für Britney Spears. In den Achtzigern arbeitete er als DJ und wurde zu einem der meist beschäftigten Remixer der Szene. Die Behandlung, die er Michael Jacksons »Billie Jean« und Donna Summers »Love To Love You Baby« angedeihen ließ, hauchte den Klassikern neues Leben ein. In den Neunzigern wurde er einem größeren Publikum bekannt, als er einen Song für die neue schwedische Popband Ace of Bass schrieb und produzierte. »All That She Wants« wurde in Großbritannien Nummer eins und verkaufte sich allein dort mehr als 600 000-mal. *The Sign*, das Debütalbum der Band, verkaufte sich weltweit 22 Millionen Mal – und diese Zahl ließ Lou und Johnny in Orlando aufhorchen.

Obwohl Denniz mehr Einfluss auf die Karriere der Backstreet Boys hatte, war er die treibende Kraft hinter dem Dance-Sound der Neunziger, der auf der ganzen Welt die Charts dominierte. Man gab ihm den liebevollen Spitznamen »Dancemeister«.

Kein Song repräsentiert diesen Sound besser als »Baby One More Time« – obwohl den Max Martin geschrieben hatte –, der Song, der Britney Spears zum Superstar machte. Denniz erlag im August 1998 im Alter von nur fünfunddreißig Jahren einem Krebsleiden. Bei den MTV Europe Music Awards 1999 gewann »Baby One More Time« in der Kategorie Bester Song, und Britney widmete ihren Preis Denniz PoP. Ihr erstes Album trägt die Widmung: »Für Denniz PoP: Dein Vermächtnis lebt weiter in der wunderbaren Musik, die du für mich geschrieben hast. Danke.«

'N Sync hinterließ er den Song, der ihnen einen Platz auf der Landkarte des Pop verschaffte. Es war Zeit, dass die Publicity-Maschinerie ins Rollen kam. Wenn eine Plattenfirma beschließt, eine Band zu promoten, dann bedeutet das eine nie abreißende Folge von Medienauftritten. Die erste Story über 'N Sync erschien in der *Bravo*, und hypte sie als die nächsten Backstreet Boys. Justin und die Jungs hatten in den folgenden Wochen ständig Interviews, Fotosessions und Auftritte in ganz Deutschland. Sie spielten als Vorband auf der Deutschlandtour von DJ Bobo, von dem in England noch niemand gehört hatte. Bei MTV lief ihr Video rauf und runter und sorgte für Aufregung bei den jungen, weiblichen, deutschen Fans. In München warfen die Mädchen Plüschtiere und Schlüpfer auf die Bühne. Noch besser war, dass sie nach der Show den Tourbus verfolgten, weshalb die Band eine Stunde zu spät zu einem Empfang mit den hohen Tieren der Plattenfirma kam, die das Ende ihrer ersten Promotions-Tour mit ihnen feiern wollten. Die Tour hätte gar nicht besser laufen können. Hier wurde der Maßstab für einen höllischen Auftrittsmarathon angelegt, der ihnen so viel Aufmerksamkeit einbrachte, wie sie nur wenige Bands für sich verbuchen konnten. Zwischen dem 7. Oktober, dem Erscheinungstermin der Single, und dem 9. November in München hatten die Jungs gerade mal einen Tag frei. Es war Zeit, nach Orlando zurückzukehren, die Batterien aufzuladen und über das erste 'N Sync-Album nachzudenken.

Bei Debütalben von Boygroups und diversen One-Hit-Wondern geht es oft mehr um Geschwindigkeit und Produktion als um Musik. Der überwiegende Eindruck, den ihr erstes Album, *'N Sync*, vermittelt, ist, dass es ihnen nicht gerecht wird. Sie sangen sehr schön, aber man konnte sich des Gefühls nicht erwehren, dass da noch viel mehr drin war – was stimmte, wie sich zeigen sollte. In diesem Stadium wollte man hauptsächlich Material in die Plattenläden bringen, das Album bei Konzerten präsentieren, Fanartikel verkaufen und die Marke etablieren. Einige Texte waren auf dem simpelsten Reimschema aufgebaut, besonders bei dem drögen »Here We Go ... Feel The Flow ...«. Ein Problem beim Europop ist nun mal, dass die Texte, die in einem als Fremdsprache erlernten Englisch verfasst sind, eher einfach sind und sich nach Schulenglisch anhören. Abba lieferte den Prototyp mit »Waterloo« und »Super Trouper«. Justin glänzte auf dem Album besonders mit den Balladen »For The Girl Who Has Everthing«, wofür er in München noch zusätzliche Gesangsspuren aufnahm, und »(God Must Have Spent) A Little More Time On You«. Seine soulige Tenorstimme ließ darauf schließen, dass er einen ausgezeichneten Balladensänger abgeben würde, wenn er bereit wäre, eine Solokarriere zu beginnen.

Wie auf den Debütalben von Boygroups üblich, gab es auch ein paar Coverversionen: den schnulzigen David-Gates-Song »Everything I Own« und den genauso süßlichen Hit »Sailing« von Christopher Cross. Auf dem Album war außerdem ihre zweite Single »Tearin' Up My Heart«, die Max Martin und Kristian Lundin, ein weiterer Produzent der Backstreet Boys, geschrieben hatten. Aufgenommen wurde sie in den Cheiron-Studios. Die Jungs flogen nach Stockholm und sangen die Nummer an einem Tag ein. Ihr Zeitplan ließ ihnen kaum Raum zum Atmen: Warschau, München, Stockholm, Frankfurt, Hannover, Zürich – ein Wirbelwind aus Interviews und Fernsehauftritten. Die harte Arbeit machte sich bald bezahlt, sie wurden von einer deutschen Zeitschrift zum Newcomer des Jahres gewählt und am 16. Dezember erhielten sie die Nachricht, dass »I Want You Back« sich allein in Deutschland 250 000-mal verkauft hatte.

'N Sync hätten in dieser aufregenden Zeit nicht im Traum daran gedacht, so etwas von sich zu geben, aber wie Lance Bass später enthüllte, mochten sie viele der Songs überhaupt nicht. »Wir singen eigentlich gar keinen Technopop, aber wir mussten es wegen Deutschland machen.«

***»Wo Cola ist, da ist auch bald eine Pepsi. Wo es die Backstreet Boys gibt, da gibt es auch bald 'N Sync.«***

# 9

# Huckleberry Finn

*Justin und Veronica alberten herum und rangelten spielerisch bei ihm zu Hause, als sie plötzlich herausplatzte: »Ich liebe dich.« Es war ihr peinlich. »Ich war so geschockt darüber, dass ich das gerade gesagt hatte, dass ich mir den Mund zuhielt, weil ich das überhaupt nicht geplant hatte. Er hielt sich den Bauch vor Lachen und sagte: ›Ich liebe dich auch. Beruhig dich, sei doch nicht so schüchtern.‹ Das war das erste Mal, dass er es sagte.«*

Justin ist einer der großen Dankesager des Popgeschäfts. Die Widmungen auf seinen Platten sind immer persönlich und kommen von Herzen. Auf dem ersten 'N Sync-Album schickt er ein ganz spezielles »großes Hallo« an seinen »Huckleberry Finn«. Es stand ganz versteckt im schwer lesbaren, klein gedruckten Teil, und keiner merkte, was es bedeutete. Huckleberry Finn war Justins zweite ernsthafte Freundin, das zweite Mädchen, dem er seine Liebe gestand. In der Welt der Boygroups ist es die größte Publicity-Sünde, wenn einer zugibt, dass er eine Freundin hat. Der Weisheit letzter Schluss ist, dass man für die jungen weiblichen Fans, die ihren Postern jeden Abend einen Gutenachtkuss geben, erreichbar wirkt. Wäre bekannt geworden, dass der jüngste und attraktivste Boy von 'N Sync bereits in festen Händen war, hätte das zu Millionen von Ohnmachtsanfällen geführt. Justins heimliche Liebe war Veronica »Huckleberry« Finn.

Lou Pearlman meint, er habe es immer entspannt betrachtet, wenn die Jungs eine Beziehung hatten. Das sah auf der anderen Seite des Atlantiks, bei Englands Top-Boygroup Take That, völlig anders aus. Das strenge und disziplinierte Regime, das bei ihnen herrschte, war mit verantwortlich für Robbie Williams' Rebellion. Der entscheidende Faktor war aber, dass die Jungs von 'N Sync sich ziemlich verantwortungsbewusst verhielten. Sie ergaben sich nicht den Versuchungen des Rock 'n' Roll. Stattdessen dankten Lance, Chris und Joey auf *'N Sync* zuallererst einmal Gott, und Justin dankte seinem Retter Jesus Christus, und das war nicht geheuchelt. Lance Bass bestätigte in einem Interview mit Larry King: »Gott war schon immer ein wichtiger Bestandteil unserer Karriere.« Die Jungs standen sich auch deshalb so nahe, weil sie die gleichen Wertvorstellungen hatten. Justins Verhaltenskodex ist sehr simpel. Er stellt sich die Frage: »Was würden meine Eltern dazu sagen?« Das bedeutete nun aber nicht, dass die Bandmitglieder sich wie eine Gruppe Mönche verhielten und jeden Abend nach der nächsten Kirche suchten.

'N Syncs Image war so blitzsauber, als wären sie mit Persil gewaschen, aber Lou Pearlman besteht darauf, dass sie nie logen, was Freundinnen anging. »Wir haben immer gesagt, dass die Jungs Dates haben, und das stimmte auch.« Justins »Date« war ein quirliges blondes Mädchen aus Memphis, das ihm Trace Ayala vorgestellt hatte. Veronica Finn hatte Justins Namen noch nie gehört, bevor Trace ihn erwähnte. Justin war über Weihnachten zu Hause und Trace war der Meinung, dass es für seinen Kumpel an der Zeit war, Danielle Ditto hinter sich zu lassen. Er sollte jemand Neues treffen, mit dem er Spaß haben konnte. Veronica erinnert sich: »Trace erzählte mir ständig, dass da jemand war, den ich *unbedingt* kennen lernen musste, weil er sich ganz sicher war, dass wir uns gut verstehen würden. Ich ging mit ihm rüber zu Justins Elternhaus und er sagte einfach: ›Das ist Justin.‹ Danach übernahmen wir die Sache.«

Veronicas Eltern hatten sich getrennt, als sie zwei Jahre alt war, und genau wie Justin und Danielle hatte sie sehr viel Zeit bei ihren Großeltern verbracht, die in Raleigh, einem Vorort von Memphis, lebten. Sie hatte eine kleine Schwester, die genau so alt war wie

Justins Halbbruder Jonathan, also hatten sie von Anfang an viele familiäre Gemeinsamkeiten. Veronica lebte bei ihrer Mutter in Boulder, Colorado, und war, genau wie Justin, gerade über Weihnachten wieder mal in Tennessee, als sie sich kennen lernten. »Ich fand ihn sehr lustig, er brachte mich zum Lachen. Anfangs war es ein bisschen seltsam, weil Trace uns so voneinander vorgeschwärmt hatte, aber als wir erst mal ins Gespräch kamen, amüsierten wir uns prächtig. Ich traf auch Lynn und Paul, die sehr nett zu mir waren.«

Dieses erste Treffen war kein wirkliches Date. Sie hatten sich noch nicht einmal geküsst, als Veronica nach Colorado und Justin nach Orlando zurückkehrte, um sich auf seinen neuen Eroberungsfeldzug in Europa vorzubereiten. Sie hatten zusammen gelacht, aber mehr war nicht passiert – außer, dass Justin sich bis über beide Ohren verknallt hatte. Trotz seiner unzähligen Chancen bei den Horden von Mädchen, die jenseits des Atlantiks nur darauf warteten, sich ihm an den Hals zu werfen, verbrachte dieser Teenager die Abende lieber damit, mit einem Mädchen in Colorado zu telefonieren, das er erst einmal getroffen hatte. »Er rief mich ziemlich oft an«, lacht sie.

Mitte 1997, also ungefähr ein halbes Jahr später, hatte Veronica genug von Colorado und zog zurück nach Memphis. Dort lief sie dem sechzehnjährigen Justin wieder über den Weg und traf auch – was mindestens ebenso wichtig war – seine Mutter Lynn. Justin erholte sich gerade von der anstrengenden *I Want You Back*-Tour durch Deutschland, aber Lynn war vollauf damit beschäftigt, den weiblichen Gegenpart zu 'N Sync zusammenzustellen. Die Erfahrungen, die sie mit der Band gemacht hatte, bestärkten sie in ihrem Wunsch, selbst eine Band zu managen. Lou Pearlman hatte ihr die Finanzierung zugesichert. Im vorherigen Jahr hatten die Spice Girls die Musikszene im Sturm erobert, und Lynn sah eine Chance für ein amerikanisches Gegenstück, obwohl sie sich eine Band vorstellte, die ein bisschen anständiger war als die britischen Mädels mit ihrer »Girl Power«. Bei Innosense, dem Namen, den sie sich ausgesucht hatte, erwartete man auch nicht unbedingt Mädchen, die gern mal über die Stränge schlugen.

Durch puren Zufall war Veronica am richtigen Ort, als Britney Spears die Teilnahme an Lynns Band absagte, da ihr eine Solochance geboten worden war. Es hält sich allerdings hartnäckig der Verdacht, dass Britneys Interesse schwer übertrieben wurde, um der Band ein bisschen Publicity zu sichern. Lynn dachte, Veronica sei perfekt für die Band. Sie war größer als Britney, mit lockigem blondem Haar, das Justins ähnelte. »Ich glaube nicht, dass mein Aussehen der Grund dafür ist, dass sie Britney durch mich ersetzten. Ich glaube, sie wollten einfach ein unkompliziertes Mädchen, mit dem alle klarkommen würden. Das war das Wichtigste.« Damals waren Veronica und Justin ein Paar, und sie entwickelte schon ihre tiefe Freundschaft zu Lynn. Veronica fragte Justin, wie sie sich seiner Meinung nach entscheiden solle: »Ich fragte ihn: ›Würde es dir etwas ausmachen?‹ Er sagte darauf: ›Du wärst einfach perfekt.‹ Er ermutigte mich sehr.« Obwohl Veronica und Justin fest zusammen waren, verlief ihre Affäre noch sehr unschuldig. Justin hatte noch keinen Führerschein, also fuhr ein Freund, wenn er Veronica bei ihren Großeltern abholte, und sie gingen dann entweder zu einer Party oder verbrachten einfach den Abend zusammen. Ihre Beziehung wurde erst ernster, als sie zusammen in Orlando waren.

Veronica war sich sehr unschlüssig, was sie tun sollte. Ihre Familie erwartete, dass sie die Highschool beendete und weiterhin die »Mädchensachen« machte, die sie gerne tat, zum Beispiel Cheerleading. Sie wollten nicht, dass sie zu schnell erwachsen wurde. Veronica hatte nie davon geträumt, die nächste Mariah Carey zu werden: »Ich wollte nie die beste Sängerin der Welt werden, aber ich fühlte mich auf der Bühne sehr wohl und fand es toll, vor Leuten aufzutreten. Außerdem hatte ich mein ganzes Leben lang getanzt. Cheerleading ist ein richtig gutes Tanztraining.«

Eines der Mädchen von Innosense war Nikki DeLoach, Justins alte Freundin aus dem *Mickey Mouse Club*, die damals mit JC Chasez ausging. »Nikki hatte großen Einfluss auf meine Entscheidung«, sagt Veronica. »Sie drängte mich richtig dazu, in die Band einzusteigen. Sie sagte immer: ›Na los, Mädchen.‹ Wir verstanden uns richtig gut.« Die anderen Mitglieder der Girlgroup waren Danay Ferrer, Mandy Ashford und Amanda Latona.

Schließlich entschied sich Veronica dafür, ihr Glück bei Innosense zu versuchen, aber sie hatte noch die schwere Aufgabe vor sich, ihre Familie zu überzeugen. »Meine Mom, meine Großmutter und mein Großvater mochten Justin sehr gern. Er war oft bei uns zu Hause. Aber sie wollten, dass ich die Schule beende, und ich antwortete: ›Ihr versteht nicht, um was es hier geht! Wir werden berühmt.‹ Ich hatte noch richtig kindische Träume. Ich war natürlich noch viel zu jung, aber am Ende sagten sie: ›Na gut, dann bis bald‹, und ich machte mich auf nach Orlando. Ich mag Memphis, aber als ich nach Florida kam, fand ich es sofort großartig dort. Ich fühlte mich wie in einer Traumwelt. Ich wollte nie mehr irgendwo leben, wo es keine Palmen gibt.«

Justin hat selbst zugegeben, dass die Beziehungen, die er als Teenager hatte, sehr schnell intim wurden, und bei Veronica war das definitiv der Fall. Er bezeichnet sich selbst als »hoffnungslosen Romantiker«, den es richtig erwischt, wenn er sich verliebt. Sogar Veronicas Großvater Davie Lawrence merkte es: »Er liebte sie. Aber auch Veronica empfand sehr viel für ihn.«

Veronica genoss es sehr, dass Justin sie auf ein Podest stellte. »Ich war sein Mädchen, und er war mir gegenüber immer sehr respektvoll. Ich weiß, dass die meisten Mädchen eher auf die Bad Boys stehen, aber damals war er genau richtig für mich. Er war nicht aufdringlich, und es wurde mir nie zuviel. Ich glaube, dass Justin das Verliebtsein sehr genießt. Ja, ganz bestimmt. Er geht richtig darin auf. Er ist sehr romantisch, das fand ich unheimlich toll.«

Veronica preist Justin auch ein wenig schüchtern als sehr rücksichtsvollen Liebhaber. Für einen so jungen Mann eine außergewöhnliche Qualität. »Ja, ich hatte seitdem auch andere Freunde!«, lacht sie. »Wir waren noch sehr jung, aber Justin war sehr sanft und liebevoll, und er tat sein Möglichstes, damit ich mich wohl fühlte.«

Die romantische Idylle, in der Justin und Veronica lebten, sollte bald durch die alte Geißel aller Beziehungen im Showbusiness zerstört werden: lange Trennungen. Statt jede Nacht den Liebsten in den Armen zu halten, klammert man sich am Ende nur noch am Telefonhörer fest. Justin musste wieder nach Deutschland, denn der nächste Abschnitt seines Weges zum Ruhm lockte, und Veronica zog ins 'N Sync-Haus, wo sie und der Rest von Innosense das harte Training begannen, das auch ihnen einen Platz auf den Brettern, die die Welt bedeuten, sichern sollte. Lynn verpasste ihnen fast das gleiche rigorose Pensum, das sich bereits bei Justin und den Jungs bewährt hatte. Robin Wiley wurde als Gesangslehrerin und für die Arrangements engagiert, und Brenda Crenshaw übernahm Veronicas Ausbildung. Diane Bass half ihr dabei. Bald konnte Lynn ihre Zügel als Aufsichtsperson ein bisschen lockerer lassen.

Ungefähr zu dieser Zeit überredete Lynn ihre gute Freundin Renée Earnest, für sie zu arbeiten und ihre rechte Hand zu werden. Renée besitzt immer noch das wertvolle Talent, das sie schon zu ihrer Zeit als seine Apex-Lehrerin hatte: nämlich Justin zum Lachen zu bringen. »Renée und Justin alberten immer zusammen herum«, sagt Veronica.

In der Zwischenzeit rief Justin Veronica ständig aus Europa an. »Wir telefonierten zwei-, dreimal täglich miteinander«, erinnert sie sich. »Er war sehr lieb, aber wenn er unterwegs war, dann konnte er nicht anrufen. Ich mag Fernbeziehungen überhaupt nicht. Zuerst war es nicht so schlimm, weil wir beide so viel Spaß hatten. Das Problem ist, dass ich immer darüber nachgrübele, was der andere gerade wohl macht, wenn wir nicht zusammen sind. Ich kann einfach nicht glauben, dass mein Partner mir immer treu ist.« Es ist nur ein schwacher Trost für ein Mädchen, deren Freund Tausende von Meilen entfernt ist, dass Justin immer lautstark verkündet, dass er nie fremdgeht, weil ihm das einfach nichts bringt.

Justin war viel zu erschöpft, um über die Stränge zu schlagen. 'N Sync hatte in Europa großen Erfolg, aber in den USA waren sie noch völlig unbekannt. Joey Fatone beschrieb die Situation später in der *Larry King Show:* »Wir stiegen in ein Flugzeug, und Tausende von Mädchen warteten nur darauf, dass wir von Bord gingen. Zu Hause holten uns unsere Eltern vom Flughafen ab.« Die raue Wirklichkeit sorgte dafür, dass die frisch gebackenen Popstars die meiste Zeit in einem Bus verbrachten. Schließlich bekamen sie eine Chance, als Johnny und Lou ein paar Leute aus der Führungsetage von RCA dazu überredeten, sich ein Konzert der Band in Budapest anzusehen. Der A&R-Direktor (Artist & Repertoire, zuständig für die Rekrutierung neuer, viel versprechender Acts) Vince Degiorgio erzählte *Entertainment Weekly*: »Da standen ich, 11 000 Mädchen und die Band. Ich dachte nur, das passiert mir ständig.« Zu diesem Zeitpunkt waren die Jungs von 'N Sync bereits erfahrene, eingespielte Profis, in die eine amerikanische Plattenfirma kaum mehr Geld investieren musste – eine wichtige Überlegung. RCA beschloss, sie unter Vertrag zu nehmen. Endlich!

Justin war verständlicherweise überglücklich, als er wieder nach Orlando kam. Er schnappte sich sofort Veronica und entführte sie auf die Bahamas, wo sie mit Nikki und JC einen idyllischen Urlaub verbrachten. Justin sah mit seinen quietschblond gefärbten Haaren und den zwei goldenen Ohrringen aus wie der Inbegriff des jungen Popstars, aber im Moment konnte er noch unerkannt durch die Straßen schlendern. Veronica erinnert sich: »Justin und ich waren ein Herz und eine Seele. Wir nahmen uns ein Hotelzimmer und fuhren mit dem Boot raus. Ich ließ mir die Haare zu Zöpfchen flechten und wurde richtig braun. Wir hatten unheimlich viel Spaß.«

Auch in Orlando trübte kein Wölkchen den Himmel. Justin und die Jungs nahmen in den Universal-Studios ein neues Video für »I Want You Back« auf und bereiteten sich mit Promotionsarbeit auf die Veröffentlichung ihrer ersten US-Single vor. Das erste europäische Video hatte ein Raumfahrtthema gehabt, die neue Version war viel sportlicher und spielte sich im Freien ab. Aber erst mal feierte Justin seinen siebzehnten Geburtstag damit, dass er sich einen brandneuen, knallroten Mercedes liefern ließ. Justin hat eine Schwäche für Autos, und dieses war das erste von vielen. Veronica meint dazu: »Er fährt sehr schnell, und das mag ich gar nicht. Aber wenigstens steht er auf schöne neue Autos. Ich erinnere mich noch genau an sein erstes Auto. Die Farbe war wirklich scharf, aber er fuhr immer zu schnell. Ich glaube, er steht auf diesen Kick.«

Justin wurde »auf Tour« erwachsen und genoss es sehr, zum ersten Mal richtig Geld zu verdienen. Er brachte Paul eine Uhr mit, die er ihm bei 'N Syncs Tour durch Ostasien gekauft hatte. Außerdem kaufte er Veronica ein besonderes Paar Buffalo-Schuhe, die es in Orlando noch gar nicht gab.

Als die Jungs wieder zurück waren, mussten Veronica und die Mädchen aus dem 'N Sync-Haus ausziehen und fanden ganz in der Nähe ihr eigenes »House of Innosense«. Justin und Veronica wohnten zwar nicht zusammen, aber sie konnten trotzdem viel Zeit miteinander verbringen, wie ein ganz normales Paar. Sie gingen ins Kino, aßen in Restaurants und machten die Stadt unsicher. Sie hatten sogar zusammen Unterricht, wie ein ganz normales Highschool-Pärchen. Genau wie Justin, war auch Veronica in ihrer Band die Jüngste. »Wir fanden es sogar richtig cool, dass wir die Jüngsten waren.« Justin und der Rest von 'N Sync witzelten ständig herum. »Sie sind alle große Komiker«, sagt Veronica. Ihrer Meinung nach imitierte Justin am besten den Rapper Mase, der an Puff Daddys frühen Hits »Mo Money, Mo Problems« und »Feel so Good« mitgearbeitet hatte. Justin konnte auch ziemlich viele Aliens aus *Men in Black* und seine Bandkollegen von 'N Sync nachmachen. Es war eine glückliche, sorgenlose Zeit. Er war bis über beide Ohren verliebt und eine ihrer liebsten Erinnerungen an jene Zeit ist, wie die beiden vor dem 'N Sync-Haus im Regen sangen und tanzten.

'N Syncs erstes Album für den amerikanischen Markt wurde am 24. März 1998 veröffentlicht. Es war ein langer Weg bis in die Plattenläden der USA gewesen. Das Album wurde für den amerikanischen Markt komplett umgestaltet, inklusive neuem Bandlogo. Hier sah man zum erste Mal *NSYNC. Trotz der hohen Erwartungen kam der Erfolg keineswegs über Nacht, wie in Deutschland. Lou erinnert sich, dass sie große Probleme hatten, MTV davon zu überzeugen, das Video zu »I Want You Back« zu spielen, weil dort die Auffassung vorherrschte, dass die Backstreet Boys einfach Dusel gehabt hatten und es überhaupt keinen Markt für eine neue Band wie 'N Sync gebe. »Ich sagte: ›Jetzt hört mir mal genau zu. Ich weiß genau, wann das Geschäft mit den Boygroups vorbei ist. An dem Tag, an dem Gott keine kleinen Mädchen mehr erschafft.‹ Sie lachten alle und gaben zu, dass da was dran war.«

Nach der ersten Euphorie war es für Justin eine Riesenenttäuschung, als ihm klar wurde, dass eine Chance noch lange nicht den großen Durchbruch garantierte. Also konzentrierte die Band ihre

Energien auf Kanada – immerhin kamen sie ihrem Ziel räumlich näher! In Lou Pearlmans Buch heißt es: »Wenn du dein Zielpublikum nicht durch die Vordertür erreichen kannst, probier es durch den Hintereingang.« Wieder einmal hatten die Backstreet Boys Versuchskaninchen für diese Strategie gespielt. Wenn kanadische Radiosender die Platte spielten, während die Band durch das Land tourte, drang der Sound auf jeden Fall über die Grenze. Das führte dann zu telefonischen Hörerwünschen bei amerikanischen Sendern. Wenn man Glück hatte, zahlte sich monatelange harte Arbeit endlich aus, wenn man dann zum »Shootingstar« erklärt wurde.

Den Backstreet Boys ging die ganze Aufmerksamkeit, mit der 'N Sync überschüttet wurde, langsam auf die Nerven, aber was als Nächstes geschah, traf sie wie ein Blitzschlag aus heiterem Himmel. Der Disney-Konzern wollte Backstreet für seinen ersten Ausflug ins Popgeschäft, eine Konzertübertragung, engagieren, aber unverständlicherweise lehnte die Band ab. Sie waren schon fest für das Special eingeplant, als sie Johnny Wright eröffneten, dass sie es nicht machen wollten. Laut Lou Pearlman gab die Band als Grund totale Erschöpfung nach einem anstrengenden Tourmarathon an. Lou und Johnny standen ganz schön dumm da, als sie Disney sagen mussten, dass sie die versprochene Band nicht liefern konnten. Tina Treadwell von Disney war sehr enttäuscht, denn dies hätte Disneys allererstes Konzert-Special werden sollen. Lou und Johnny ergriffen ihre Chance. »Wir sagten, wir hätten da noch eine andere Band, die in Europa ziemlich viel Erfolg hat und sich jetzt in den USA einen Namen machen will«, erinnert sich Lou.

»Sie fragte: ›Welche Band meinst du?‹

›'N Sync.‹

›Sagt mir überhaupt nichts.‹

›Das wird sich bald ändern.‹«

Tina überlegte sich die Alternativen, und da die Zeit immer knapper wurde, schrumpften sie auf genau eine zusammen. Sie entschloss sich, ihr Glück mit 'N Sync zu versuchen. Am 18. Juli 1998 bekam 'N Sync die beste Promotion, die sich eine Band nur wünschen konnte.

Ironischerweise wurde das Konzert in den MGM-Studios aufgezeichnet, wo Justin und JC so lange für den *Mickey Mouse Club* gedreht hatten. Ein noch größerer Zufall war der Platz, den man als »Green Room« gewählt hatte, als Garderobe, wo sich Familie und Freunde versammelten, um ihnen Glück zu wünschen. Lynn und Paul waren da, und auch Randy Timberlake war gekommen. Chuck Yerger traf hier zum ersten und einzigen Mal Justins leiblichen Vater. Justin kam ins Zimmer, hob seinen kleinen Halbbruder Jonathan hoch und drückte ihn an sich. Ihm war gar nicht klar, wo er sich befand, bis Chuck sagte: »Justin, du alter Faulpelz. An die Arbeit!« Er war in seinem alten Klassenzimmer. Justin und JC gingen sofort zu ihren früheren Sitzplätzen und begannen, von alten Zeiten zu sprechen. Wenigstens waren sie dadurch nicht mehr ganz so aufgeregt.

Chuck Yerger sagt: »Ich glaube nicht, dass die bei Disney auch nur die leiseste Ahnung hatten, dass in der Band zwei ehemalige Mouseketeers mitsangen. Als das Konzert ausgestrahlt wurde, waren die Leute bei Disney überhaupt nicht auf den überwältigenden Erfolg vorbereitet, den sie damit erzielten. Die müssen das Konzert im Laufe des nächsten halben Jahres acht- oder zehnmal ausgestrahlt haben. Natürlich erkannten Zehntausende Zuschauer Justin und JC, aber im Konzert selbst betonten sie das überhaupt nicht. Wahrscheinlich konnten die Leute von Disney sich gar nicht vorstellen, dass zwei der süßen Mouseketeers jetzt coole Teenager waren. Mit diesem einen Konzert sicherte sich 'N Sync ein Riesenpublikum in den Vereinigten Staaten.«

Auf eine solche Reaktion war die Band nicht vorbereitet. Chris Kirkpatrick sagte *Entertainment Weekly:* »Selbst nach der Aufzeichnung dachten wir, das sei nur ein kleines Konzert. Ich meinte nur: ›Das war cool. Jetzt müssen wir aber weiter an unserer Karriere arbeiten.‹«

Lou Pearlman, der mit seinem geübten Blick die Situation richtig einschätzte, sah Dollarzeichen blinken. Das Debütalbum *'N Sync* stieg auf Platz Nummer neun der Billboard-Charts ein und hielt sich mehrere Monate lang unter den Top Ten. Es verkaufte sich in den Monaten nach der Ausstrahlung des Disney-Specials eine Million Mal. »Die Plattenverkäufe explodierten«, erinnert Lou sich begeistert. »Dieses Fernsehzeug hatte es wirklich gebracht!« Aus dem Album wurden vier Nummer-eins-Hits ausgekoppelt, eine beeindruckende Zahl: »I Want You Back«, »Tearin' Up My Heart«, »(God Must Have Spent) A Little More Time On You« und »Drive Myself Crazy«.

Während die Jungs von 'N Sync auf der Erfolgswelle surften, machte sich ihr weiblicher Gegenpart auf den Weg nach Deutschland, zum ersten Abschnitt des inzwischen gut ausgetretenen Wegs zum Erfolg. Diesmal traf die erzwungene Trennung Justin und Veronica viel härter. »Wir waren in München, und sie begannen ihre Tour durch die Staaten. Britney war der Opening Act bei ihren Konzerten. Ich weiß nicht, was passierte. Ich fühlte mich, als wären wir nicht mehr auf einer Wellenlänge, und ich glaube, ihm ging es genauso. Das ist eine Vertrauenssache. Es lag bestimmt auch an meiner damaligen Unsicherheit.«

Zweifel wurden das Krebsgeschwür in ihrer Beziehung. Beide wussten, dass ihr Partner die Gelegenheit zum Fremdgehen hatte. Veronica nennt es »Kommunikationsstörungen«, jedenfalls waren die Ferngespräche nicht mehr die lustigen, frotzelnden Unterhaltungen von einst. »Justin fragte mich nie: ›Triffst du dich mit jemandem?‹, aber er hatte den Verdacht, dass es vielleicht während seiner Abwesenheit dazu gekommen war. Ich bin mir sicher, er dachte, genau wie ich, dass die Möglichkeit gegeben war.«

Justins zweite Liebesaffäre nahm das gleiche Ende wie seine erste: Sie endete am Telefon. Veronica hinterließ ihm eine Nachricht auf dem Anrufbeantworter, in der sie ihn bat, sie nicht mehr anzurufen. »Ich sprach dann aber doch noch mit ihm, und wir waren uns beide einig, dass wir nicht noch länger herummurksen wollten. Wenn man erst mal fragt: ›Hast du, oder hast du nicht?‹, ist es zu spät. Ich war bereit, die Sache zu beenden, und er war wohl der gleichen Meinung.«

Justins Mutter war immer noch die Managerin von Innosense, deshalb war es wichtig, dass sie sich in gegenseitigem Einvernehmen trennten. Veronica hat immer noch ein sehr herzliches Verhältnis zu Lynn und Paul. Sie versteht sich auch gut mit Justin und betrachtet ihn als Freund. Als sie Ende 1998 aus Deutschland zurückkam, hatte er schon seine medienwirksame Beziehung zu Britney Spears begonnen. Das war für Veronica anfangs unangenehm, aber sie sagt: »Das ging nur ganz kurz so. Als ich erst einmal sah, wie glücklich sie miteinander waren, war es nicht mehr so schlimm. Ich hatte inzwischen auch einen neuen Freund.«

Da Innosense später im Vorprogramm von zwei von Britneys Tourneen auftrat, war es ein Glück, dass sie kein Kriegsbeil begraben musste.

Allerdings versetzte es Veronica einen gehörigen Stich, als Justin, der offensichtlich von Treue besessen ist, behauptete, dass ihn seine ersten drei Freundinnen betrogen hätten. Er sagte dem *Rolling Stone:* »Sie haben alle das Gleiche gemacht. Drei Treffer. Ich bin draußen.« Danielle Ditto gibt einen Kuss zu. Veronica Finn sagt, die Anschuldigungen seien völlig aus der Luft gegriffen. »Wir hätten beide die Gelegenheit gehabt, uns mit anderen Leuten zu treffen. Aber ich hab sie nicht genutzt, und bis heute weiß ich nicht ... er sagt jedenfalls, dass er sie nicht genutzt hat.«

## *»Justin kann sehr dramatisch werden.«*

# 10

# No Strings

*Als Justin zum ersten Mal im Pyramid in Memphis auftrat, gab er vor seinen Freunden an. Sie unterhielten sich im Bus und waren von kreischenden Mädchen umzingelt. »Passt mal auf«, sagte er. Er drehte sich um, hielt sich den Zeigefinger an die Lippen und machte »Pssssst!« Die Menge verstummte und wartete darauf, dass er etwas sagte. Er drehte sich einfach zu seinen Freunden um und redete weiter mit ihnen. Das Gekreische begann sofort wieder.*

Gerade sah es so aus, als hätte Justin seine Schäfchen endlich im Trockenen, da kam schon der nächste Regenguss, das 'N Sync-Weihnachtsalbum *Home for Christmas*. Das Jahr 1998 war einfach glänzend gelaufen. Die Band hatte ihren Status in den USA gefestigt und trat bei Janet Jacksons *Velvet Rope*-Tour als Vorband auf. Die Tour führte sie zum ersten Mal nach Memphis und verschaffte Justin die Gelegenheit, seiner Familie und seinen Freunden zu zeigen, wie weit er gekommen war. Das Highlight war eine A-cappella-Version des Songs »Overjoyed« von Stevie Wonder, die 'N Sync mit Janet sang. Irgendwie hatten sie es im September noch geschafft, in die Trans-Continental-Studios in Orlando zu eilen und blitzschnell ein neues Album aufzunehmen. Das Ergebnis war ein Weihnachtsalbum, das schwer danach roch, als wolle man in der weihnachtlichen Haupteinkaufszeit noch ein paar schnelle Dollar zusätzlich scheffeln. Sie sangen sehr schön, aber was, um Himmels willen, sollte das Ganze? Vielleicht kann es sich ein Cliff Richard nach einer Trillion Jahren im Showgeschäft erlauben, »The First Noël« auf ein Album zu werfen, aber eine frisch entdeckte Boygroup im Teenageralter?

Justin bekam die Gelegenheit, »O Holy Night« zu singen, ein Song, der ihm schon viele Triumphe beschert hatte. Wichtiger war aber, dass er als erstes Gruppenmitglied im Booklet abgebildet war – mit Zahnpastalächeln und blonder Igelfrisur. Auf dem ersten Album hatten die Timberlake-Beißerchen noch ein Schattendasein geführt, aber hier drängten sich mindestens zwanzig von ihnen ins Rampenlicht. Bob Fischetti, Vice-President von Trans Continental, ist immer noch hingerissen: »Was mir an diesem Jungen am meisten auffällt, ist sein Million-Dollar-Lächeln. Es konnte unschuldig oder breit grinsend sein, was auch immer die Kids gerade wollten, aber es strahlte immer ein freches Selbstvertrauen aus, das ausdrückte, wer er war. Das war nicht eingebildet, sondern hundertprozentig großartig. Es verlieh ihm eine Aura. Ich traf ihn oft, wenn wir eine Party gaben, und ich sagte immer zu ihm: ›Du hast ein Million-Dollar-Lächeln. Damit wirst du es noch weit bringen.‹«

Justin wurde unauffällig an die Spitze von 'N Sync bugsiert. Als sie das ungeheuer wichtige Disney-Special drehten, war es ganz offensichtlich, dass Justin und JC, dank ihrer Erfahrungen aus dem *Mickey Mouse Club*, am besten wussten, wie sie die Kameras nutzen konnten. Chuck Yerger, der sie schon Jahre vorher beim *MMC* beobachtet hatte, sah das sofort: »Justin und JC wussten, wie man mit den Kameras spielt. Sie hatten sich so oft auf Band gesehen, dass sie instinktiv wussten, welche Bewegungen vor der Kamera gut aussahen. Wenn man beobachtete, wie sich die Band entwickelte, wurde es ganz deutlich, dass Justin und JC ins Zentrum des Geschehens rückten.«

Es stand aber nie in Frage, dass 'N Sync eigentlich Justin Timberlakes Band war. Die Jungs waren alle gleichberechtigt, aber Justin hatte einfach noch eine Prise mehr Starqualitäten. Stimmlich teilte sich Justin das Rampenlicht mit JC, und Veronica gesteht, dass selbst sie die beiden Stimmen nicht immer auseinander halten konnte. »Sie klangen oft sehr ähnlich, besonders bei den Konzerten. Aber die Jungs haben alle großartige Stimmen, auf ganz unterschiedliche Weise. Mir gefiel natürlich Justins Stimme am besten, weil er mein Freund war!«

*Home for Christmas* ist nicht gerade ein Höhepunkt im Lebenslauf des »Coolsten Mannes des Pop«, aber das wird durch andere Leistungen wieder ausgeglichen. Die Band gewann in der Kategorie Best Dance Clip und Best New Artist für »I Want You Back« bei den Billboard Video Music Awards. In Orlando begannen sie auch ihre erste Tournee durch die USA, bei der sie die Hauptattraktion waren und Britney Spears für sie eröffnete. Dies war der Anfang eines kolossalen Tourneeprogramms, das 'N Sync als Tourband noch erfolgreicher machte, als sie es als Studioband bereits waren. *Home for Christmas* war das einzige neue 'N Sync-Album, das die Fans bis März 2000 erstehen konnten. Es stieg bis auf Platz Nummer neun und verkaufte sich in der ersten Dezemberwoche 1998 153 000-mal. Es war zweifelsohne ein kommerzieller Erfolg und brachte eine Menge Geld ein. Das einzige Problem für Justin und die Jungs war, dass es Lou Pearlman wesentlich mehr Geld einbrachte als ihnen.

Ein schöner saftiger Prozess mit einer ordentlichen Schlammschlacht ist praktisch unverzichtbar für einen Spitzenmusiker mit ein wenig Selbstachtung. Anwälte verdienen sehr gut an den undurchsichtigen, verminten Verträgen im Popgeschäft. Das ist wahrlich nichts Neues. Die Rolling Stones zogen jahrelang gegen ihren ehemaligen Manager Allen Klein vor Gericht. George Michael überwarf sich mit Sony, worüber in allen Zeitungen berichtet wurde. Robbie Williams legte sich mit drei Managern und einer Plattenfirma an, bevor er sich an eine ernsthafte Solokarriere wagte. Bei 'N Sync, die von einem millionenschweren Unternehmer gemanagt wurden, konnte man sich an fünf Fingern abzählen, dass es zu einem Prozess kommen würde. Eine pragmatische Einstellung zu gerichtlichen Schritten muss man sich allerdings erst erarbeiten. Für Justin, der schließlich noch ein Teenager war, waren mit einem Schlag alle seine Träume gefährdet, besonders, als Zahlen in der Größenordnung von 150 Millionen Dollar zur Debatte standen.

Der Kampf gegen Lou Pearlman und BMG machte Justin völlig fertig. Er sagte der Zeitschrift *Face*, als die ganze Sache vorbei war: »Es war schrecklich, der schlimmste Tiefpunkt meines Lebens. Ich dachte zum ersten und einzigen Mal ehrlich: ›Ich will das nicht mehr machen.‹ Ich dachte, unsere Karriere sei gelaufen.« Bei dem Streit ging es natürlich um Geld, obwohl es beruhigender wäre anzunehmen, 'N Sync habe nach *Home for Christmas* um künstlerische Integrität gekämpft. Lou Pearlman hatte die Finanzen von 'N Sync eisern im Griff. Durch den Erfolg des Albums *'N Sync* ermutigt, das sich bis dato erstaunliche sieben Millionen Mal verkauft hatte, wollten die Jungs und ihre Mütter ein größeres Stück vom Kuchen, aber sie konnten sich mit Lou nicht auf neue Vertragsbedingungen einigen.

Die Band gab an, dass Lou Pearlman und Trans Continental Records ihren Vertrag mit 'N Sync nicht erfüllt hatten, als sie sie bei einem amerikanischen Label unterbrachten. Das bedeutete für sie, dass sie frei waren und nicht länger bei RCA unter Vertrag standen. Außergewöhnlich dreist verkündeten sie im Sommer 1999, dass sie bei Jive Records unterschrieben hatten, der Heimat der Backstreet Boys und Britney Spears'. Der Boss von Jive war Clive Calder, ein ursprünglich aus Südafrika stammender Plattenmogul. Der ehemalige Bassist hatte früher als Talentsucher bei EMI gearbeitet. Calder hatte einen besonders scharfen Blick für Talente und war im Jahre 2004 geschätzte 2,3 Milliarden Dollar wert. Damit war er der reichste Mann im gesamten Musikgeschäft. Justin schätzt ihn über alle Maßen.

'N Sync hatten ihr nächstes Album schon fertig, es sollte im November veröffentlicht werden. Die Backstreet Boys waren, Gerüchten zufolge, alles andere als glücklich über die Nachricht. Sie wurden schon wieder vom Gespenst 'N Sync verfolgt und versuchten, sich von Jive zu lösen. Sie hatten sich im vorigen Jahr von Johnny Wright getrennt, angeblich weil er sich zu intensiv ihren Rivalen widmete. Ein Prozess – nur der erste von vielen – zwischen Lou Pearlman und den Backstreet Boys war durch eine außergerichtliche Einigung beendet worden. Das blitzsaubere Boygroup-Geschäft wurde langsam schmutzig.

Es war vorhersehbar wie BMG, der Konzern, dem RCA angehörte, und Lou Pearlman auf 'N Syncs Treuebruch reagierten: Sie reichten eine dicke, fette Klage ein. Als die Zeitungen Wind von der Sache bekamen, konzentrierten sie sich auf Lou Pearlman, denn er war persönlich angreifbar. Er wurde als Sklaventreiber des Popgeschäfts dargestellt, als skrupelloser Geselle, der eine Art Sweatshop betrieb und durch Kinderarbeit reich geworden war. Das gab der Story natürlich Biss, aber dadurch wurde die Tatsache verschleiert, dass es hier ums ganz große Geschäft ging. Ein so mächtiger Konzern wie BMG würde 'N Sync wohl kaum auf die Schulter klopfen, ihnen Glück wünschen, und sie dann zur Konkurrenz ziehen lassen. Es ging um Millionen und Abermillionen Dollar an Tantiemen und zukünftigen Einnahmen von Justin und der Band.

Die Klage, die Lou Pearlman und BMG im Oktober 1999 im Superior Court in New York einreichten, zielte darauf ab, Justin, Joey, Lance, Chris und JC zu verbieten, weiterhin unter dem Namen 'N Sync aufzutreten oder Platten aufzunehmen. BMG verlangte auch die Aufnahmen für das neue 'N Sync-Album, damit sie es auf RCA veröffentlichen konnten. Lous Anwälte gossen Öl ins Feuer der Kontroverse. Michael Friedman sagte der *Daily Variety:* »Es ist doch absurd anzunehmen, dass die Mitglieder von 'N Sync jetzt, da sie reich und berühmt gemacht wurden, Mr. Pearlman einfach den Rücken zukehren [...] und woanders hingehen können.« Der gerichtliche Berater J. Cheney Mason wurde noch deutlicher: »Wir werden den Laden dicht machen«, tönte er. »Wir glauben, dass es keine Tourneen mehr geben wird, keine Konzerte, keine Proben und keine Aufnahmen.«

Das war ganz schön harter Tobak, auch wenn die Drohungen größtenteils nur heiße Luft waren. Nicht mehr als 'N Sync auftreten zu dürfen, war viel beängstigender als der finanzielle Aspekt des Verfahrens, obwohl auch da riesige Summen auf dem Spiel standen. BMG und Lou Pearlman klagten auf 100 Millionen Dollar Schadenersatz und 50 Millionen Dollar Strafe. Es stand viel auf dem Spiel. Das erste Album hatte sich 80 Wochen in den Billboard-Charts gehalten, und mit großer Wahrscheinlichkeit würde das nächste Album zu den lukrativsten Veröffentlichungen des Jahres gehören.

Justin reagierte und lieferte den Medien ein Statement, in dem er verkündete, dass der Prozess 'N Sync nichts anhaben konnte, »solange ich und meine vier Freunde zusammenhalten«. Er sagte dem *Toronto Star*, dass er zwar das Musikmachen liebe, aber das Musikgeschäft hasste. »Es ist ein dreckiges Geschäft, und viele Leute lügen dir geradewegs ins Gesicht«, erklärte er.

Die Situation wurde durch zwei weitere Faktoren zusätzlich kompliziert. 'N Sync steckte mitten in einer völlig separaten Neuverhandlung von BMGs Vertriebsvertrag mit Jives Muttergesellschaft Zomba, bei der es um Summen in der Größenordnung von einer Milliarde Dollar ging. Außerdem trennte sich Johnny Wright von Lou Pearlman und schlug sich auf die Seite von 'N Sync. Er war inzwischen mit Justin und den Jungs dick befreundet.

Jetzt wurde es Zeit, den trockenen Papierkrieg auf einen persönlichen Level anzuheben. 'N Sync reichte eine Gegenklage auf 25 Millionen Dollar ein, die sich direkt gegen Lou Pearlman und Trans Continental richtete. In den Akten der Verteidigung fanden sich Aussagen von Johnny Wright – der keinen Zweifel daran ließ, auf welcher Seite er jetzt stand –, Diane Bass und Lynn Harless. Das vollmundigste Statement gab aber JC Chasez von sich, und die Presse stürzte sich natürlich sofort darauf. Er bezeichnete Pearlman als »skrupellosen, gierigen Geschäftsmann, der uns ›seine Familie‹ nannte. Er umarmte uns mit der einen Hand und zog uns mit der anderen das Geld aus der Tasche. Er setzte unsere Zukunft aufs Spiel und gefährdete sogar unsere Gesundheit.«

Die Sprache war vielleicht ein wenig blumig, aber JCs Aussage warf die schwierige Frage auf, wer denn jetzt eigentlich wie viel zum Erfolg von 'N Sync beigetragen hatte. Wie wichtig war Lou Pearlman für die Entwicklung von 'N Sync? Die Antwort liegt wahrscheinlich irgendwo in der Mitte: Weniger wichtig, als er behauptete, und wichtiger, als die Band glaubte. 'N Sync bestand darauf, dass Lynn weit größeren Anteil an der Erschaffung von 'N Sync hatte, als Lou. Wenn man einen millionenschweren Konzernboss »skrupellos« und »gierig« nennt, dann drängt sich die Antwort »Na und?« geradezu auf. Das ist mehr ein Kompliment als eine Beleidigung. Als alles vorbei war, war es viel wichtiger, dass Johnny

Wright immer noch als Manager bei ihnen war. Die Tatsache, dass er später auch Justins Solokarriere managte, zeigt, wie viel Respekt er bei den Jungs genießt. Johnny ist mit Leib und Seele Manager, während Lou Pearlman einer Firma vorsteht, die viele Projekte am Laufen hat, die er im Auge behalten muss. Als die Streitigkeiten vor Gericht losgingen, brauchten die Jungs von 'N Sync schon lange keinen mehr, der ihre Rechnungen bezahlte.

An Weihnachten wurde das Verfahren beigelegt. Den Gerichtshof beeindruckte das Gezeter der Parteien überhaupt nicht, und sie wurden zu »Verhandlungsgesprächen« geschickt. Man machte ihnen sehr deutlich klar, dass sie sich doch bitte außergerichtlich einigen sollten. Richterin Anne Conway hörte sich siebzig Minuten lang die Argumente beider Seiten an, dann entschied sie sich gegen eine Verfügung, die Veröffentlichung des neuen 'N Sync-Albums zu unterbinden. Eine interessante Frage blieb allerdings auch nach der Gerichtsverhandlung unbeantwortet: Wie viel Geld hatte Lou Pearlman denn nun an 'N Sync verdient? Es war ein ersehntes Weihnachtsgeschenk für Justin, dass der Streit endlich beigelegt war. Aber leider darf niemand Details ausplaudern.

Wer hatte jetzt gewonnen? Lou Pearlman erhält immer noch Tantiemen von 'N Syncs Alben und Singles, aber er hat keine persönliche Verbindung mehr zu der Band. Er vermittelt den Eindruck, als erschaffe er am liebsten etwas aus dem Nichts. Das gibt ihm Befriedigung. Er liebt das. Wären Frauen seine Leidenschaft, dann würde er nur die Jagd auf sie genießen. Er gibt an, dass er zu Justin, Lynn und Paul immer noch ein herzliches Verhältnis hat. »Damals ging es nur darum, einen Vertrag neu auszuhandeln. Es ging nie darum, jemanden zu verklagen oder zu verletzen oder einen jahrelangen Prozess zu führen. Wir wollten nur, dass alles seine Richtigkeit hat, und jetzt liegt das Ganze hinter uns. Alle Probleme sind geklärt, und ich verdiene immer noch Geld an 'N Sync. ... Ich lege mein Geld impulsiv an, und deshalb habe ich vielleicht ein paar Millionen Dollar verloren. ... Ich habe Justin vor kurzem in Roy's Restaurant in Orlando getroffen, und wir unterhalten uns natürlich und fragen, wie es so geht.«

Das Ergebnis der Gerichtsverhandlungen war ein enormer Erfolg für Justin und sehr wichtig für seine weitere Karriere. Das gewaltige Vermögen, das er jetzt besitzt, ist ein direktes Ergebnis des besseren Vertrages, den 'N Sync damals ausgehandelt hat. Aber seien wir mal ehrlich, es hatte ja niemand diese fünf jungen, ehrgeizigen Männer dazu gezwungen, einen ruinösen Vertrag zu unterschreiben. Sie kamen dabei natürlich furchtbar schlecht weg, aber sie wollten unbedingt Erfolg haben. Jeder aufstrebende junge Nachwuchssänger hätte sich freiwillig den Arm abgehackt, um einen Deal, irgendeinen Deal zu bekommen. Aber irgendwann kommt eben der Zeitpunkt, an dem der ursprüngliche Vertrag nicht mehr den Interessen des Künstlers entspricht. Justin erklärte das: »Er (Lou) versprach uns finanzielle Unterstützung, das war natürlich genial. Aber wir waren diejenigen, die bis nachts um drei zusammen übten, sangen, abhingen und die Dinge taten, die Freunde so tun. Das Geld, das Lou investiert hatte, bekam er in den ersten sechs Monaten unseres Erfolges mit der ersten Platte wieder zurück. Seitdem hatten wir noch ein paar Platten gemacht, aber an unserer Situation hatte sich nichts geändert.«

Als die Zukunft von 'N Sync gesichert war, konnte sich Justin darum kümmern, dass das Album, das für so viel Unruhe gesorgt hatte, den Erwartungen auch gerecht wurde. Trotz aller Probleme der vorigen paar Monate hatten die Jungs nie aufgehört zu arbeiten. Sie erfüllten rund hundert Auftrittsverpflichtungen während des gesamten Jahres und setzten 44 Millionen Dollar um. Es entsprach nicht ganz der Wahrheit, dass das neue Album aufgrund der Gerichtsverhandlungen zurückgehalten wurde. Es war einfach noch nicht fertig. Justins immer größer werdender Perfektionismus verzögerte die Produktion. Lance Bass beschreibt das so: »Bei ihm muss alles ganz perfekt sein. Er ist unheimlich pingelig.«

Schließlich war sogar Justin zufrieden, und *No Strings Attached*, das lang erwartete dritte Album von 'N Sync, war bereit zur Veröffentlichung. Die Medien stürzten sich sofort auf den Titel und bezeichneten ihn als indiskrete Anspielung auf den erfolgreichen Abschluss der Verhandlungen. In Wirklichkeit war »No Strings Attached« ein Track auf dem Album, an dem JC mitkomponiert hatte. Es ging um einen Jungen, der sein Herz einem Mädchen schenkt, ohne sie dadurch an sich zu binden. Trotzdem passte der Titel sehr gut.

An dem Bild, das 'N Sync damals in der Öffentlichkeit abgab, ist besonders interessant, wie erwachsen und etabliert sie geworden waren. Sie hatten erst ein Album veröffentlicht – und *Home for Christmas* –, aber sie galten bereits als richtige Superstars. In den aufregenden Wochen vor der Veröffentlichung von *No Strings Attached* wurden sie für drei Grammys nominiert, übergaben Sting den Grammy in der Kategorie Best Male Pop Vocal Performance, sie spielten in zwei Sketchen bei *Saturday Night Live* mit und schafften es auf das Cover des *Rolling Stone*. Dem Album *'N Sync* wurde nach zehn Millionen verkauften Exemplaren die diamantene Schallplatte verliehen.

Auch Justins persönliches Profil wurde im Laufe der Zeit immer interessanter. Er war der liebste Interviewpartner in der Band, nicht zuletzt wegen seiner medienwirksamen Liaison mit Britney Spears. Sein Status im Verhältnis zu den anderen Bandmitgliedern wurde auf ganz banale Weise offensichtlich, nachdem 'N Sync bei Rosie O'Donnell zu Gast gewesen war. Nach der Show wurden die Sessel, auf denen sie gesessen hatten, für einen wohltätigen Zweck bei eBay versteigert. Es wurden folgende Preise erzielt: Justin, 3100 Dollar; JC, 2250 Dollar; Lance, 1775 Dollar; Joey, 1325 Dollar; Chris, 1175 Dollar. Der Eindruck, dass Justin jetzt der »Anführer« von 'N Sync war, wurde noch verstärkt, als er von der Zeitschrift *People* zum schönsten Menschen der Welt gewählt wurde. Zu diesem Zeitpunkt hatte er sich von seinem blondierten Beachboy-Look verabschiedet und sein Haar hatte eine natürlichere braune Farbe. Aber es war immer noch sehr lockig.

All diese Aufregung wäre im Sande verlaufen, wenn *No Strings Attached* dem Hype und den ungeheuren Erwartungen nicht gerecht geworden wäre. Am 31. März 2000 wurde das Album endlich veröffentlicht. Die erste Single-Auskopplung, »Bye Bye Bye«, war schon auf Nummer eins gelandet. Die Tickets für die begleitende US-Tournee mit 52 Konzerten kamen in die Läden, und die Nachfrage brach alle Verkaufsrekorde für einen einzigen Tag. Es

Justin präsentiert die Marionette, die ihn darstellen soll.
Sie gehört zum Merchandising für *No Strings Attached*.
Die Frisur ist perfekt getroffen!

Eines der spektakulären 'N Sync-Konzerte.

In Oakland, Kalifornien, im Juli 2001 bei der PopOdyssey-Tour.

'N Sync, die Untoten, auf der Celebrity-Tour im März 2002.

'N Sync mit ihrem »Lehrer« Chuck Yerger und dessen Tochter Stephanie.

Justins beste Freunde bei 'N Sync waren sein ehemaliger Mouseketeer-Kollege JC Chasez (M.) und Chris Kirkpatrick (l.), der seinen schrägen Sinn für Humor teilte.

Manager Johnny Wright ist für den Erfolg von 'N Sync und für die Solokarriere von Justin verantwortlich.

Innosense war das weibliche Gegenstück zu 'N Sync. Justins Freundin Veronica Finn ist die zweite von rechts.

Justin und Britney Spears sorgen für Unterhaltung beim Super Bowl von 2001. Sie traten schon seit dem *Mickey Mouse Club* zusammen auf, also seit ihrem 12. Lebensjahr.

Die beiden offenbaren ihre Kosenamen bei einem Basketballspiel 2001.

Cowboy und Cowgirl: Britney und Justin bei den American Music Awards 2001.

Britney Spears bricht zusammen, als sie bei einem Fernsehinterview im November 2003 über Justin spricht.

Nelly gehörte im Juli 2002 zu den Gästen des vierten, jährlich stattfindenden *'N Sync Challenge for the Children*-Basketballspiels in Orlando.

Justin liebt Golf fast genauso wie Basketball: Beim *Bob Hope Pro-Celebrity*-Turnier im Januar 2002 beweist er hundertprozentige Konzentration – und perfekte Technik.

Der »coolste Mann des Pop« im Oktober 2003 in den TRL-Studios von MTV in New York.

Pharrell Williams von den Neptunes zeigt Justin die Star-Trek-Gebärdensprache.

Justin und der Sänger Brian McKnight.

Justins Hommage an Michael Jackson bei den MTV Video Music Awards 2002 wurde nicht von allen begeistert aufgenommen.

wurden fast eine Million Tickets verkauft, die Einnahmen beliefen sich auf mehr als 40 Millionen Dollar.

Nach einer Woche war allen klar geworden, dass sie sich um *No Strings Attached* keine Sorgen hätten machen müssen. Die Platte verkaufte sich 2,4 Millionen Mal, mehr als das Doppelte des bisherigen Rekordhalters *Millennium* von den Backstreet Boys. Arme alte Backstreet Boys. Es gab kein Entkommen. *No Strings Attached* hielt sich acht Wochen lang auf Platz eins der Billboard-Albumcharts und sollte sich schließlich mehr als 11 Millionen Mal verkaufen.

Diese Zahlen sind kaum fassbar. In nur zwei Jahren hatte sich 'N Sync von einem Haufen Nobodys, die in Europa herumhampelten und versuchten, einen Plattenvertrag zu ergattern, zur größten Teenie-Band der Welt entwickelt. In England ahnte das kein Mensch. Die Konkurrenz war viel zu groß. 'N Sync waren lange nicht so beliebt wie die Backstreet Boys und spielten nicht mal annähernd in der gleichen Liga wie Westlife. 'N Sync steckten in der gleichen Situation wie Robbie Williams: Riesenstars in ihrem jeweiligen Heimatland, aber auf der anderen Seite des Atlantiks völlig uninteressant.

Justin war sehr stolz auf *No Strings Attached.* Es zeigte, wie er heranreifte und seinen musikalischen Horizont erweiterte.

Damals war sein Enthusiasmus ansteckend, aber das Album war wahrscheinlich nicht ganz das »Meisterwerk«, als das er es sah. Es würde ein bisschen Zeit brauchen, bis 'N Sync den Europop der Anfangstage hinter sich gelassen hatte, und das neue Album war ein Schritt in die richtige Richtung. Kritiker schrieben sogar, dass die Jungs von 'N Sync als ernsthafte Künstler »wiedergeboren« wurden. Vielleicht war es schade, dass ausgerechnet »Bye Bye Bye« das Aushängeschild der Platte war, denn der Song war wieder eine Cheiron-Produktion, genau wie ihre ersten Singles. Das Lied war unglaublich populär und hatte fast hymnische Qualitäten, aber es klang auch seltsam synthetisch. Zumindest bot der Text eine erfrischende Abwechslung zu dem Liebesgesäusel, das man normalerweise bei Boygroups zu hören bekommt: Hier wurde ein Mädchen rausgeworfen, weil es einen Jungen zum Narren gehalten hatte. *No Strings Attached* wollte zu viel auf einmal. »Wir haben einen sehr komplexen Sound«, erklärte Justin. »Wir können uns in viele verschiedene Richtungen bewegen, und die wollten wir, so gut es ging, in diesem Album unterbringen. Deswegen heißt es auch *No Strings Attached*. Uns hält nichts zurück, und das wollen wir der Welt auch zeigen.«

Der unvergleichliche Moby kommentierte die Platte in *Spin*: »In dieser Platte steckt so viel Arbeit, dass man sie beinahe mögen muss [...] es kommt auf das Handwerk an, wie bei einem sehr gut gemachten Schrank. Du willst dir den Schrank vielleicht nicht kaufen, aber du kannst beeindruckt davon sein, wie gut die Türen aufgehen.«

Das Produktionsteam war mit verantwortlich für diesen hochprofessionellen, geschmeidigen Gesamteindruck. Diane Warren, die Schöpferin solcher Mega-Balladen wie »How Do I Live« und »Unbreak My Heart«, steuerte »That's When I'll Stop Loving You« bei, mit der Justin damit begann, den Sound zu kultivieren, der ihn später in seiner Solokarriere auszeichnete. Richard Marx, der in den USA einen Hit nach dem anderen landet, produzierte und arrangierte »This I Promise You«, eine weitere Streicherballade, die Justins gefühlvolle Stimme herausstellte. Es gibt sogar einen Gastauftritt der viel zu früh verstorbenen Lisa »Left-Eye« Lopes, die bei dem Track »Space Cowboy« mitwirkte. Lopes war ein Mitglied der ungeheuer erfolg- und einflussreichen Frauenband TLC gewesen. Nur die Supremes hatten mehr Nummer-eins-Hits erzielt. Im April 2002 wurde sie im Alter von dreißig Jahren bei einem Frontalzusammenstoß in Honduras getötet.

JC Chasez schrieb an vier Songs auf dem Album mit, Justin nur an einem, und zwar an »I'll Be Good For You«. Aber er war sehr aktiv beim Abmischen mit dabei und daher mit verantwortlich für den neuen Sound von 'N Sync.

Eine Widmung auf *No Strings Attached* zeigt ganz diskret, wie sich Justin und die Jungs fühlten, als das Album erschien: »*NSYNC möchte den folgenden Menschen und Firmen für ihre Liebe und Unterstützung danken: Richterin Anne Conway ...«

### *»Es war eine große Herausforderung.«*

# 11

# The Graduate – die Reifeprüfung

*Nachdem Chuck Yerger Justin auf der Bühne an sich gedrückt hatte, wunderte er sich sehr darüber, dass ihn eine ganze Prozession junger Mädchen umarmen wollte. Er fragte eine nach dem Grund. »Sie haben Justins Schweiß an sich«, antwortete sie.*

Lynn Harless wollte immer, dass ihr Sohn seinen Highschool-Abschluss machte. Justin war ein begabter, intelligenter Schüler, der auch im akademischen Bereich hätte Karriere machen können. Der *Mickey Mouse Club* und 'N Sync waren nicht gerade auf dem Niveau von Astrophysik, also achtete Lynn darauf, dass er in seiner gesamten Laufbahn als frisch gebackener Star auch brav seine Aufsätze schrieb. Genauer gesagt, sie achtete darauf, dass Chuck oder Brenda ihn dazu brachten, seine Hausaufgaben zu machen. »Er verabscheute Aufsätze«, erinnert sich Chuck. »Wenn er dann endlich angefangen hatte, ging es eigentlich. Er nahm Schreibmaschinenunterricht, damit er sie in eine Tastatur hämmern konnte. Justin mochte es viel lieber, wenn wir zu zweit diskutierten. Wenn wir Geschichts- oder Englischunterricht hatten, versuchte ich, eine Verbindung zu seinem eigenen Leben herzustellen. Es war sehr hilfreich, dass ich so viel über ihn wusste. Ich hauchte dem manchmal trockenen oder langweiligen Unterrichtsstoff Leben ein, indem ich ihn auf ein aktuelles oder vergangnes Ereignis in seinem Leben bezog.« Justin wuchs während der goldenen Jahre mit 'N Sync sehr schnell heran. Er entwickelte sich zu einem weltläufigen jungen Mann, der täglich mit Menschen zu tun hatte, die viel älter waren als er. Chuck Yerger merkte, wie er die rosarote Brille verlor, durch die er das Showgeschäft betrachtet hatte, als er damals bei *MMC* eingestiegen war: »Justin sprach auf einmal viel abgeklärter über die Entertainmentbranche.«

Justins Leben »on the Road« verlängerte seine Schulzeit ungefähr um ein Jahr. Er beendete den Fernunterricht bei der University of Nebraska im September 1999, und sein Diplom kam einen Monat später mit der Post. Lynn beschloss, ihm das noch nicht zu sagen. Sie plante bereits eine spezielle Feier zu seinem Abschluss. In den Vereinigen Staaten ist der Highschool-Abschluss ein wichtiger Schritt auf dem Weg zum Erwachsenwerden, ein Initiationsritus. An diesem großen Tag können stolze Eltern sich zur Erfüllung ihrer Aufgabe gratulieren.

»Lynn bestand darauf, dass sie Justins Ausbildung an der Highschool zu einem würdigen Ende bringen wollte«, erklärt Chuck. »Sie wollte, dass das Ende seiner Schullaufbahn gefeiert wurde, wie es üblich und normal war. Sie wollte eine Rede, sie wollte, dass er sein Diplom erhielt, sie wollte, dass er die traditionelle Kleidung Kappe und Talar trug.« Lynn hatte sich die Idee mit Justins Abschlussfeier fünf Jahre vorher in den Kopf gesetzt, als sie die spezielle Zeremonie beobachtet hatte, die Chuck für die älteren Kinder im *Mickey Mouse Club* veranstaltete. »Normal« war an Justin Timberlakes Schulabschlussfeier dann allerdings gar nichts.

Lynn beschloss, dass Justin seinen Abschluss auf der Bühne feiern würde, beim Konzert von 'N Sync im Pinnacle, der größten Halle von Memphis. Das Datum war der 12. Mai 2000. Es war ihr sehr wichtig, dass das Ereignis in seiner »Heimatstadt« begangen wurde, und sie übernahm mit ihrer Busenfreundin Renée Earnest die Planung. Eine militärische Operation war nichts dagegen. Zuerst rief Lynn bei Chuck an und sagte in einem Ton, der keinen Widerspruch duldete: »Ich will, dass du das übernimmst. Ich verfrachte dich nach Memphis, dort wirst du ihm sein Diplom überreichen. Ich habe Flugtickets für dich, deine Frau und Brenda.

Das Hotel ist bereits gebucht. Dies ist eine streng geheime Mission. Lass dich nicht von den Jungs erwischen!«

Weder Chuck noch Brenda zögerten lange. Beide bewunderten ihren jungen Schüler zutiefst und freuten sich darauf, bei diesem Ereignis dabei zu sein, selbst, wenn das bedeutete, dass sie vor 20 000 Leuten auf die Bühne gehen mussten. Zufälligerweise hatte Chuck bereits neun Tage vor dem Konzert im Pinnacle im Rampenlicht gestanden. Lance Bass war Gast bei einer Promi-Ausgabe von *Wer wird Millionär*. Chuck war sein Telefonjoker bei der 125 000-Dollar-Frage. Lance wusste den Namen des Flugplatzes nicht, von dem aus Lindbergh in der *Spirit of St. Louis* zu seinem historischen Nonstop-Flug von New York nach Paris aufgebrochen war. Zum Glück für alle Beteiligten wusste Chuck die richtige Antwort, Roosevelt Field. Er wäre bestimmt nicht so scharf darauf gewesen, vor 20 000 Leuten aufzutreten, wenn er die Antwort verbockt hätte.

Am »Graduation Day«, wie der Tag des Abschlusses genannt wird, flogen Chuck, seine Frau Sherry und Brenda von Orlando nach Memphis und checkten in ihrem Hotel ein. Sie mussten sich in eine Abstellkammer flüchten, als Justin und die Jungs mit ihrer Entourage ankamen. Justin hatte einen Teil des Tages in der E. E. Jeter verbracht und dort bekannt gegeben, dass er die Musikerziehung in seiner alten Schule sponsern wolle.

Lynn wollte, dass alles sehr festlich wirkte, deshalb trug Chuck einen Anzug und Brenda ein schönes rotes Kleid. Nachdem sie ihre Plätze auf der rechten Bühnenseite gefunden hatten, kam Renée Earnest zu ihnen und gab ihnen »präzise« Instruktionen: »Wenn dieser Kerl rauskommt und winkt, dann kommt ihr zu uns runter.« Und siehe da, etwa nach der Hälfte des Konzerts – die Jungs waren gerade hinter der Bühne und wechselten ihre Kostüme – winkte man ihnen, zu kommen. Joey, Chris, JC und Lance waren darüber informiert, was im nächsten Abschnitt der Show passieren würde, aber Justin hatte absolut keine Ahnung. Chuck und Brenda hatten sich mit Kappen und Talaren ausstaffiert und versteckten sich hinter einem Stahlgerüst. Dann schickte man sie hinter einen Vorhang in der Mitte der Bühnenaufbauten.

In der Show war es Zeit für eine Verschnaufpause. Die Jungs fläzten sich auf einem großen Sofa, plauderten mit dem Publikum und sangen ein paar der langsamen Stücke von *No Strings Attached*. Justin wusste nicht, dass Lance gleich das Drehbuch ändern würde. »Weißt du noch, wie du nie mit uns rumhängen konntest, weil du deine Hausaufgaben machen musstest?« Justin sah Lance an, als habe dieser den Verstand verloren und sagte: »Was redest du da eigentlich?« Das war das Zeichen für Brenda, auf die Bühne zu kommen. Justin traute seinen Augen nicht. »Das ist meine Lehrerin. Das ist meine wirkliche Lehrerin!«, verkündete er dem Publikum, seine Stimme klang schrill vor Überraschung. Brenda, die ein Mikrofon in der Hand hielt, sagte ihr Sprüchlein auf: »Justin, wir wollten dich schon lange mal in Ruhe erwischen, aber weil du immer so beschäftigt bist, konnten wir dir dein Diplom noch nicht überreichen. Also sind wir heute hier, um das nachzuholen, und ich habe dafür deinen Lieblingslehrer mitgebracht!« Chuck trat auf die Bühne und Joey Fatone reichte ihm ein Mikrofon und sagte: »Bitte geben Sie mir das unbedingt zurück, bevor Sie von der Bühne gehen«, denn es gab nur ein Ersatzmikro, und daran hielt sich Brenda fest.

Justin war überwältigt. Er rannte quer über die Bühne und drückte seinen alten Lehrer fest an sich. Dabei flüsterte er: »Mr. Yerger, es tut mir schrecklich Leid. Ich bin tropfnass und stinke wahrscheinlich fürchterlich.« Chuck musste sich auf die Zunge beißen, um nicht laut loszulachen. »Mir schoss der Gedanke durch den Kopf, dass im Publikum 20 000 Mädchen saßen, die alles dafür gegeben hätten, mit mir den Platz zu tauschen. Nie und nimmer hätten die geglaubt, dass er mir zuflüsterte, er mache sich Sorgen darüber, dass er zu nass und stinkig sei.« Chuck hatte eine Rede dabei, die er auf Lynns Wunsch halten sollte. Sie hatte ihm eingetrichtert, dass sie auf keinen Fall länger als drei Minuten dauern durfte. Ein Helfer reichte Justin eine Kappe und einen Talar in seiner Lieblingsfarbe Himmelblau (er nannte es Carolinablau), und die restlichen Jungs bekamen weiße Kappen, die sie ganz stilecht, wie bei einer echten Abschlussfeier, in die Luft werfen konnten.

Chuck zog die Rede aus seiner Tasche und begann: »Liebe Jungs von 'N Sync, liebes Produktionsteam, verehrte Gäste und Familienmitglieder, und natürlich lieber Justin. Dies ist ein besonderer Abend. Der Abend des Schulabschlusses.

Justin, du hast gelernt, dass es in der Welt rationale Muster gibt. Wir müssen nur genau hinschauen. In einem dieser Muster können wir die Erfahrungen, die uns das Leben schenkt, als eine Reihe von Kreisen betrachten, die sich immer weiter ausdehnen, aber sich an wichtigen Punkten im Leben wieder berühren, obwohl ihre Radien sich fortwährend vergrößern.

Heute Abend bringen wir zwei Kreise wieder an den Punkt, an dem sie andere Kreise berühren.

Zuerst deine Ausbildung. Sie begann in einer staatlichen Schule im großartigen Bundesstaat Tennessee, und in diesem Staat, in dem du herangewachsen bist, endet sie auch.

Zweitens sind JC und Lance heute hier, um dich zu ehren, nachdem du ein Zeuge ihres Schulabschlusses warst.

Justin, es ist unmöglich zu bestimmen, wo ein Kreis beginnt oder endet, also achte immer darauf, wann sich die immer größer werdenden Kreise deines Lebens berühren. Wenn dich Zweifel, Sorgen oder Ängste plagen, werden dich diese Berührungspunkte immer zu dem Wissen, den Fähigkeiten und den Werten zurückführen, die du von deiner Familie, deiner Gemeinde, und in gewisser Weise auch von uns, deinen Lehrern, erfahren hast. Der Punkt, an dem sich diese expandierenden Kreise berühren, wird deine Basis, dein Fundament sein.

An diesem Punkt, an dem deine Lebenskreise die früheren Muster deines Lebens berühren, hoffen wir für dich, für Joey, Chris, JC und Lance, dass die immer größeren zukünftigen Kreise eures Lebens eine denkwürdige Leistung mit einschließen. There are NO STRINGS ATTACHED to your potential – euer Potenzial kennt keine Grenzen.

Danke, und Gott sei mit euch.«

Ob Justin und die 20 000 Fans diese gut gemeinten, wenn auch leicht unheimlichen Gedanken wirklich zu würdigen wussten, sei dahingestellt. Aber das war auch egal. Die Menge jubelte, die Kappen flogen in die Luft, und Justin umarmte Chuck voller Hochachtung noch einmal. Und das war's auch schon: Justin Timberlake hatte mit neunzehn Jahren und drei Monaten die Highschool abgeschlossen.

Chuck und Brenda setzten sich wieder auf ihre Plätze neben Sherry, die alles fotografiert hatte. Chuck lacht: »Jetzt verstanden die Fans wenigstens, was dieser alte Kerl hier zu suchen hatte.« Die Lehrer bekamen auf dem Rückweg zu ihrem Hotel einen faszinierenden Eindruck davon, was es heißt, in der verrückten Welt der Superstars zu leben. Das Hotel lag ganz in der Nähe der Halle. Bei den streng geheimen Vorbereitungen war niemand auf die Idee gekommen, dass sie vielleicht Bodyguards brauchen könnten, um sich durch die Schwadron von Fans zu kämpfen, die nach der Show auf ihre Stars wartete. Ein Mädchen ging zu Chuck und griff in seine Jackentasche. Sie wollte sich die Rede greifen, die Chuck wieder in seine Tasche gesteckt hatte. Sie bot ihm sogar 50 Dollar für das handgeschriebene Zettelchen. »Die Tatsache, dass mir all das nach nur fünf Minuten auf der Bühne passierte, gab mir einen guten Eindruck davon, was Justin die ganze Zeit durchstand. Die Jungs leben wie unter dem Mikroskop. Sogar ich musste Autogramme geben, und ich bin nur der Lehrer.«

Da in unserer zynischen Welt Künstler die Medien gerne manipulieren, dachten viele Leute, die Abschlussfeier sei eine reine Werbeaktion gewesen und habe gar nichts weiter zu bedeuten. Sie wussten nicht, wie wichtig sie Justin und erst recht für Lynn war. Einige Radiosender deuteten an, Justin habe sein Diplom gekauft. Brenda Crenshaw war so empört über einen Sender, der das Ganze als eine Fälschung bezeichnete, dass sie anrief und ihnen live auf Sendung gehörig die Meinung sagte. Sie erzählte ihnen, wie hart Justin für seinen Abschluss gearbeitet hatte. Diejenigen, die an einen Werbegag glaubten, mussten sich allerdings fragen lassen, wozu 'N Sync denn noch mehr Werbung brauchte. Ihre Platte brach alle Verkaufsrekorde der Geschichte, und sie hatten an einem Tag eine Million Konzerttickets verkauft. Um öffentliche Aufmerksamkeit mussten sie sich wahrlich nicht bemühen.

Fans können manchmal unerwartet problematisch werden. Sie gehören zum täglichen Leben von Prominenten. Je größer du bist, desto mehr Schutz brauchst du, und desto vorsichtiger musst du dich verhalten. Ein außergewöhnlicher Zwischenfall, der sich nach dem 'N Sync Konzert in St. Louis am 19. November 2000 abgespielt haben soll, drohte, Justins Image als netter Kerl zu beschädigen. Von wegen Mr. Cool. Hier stellte er sich als Mr. Hitzkopf heraus. Einen Monat nach dem Konzert reichte die Mutter eines fünfzehnjährigen weiblichen Fans Klage gegen Justin ein. Sie behauptete, er habe ihre Tochter im Hotel der Band schikaniert und verbal angegriffen.

Das Mädchen namens Danielle McGuire gab an, dass sie mit einer Gruppe Fans in der Lobby des Chase-Park-Plaza-Hotels stand und darauf hoffte, einen Blick auf die Band zu erhaschen, wenn sie von dem Konzert zurückkamen. Die Jungs blieben stehen, begrüßten die Fans und dankten ihnen. Alle außer Justin, der Herzensbrecher und Star der Gruppe. Er ignorierte die Fans angeblich, weil er es so eilig hatte, nach oben zu kommen. Danielle rief ihm nach: »Ich mag JC sowieso lieber, er ist viel süßer als du!«

Einer der Bodyguards wandte sich angeblich zu Danielle um und fragte, ob sie das gesagt habe. Als sie es zugab, forderte er sie auf, ihm nach oben zu folgen. Er hinderte sie angeblich daran, ihrer Mutter Bescheid zu sagen. Danielle behauptete dann, dass Justin auf sie zustürmte, sie gegen eine Wand drängte und sie mehrere Minuten lang beschimpfte. Ihrer Klageschrift zufolge litt sie nach dem Erlebnis unter anderem unter »Angstzuständen, Schock, schwerem emotionalen Trauma und Stress«.

Der Eindruck, den Danielle in ihrer Klage vermittelt, ist, dass Justin sie anbrüllte wie ein Ausbilder beim Militär einen schlampigen neuen Rekruten anbrüllt. In der Zwischenzeit versuchte ihre besorgte Mutter, nach oben zu gelangen, weil sie wissen wollte, was los war. Sie wurde daran gehindert. Randy Jackson, ein Freund der Familie, verschaffte sich Zutritt und wurde angeblich Zeuge der Szene. Mr. Jackson war kein gewöhnlicher Zeuge. Er war der Nachrichtensprecher des lokalen Senders von NBC, ein bekannter und geachteter Mann in St. Louis – stellt euch Ulrich Wickert als Zeuge eines solchen Ereignisses vor. Als Justin den Journalisten sah, hinkte er angeblich weg und stöhnte, sein Bein schmerze.

In der Klage wurde auch behauptet, dass Sicherheitskräfte gegenüber Danielle »handgreiflich« wurden. Genauer gesagt behauptete die Anklage, dass das Hotel Justin Timberlake, Wright Entertainment und Zeeks Entertainment ('N Syncs Firma) gestattet hatte, »die Sicherheitsmaßnahmen zu übernehmen und die Lobby und die in der Lobby versammelten Bürger zu kontrollieren«. Alle Angeklagten wurden sechsfacher Vergehen bezichtigt, darunter »unrechtmäßiges Festhalten einer Minderjährigen, Misshandlung, Tätlichkeiten und absichtliches Zufügen von schwerem, emotionalen Stress«. Der geforderte Schadenersatz belief sich auf über 25 000 Dollar, das ist für einen amerikanischen Prozess allerdings sehr bescheiden.

Es ging hier aber auch nicht um Geld. Die Klage widersprach allen Grundsätzen, für die 'N Sync und ganz besonders Justin standen. Sein Charakter ist geprägt von Selbstkontrolle, und er geht das Leben eigentlich sehr entspannt an. Er ist auf keinen Fall ein Kandidat für eine Therapie gegen Wutanfälle. Seine Exfreundin Veronica Finn bestätigt das: »Ich habe ihn eigentlich noch nie richtig wütend erlebt. Das Einzige, was ihn auf die Palme bringt, ist sein Hang zum Perfektionismus. Wenn er schlechter abschnitt, als er erwartet hatte, oder dachte, er hätte mehr leisten können, dann machte ihn das fertig. Aber er war nie unhöflich oder grob zu anderen.«

Veronica ist nicht die Einzige, die Justin für einen sehr ausgeglichenen Menschen hält. Das macht die Klage McGuire noch viel überraschender. Eine Quelle, die den Fall gut kennt, sagt dazu: »Damals konnte 'N Sync gar nichts falsch machen. Justin war ein junger Kerl, den man behandelte, als könne er tun und lassen, was er wolle. Er benahm sich einfach unreif.« Wie das so oft geschieht, wenn ein Promi in eine Klage verwickelt wird, wurde der Fall nie vor Gericht verhandelt. Danielles Anwalt John S. Wallace sagte, sie habe sich dazu entschieden, die Klage zurückzuziehen, weil es »persönlich schwierig für sie war, die Sache durchzuziehen. Sie wollte nicht länger in der Öffentlichkeit stehen.« Justin hatte wahrscheinlich unheimliches Glück, denn wenn sie sich dafür entschieden hätte weiterzumachen, hätte das seinem Image schweren Schaden zugefügt.

Mr. Wallach, der seit fünfundzwanzig Jahren als Anwalt praktiziert, glaubt im Nachhinein, dass er den Fall gewonnen hätte. »Der Augenzeuge Mr. Jackson hätte den Ausschlag gegeben, weil er in dieser Stadt einen so hohen Respekt genießt. Er hatte überhaupt keinen Grund, die Geschichte zu erfinden. Wenn sich herausgestellt hätte, dass er log, dann wäre seine Karriere beendet gewesen. Ich glaube unbedingt, dass Danielle mir die Wahrheit erzählt hat. Sie war eines dieser typischen netten fünfzehnjährigen Mädchen aus dem Mittelwesten. Sie war keine Angeberin, die nur auf sich aufmerksam machen wollte.«

Interessanterweise erhielt Mr. Wallace nach Einreichung der Klage viele Anrufe aus dem ganzen Land, die über angebliche Probleme mit den Bodyguards von 'N Sync berichteten. Ein Anruf kam von der Frau eines Anwalts aus New York, die behauptete, sie sei in einem Handgemenge verletzt worden. Ein Beobachter, der die Kerle in Aktion erlebte, beschreibt sie als »Fleischklötze mit Köpfen«.

Die Klage wurde kurz vor 'N Syncs nächstem, planmäßigen Konzert in St. Louis zurückgezogen. Pech für Mr. Wallace, der sich schon darauf gefreut hatte, Justin in die Zange zu nehmen, wenn er wieder in der Stadt war. Er kann weder bestätigen noch verneinen, dass es eine geheime Einigung zwischen den McGuires und 'N Sync gegeben hat, er persönlich hat jedenfalls nicht an irgendwelchen Verhandlungen teilgenommen. Jedoch gab er zu Protokoll, dass Danielle in der Schule eine schlimme Zeit durchmachte. »Die 'N Sync-Fans in ihrer Schule setzten sie mächtig unter Druck. Ein Mädchen wurde, glaube ich, sogar von der Schule gewiesen, weil sie Danielle bedroht hatte.«

Dieser Zwischenfall zählt zu den umstrittensten Episoden in Justins Karriere und wird wohl nie in einer offiziellen Biografie von 'N Sync auftauchen. Justin hat sich vernünftigerweise nie selbst dazu geäußert. Irgendetwas ist Danielle McGuire an jenem Abend zugestoßen, ob er sich nun wie ein verzogenes Gör aufgeführt hat, oder nicht. Es ist eher unwahrscheinlich, dass ihm noch Konsequenzen drohen, obwohl Danielle nach der Rechtslage in Missouri theoretisch noch bis zu ihrem sechsundzwanzigsten Geburtstag Zeit hat, den Fall neu aufzurollen.

Die drohende Gerichtsverhandlung war einer der wenigen Tiefpunkte des Jahres 2000, einem Jahr, in dem Justin und 'N Sync einen Triumph nach dem anderen einfuhren. Die Tour zu *No Strings Attached* eroberte Amerika im Sturm. Die Kritiker waren sich einig, dass sie den Zuschauern eine auf Hochglanz polierte, geschmeidige, professionelle Show boten. Sie brauchten siebenundzwanzig Trucks und zwölf Busse – praktisch eine kleine Armada –, um die Tour durchs Land zu schaukeln.

Die Stimmung war von dem Moment an klar, an dem Justin, Lance, JC, Joey und Chris am 9. Mai in Biloxi das erste Mal auf die Bühne gingen. In der Stadt hatte ein jüngerer Justin einst auf einem Schulausflug einen Hundshai seziert. Sie eröffneten die Show mit dem Titelsong »No Strings Attached«. Als Marionetten verkleidet wurden sie an Kabeln auf die Hauptbühne abgesenkt. Es sah genau aus wie auf dem Albumcover. Viele Kritiker meckern, wenn man eine Boygroup wie 'N Sync als »Band« bezeichnet, weil die Jungs Sänger sind und kein Instrument spielen. Aber bei ihren Liveauftritten sind sie wirklich eine »Band« und stehen mit hervorragenden Musikern auf der Bühne, zum Beispiel dem Keyboarder David Cook, einem Jazzpianisten, den 'N Sync in einer Bar neben ihrem Hotel in Detroit auf der Tour von 1999 entdeckt hatten. Er erklärt ihre professionelle Einstellung: »Vor der Tour probten wir zwei Monate lang und suchten nach den besten Arrangements für jeden Song. Wir veränderten die Songs als Band und ließen die für das Album produzierten Songs wirklich live klingen. Den Rest übernimmt 'N Sync. Das sind eigentlich fünf ganz normale Jungs, die in diese Sache auch bloß hineingeschliddert sind. Es macht ihnen genau so viel Spaß wie uns. Ich drücke ihnen ganz fest die Daumen.«

Die erste Nummer endete mit einem Feuerwerk, bei dem die Show das einzige Mal einen höheren Geräuschpegel erreichte als die kreischenden Fans. (Man warnte die Band, dass das schrille Kreischen ihre Ohren schädigen konnte, deshalb trugen sie Ohrenstöpsel, um das Geschrei der Mädchen auszublenden.) Hier handelte es sich nicht um fünf Jungs, die auf die Bühne kamen, ihr neues Album präsentierten und sich dann in die nächste Bar verzogen. Die Show war bis ins kleinste Detail ausgetüftelt. Ein Schwindel erregender, überwältigender Mix aus Pyrotechnik, ausgefeilter Choreografie und Harmonien. Und dann gab es ja schließlich noch Justins Haare. Die blonden Locken waren inzwischen durch Cornrows, eng am Kopf geflochtene kleine Zöpfe, ersetzt worden. Justins Haare sorgen in Amerika für den gleichen Wirbel wie David Beckhams Haare in England. Sie sangen nur dreizehn Stücke, aber das Publikum bekam für sein Geld trotzdem ordentlich was geboten, denn es spielten fünf Vorbands. Als erstes trat Pink auf, die inzwischen selbst ganze Arenen füllt. Ein Zeichen für den Status, den 'N Sync in Amerika genossen, war, dass sie auf ihren Touren sowohl Britney Spears als auch Pink im Vorprogramm hatten. Pink wurde in einer unvergesslichen Kritik als »One-Hit-Wonder mit bescheuerter Haarfarbe« verrissen.

Der Profit jeder Show belief sich offiziellen Angaben zufolge auf über eine Million Dollar. Schon allein der Fanartikelverkauf brachte astronomische Summen ein, denn T-Shirts kosteten 32 Dollar und 'N Sync-Halsketten waren mit einem Preis von 18 Dollar ein echtes Schnäppchen. Auf einem 'N Sync-Konzert war auch dein Geldbeutel ein gern gesehener Gast. Es gab auch noch Nebeneinnahmen wie die angebliche Million, die die Band dafür erhalten haben soll, dass sie bei der Bar-Mizwa eines zwölfjährigen Mädchens aus Potomac, Maryland, sang. Damals verschafften sich 'N Sync langsam Glaubwürdigkeit und spielten auch in Arenen wie dem Rose Bowl in Pasadena und dem Madison Square Garden in New York, die bisher für Rockgötter wie U2 und die Rolling Stones reserviert gewesen waren. Sogar Keith Richards wurde bei dem Konzert im Madison Square Garden hinter der Bühne gesichtet. Ein weiterer Beweis dafür, dass sie es wirklich geschafft hatten, war, dass Eminem auf sie aufmerksam wurde. Er drehte ein Video, in dem er sich als Superheld verkleidete, dessen Ziel es war, 'N Sync zu vernichten. Er nahm auch einen Song in sein Konzertrepertoire auf, der eine Parodie auf ihren frühen Hit »Tearin' Up My Heart« war. Eminems Version hatte den eingängigen Titel: »Tearin' Up My Ass«. Justin und 'N Sync waren zum Inbegriff von respektiertem Establishment geworden, obwohl sie ganz definitiv eine Band für Mädchen blieben. Als sie beim Eröffnungsspiel der Baseball World Series die Nationalhymne sangen, ernteten sie von dem überwiegend männlichen Publikum Buhrufe.

Die Statistiken von 'N Sync am Ende des Jahres 2000 verschlagen dem Leser den Atem. Sie waren die Band mit dem höchsten Einkommen der Welt und hatten, offiziellen Angaben zufolge, 267 Millionen Dollar durch Plattenverkäufe und Konzerteinnahmen verdient. Sie führten den VH1/Money Rock Star Index an, eine der zahlreichen Listen, auf denen CD-Verkäufe, Toureinnahmen, »Money Power« – das waren Fanartikel, Werbung und Lizenzverträge – und »Star Power« –Treue der Fans und allgemeine Beliebtheit – berücksichtigt werden. Das Album *No Strings Attached* war die meistverkaufte CD. Die Tour erzielte den zweitgrößten Umsatz mit Einnahmen von 90,2 Millionen Dollar, und das Video *Live at Madison Square Garden* beendete das Jahr auf Platz eins mit 207 000 verkauften Kopien.

Das sind Zahlen, die selbst multinationale Konzerne vor Neid erblassen lassen. Noch überraschender war nur, dass die Band in England nicht besonders populär war. Sie schaffte dort nur vier Top-Ten-Hits, die höchste Platzierung erreichte »Bye Bye Bye« im März 2000 mit Platz drei. Ein Problem war, dass 'N Sync einen Fehlstart hingelegt hatte, für den sie überhaupt nichts konnten. »Tearin' Up My Heart« mochte in den Staaten auf Platz eins geschnellt sein, aber in England wurde die Single veröffentlicht, als die Nation die Prinzessin von Wales betrauerte. Dianas Tod verursachte in der britischen Plattenindustrie wochenlang einen ziemlichen Wirbel, denn Elton Johns rührseliger Tribut »Candle In The Wind« machte in der Woche nach der Veröffentlichung 80 Prozent der Gesamtverkäufe aus. Dagegen kam niemand an. 'N Syncs heiteres Pop-Debüt passte überhaupt nicht zur allgemeinen Stimmung und hielt sich nur zwei Wochen in den Charts, wo es auf einem erbärmlichen vierzigsten Platz vor sich hin dümpelte. Das war aber immer noch eine Woche mehr als »I Want You Back«, das es im November gerade mal auf Platz zweiundvierzig schaffte. Erst zwei Jahre später wurden die Tracks noch einmal veröffentlicht und schafften es in die Top Ten. 'N Sync baute sich in England deshalb nie eine besonders starke Fanbasis auf. Sie waren die amerikanische Boygroup, die nicht die Backstreet Boys waren. Rick Sky, Musikjournalist, Experte für Boygroups und Autor des Buches: *The Take That Fact File*, war nicht gerade beeindruckt, als er 'N Sync in London interviewte. »Ich vergaß sie eigentlich gleich wieder«, erinnert er sich. »Die Amis machten ein Riesengetue um sie. Dort wurden sie wie Superstars behandelt, aber in England bedeuteten sie einen Sch…«

Justin wurde in seinem Heimatland zu einer immer wichtigeren Persönlichkeit. Er und Lance Bass verbrachten Ostern im Weißen Haus, als Gäste von Vizepräsident Al Gore. Justin nahm dort auch an der jährlichen Suche nach Ostereiern teil. Im April war er schon wieder im Weißen Haus, diesmal, um bei einem Empfang für seine Justin-Timberlake-Foundation zu werben, die sich für einen besseren Musikunterricht in Schulen stark macht. Er übte sich auch als Moderator und führte durch das *Teen People's 25 Hottest Stars Under 25 Special*, wo er dem Publikum erzählte, dass er mit seinem neuen BMW-Roadster gerade einen Strafzettel für überhöhte Geschwindigkeit bekommen hatte. Justin ist als Moderator ein Naturtalent, er ist immer witzig und albern, redegewandt und entspannt. An jenem Abend teilte sich Justin den ersten Platz mit Brian Litrell von den Backstreet Boys. Justin landete auch sofort in den Klatschspalten, wann immer er in Gesellschaft schöner Mädchen gesehen wurde, egal, ob er nun im Plaza Hotel in New York eine Tasse Tee trank oder im Club Level in South Beach, Miami, ein paar gut trainierte Körper bewunderte.

Viel wichtiger war aber, dass Justin auf *No Strings Attached* bereits mit einigen Techniken und Stilen experimentierte, die sich später zu seiner Solo-Persönlichkeit vermischen würden. Kritiker bemerkten, dass die Band sich um einen raueren, Hip-Hop-orientierten Stil bemühte. Justin probierte zum ersten Mal die Beatbox-Sequenzen aus, die später sein Markenzeichen werden sollten. Ein Kritiker schrieb: »Sein Mundwerk war eigentlich ziemlich beeindruckend.«

Das englische Publikum hatte nicht die Gelegenheit, Justins musikalische Entwicklung zu verfolgen. In den Vereinigten Staaten war er praktisch eine Institution – zumindest waren das 'N Sync –, aber jenseits des Atlantiks war er eigentlich nur als Freund eines sehr berühmten weiblichen Stars bekannt.

***»Es ist unglaublich, was diesen Kids passiert ist.«***

# DRITTER TEIL

# JUSTIN TIMBERLAKE

# 12

# Britney

*Britney Spears Besuch sorgte für große Aufregung in Shelby Forest. Justins Großvater Bill Bomar unterhielt sich mit einem Freund, der ihm sagte, sein Enkel sei ein großer Fan von Britney. Bill schwieg eine Sekunde lang, dann lächelte er. »Mein Enkel auch«, sagte er.*

Britney Spears war verliebt in Justin, seit sie ihn kennen gelernt hatte. Er war die letzten zehn Jahre die große Liebe ihres Lebens. Die Tränen, die sie während eines Interviews mit Diane Sawyer im November 2003 vergoss, waren echt und zeigten, wie sehr sie es bedauerte, dass ihre Beziehung zerbrach. Eine Beziehung, die begonnen hatte, als sie beide noch kleine Kinder im *Mickey Mouse Club* waren. Sie küsste ihn zum ersten Mal bei einer Runde ›Wahrheit oder Pflicht‹, als die beiden noch ganz neu bei der Show waren. Justin war so verschossen in seine schmächtige Schauspielerkollegin, dass er seinem Großvater erzählte, er werde dieses Mädchen eines Tages heiraten.

Als Britney zwölf Jahre alt war, nahm sie bei Bob Westbrook in McComb, Mississippi, Gesangsunterricht, denn sie wollte einige Songs einstudieren, die sie im *MMC* vortragen musste. Sie hatte keine Ahnung, dass Bob daheim in Memphis auch Justin unterrichtete. Eines Tages holte sie eine Kassette aus der Tasche und legte sie aufgeregt in den Kassettenrekorder ein. »Ich möchte Ihnen etwas vorspielen«, sagte sie. Es war ein Duett mit Justin; Bob erkannte ihn sofort.

»Oh, das ist ja Justin«, sagte Bob zu Britneys Erstaunen. Er erinnert sich. »Sie fuhr herum und fragte: ›Kennen Sie ihn etwa?‹, und ich sagte: ›Natürlich, er ist ein Schüler von mir.‹ Ihr klappte der Unterkiefer herunter. Sie hatten beide über ihre Gesangslehrer gesprochen, aber sie waren nicht darauf gekommen, dass es sich um ein und dieselbe Person handelte, weil der Unterricht an verschiedenen Orten stattfand. Ich konnte sehen, dass sie ihn schon damals ganz toll fand. Es war eine kindliche Schwärmerei. Da braucht man sich gar nichts vormachen. Ich hab's genau gesehen!«

Justin war engagiert worden, um vor einem Eishockeyspiel der Memphis River Kings »The Star-Spangled Banner« zu singen. »Würdest du gerne nach Memphis gehen und mit ihm zusammen dort auftreten?«, fragte Bob Britney, die ihr Glück kaum fassen konnte. »Sie fragte nur: ›Darf ich wirklich? Könnten Sie das für mich arrangieren?‹ Ich lächelte nur und sagte ihr, dass ich dazu nur kurz telefonieren müsse. Zwei Telefongespräche später war sie auf dem Weg nach Millington. Ich ziehe gerne die Leute damit auf, dass ich die beiden verkuppelt habe. Es stimmt zwar nicht, aber es klingt lustig.«

Britney reiste also damals zum ersten Mal nach Shelby Forest und übernachtete bei Bill und Sadie Bomar, ganz in der Nähe von Justin. Es war die erste von vielen Gelegenheiten, an denen sie Sadies legendären Pfirsichpunsch versuchen durfte, der auch Justin immer wieder nach Hause lockt. Die stille, ländliche Gemeinde Shelby Forest unterschied sich nicht sehr von der Kleinstadt auf dem Land, in der Britney in Louisiana aufgewachsen war. Die Ähnlichkeiten im frühen Leben von Justin und Britney, bevor sie sich auf den Weg machten, Kinderstars zu werden, sind frappierend. Britney stammt aus der Kleinstadt Kentwood, die gerade mal zweitausend Einwohner hat und etwa eine Fahrstunde auf dem Highway 51 nördlich von New Orleans liegt. Genau wie bei Justin, lebte ihre Familie nicht weit voneinander entfernt. Ihre Großmutter wohnte nebenan und ihre Tante ganz in der Nähe. Der Name ihrer Mutter ist Lynne, allerdings mit einem ›e‹ am Ende. Beide

Showbiz-Mütter investierten beeindruckend viel Energie in die Zukunft ihres Nachwuchses, aber sie sind zwei ganz unterschiedliche Personen. Justins Mutter wartete, bis ihr Sohn sich für einen Beruf entschieden hatte, und setzte sich dann hundertzehnprozentig dafür ein. Wenn er beschlossen hätte, Maurer zu werden, dann hätte sie ihm wahrscheinlich Nachhilfe im Zementmischen organisiert, damit er in seiner gewählten Zunft der Beste wurde.

Britneys Mutter, eine Lehrerin, entschied, dass Britney ein Star werden würde, bevor sie richtig laufen konnte. Sie schrieb ihre Tochter in der Renee-Donewar-Tanzschule ein, als Britney zwei Jahre alt war. Britney entwickelte also ihre Liebe für glitzernde Bühnenoutfits und ihren Wunsch, Erwachsene enthusiastisch applaudieren zu hören, in einem Alter, in dem andere Kinder lernen, aufs Töpfchen zu gehen. Mit fünf Jahren trat sie zum ersten Mal öffentlich auf. Sie sang »What Child Is This« in der First Baptist Church in Kentwood. Ihren ersten Talentwettbewerb gewann sie mit sechs Jahren. Britney war wie eine kleine Puppe aus Knetmasse, die man zu einem frühreifen, singenden, tanzenden, talentierten Spielzeug formte. Sie war erst acht Jahre alt, als ihre Mutter sie zum Vorsprechen für den *Mickey Mouse Club* anmeldete. Sie war viel zu jung und stach aus der Masse der älteren Möchtegernstars heraus. Sie wurde abgelehnt. Es sagt sehr viel über Britneys Entschlossenheit – und die ihrer Mutter – aus, dass sie sich die Show nie aus dem Kopf schlug.

Lynne Spears war eisenhart, wenn es um ihre Tochter ging. Die Familie Spears trennte sich, genau wie die Harlesses, um für den Erfolg ihres Kindes zu kämpfen. In diesem Fall verließen Mutter und Tochter die kleine Stadt auf dem Lande und versuchten ihr Glück in New York. Kentwood gehört genauso zum Bible-Belt wie Shelby Forest. An einer Highschool in der Nähe von Britneys Elternhaus hing ein großes Schild, auf dem stand: »Fahrt vorsichtig. Lebt mit dem Gebet.« Es war also ein sehr mutiger Schritt, die junge Britney aus dieser Umgebung herauszureißen. Sie ging auf eine christliche Privatschule, die von Nonnen geleitet wurde. Im Nachhinein kann man sehr gut erkennen, wie sehr sie der Wunsch geprägt hat, die Autorität von Erwachsenen fraglos zu akzeptieren, und wie groß ihre Schuldgefühle sind, wenn sie dagegen rebelliert. Die öffentliche Bekanntgabe ihrer Jungfräulichkeit war nur eins der Anzeichen.

Britney hatte einen Job als zweite Besetzung für einen Kinderstar in *Ruthless*, einer Off-Broadway-Show, aber sie hatte schreckliches Heimweh. Nach sechs Monaten kehrte sie mit ihrer Mutter nach Louisiana zurück, aber sie hatte auch weiterhin keine gewöhnliche Kindheit. Sie und Justin lasen das gleiche Handbuch für Kinderstars. Britney gewann den mit tausend Dollar dotierten *Miss Talent USA*-Wettbewerb, als sie elf Jahre alt war. Sie gewann auch einen Platz bei *Star Search* und flog, genau wie Justin, sehr früh raus. Sie war eine schlechte Verliererin, diese Eigenschaft teilte sie mit ihrem zukünftigen Liebsten. Sie sang die kraftvolle Ballade »Love Can Build A Bridge« von Naomi Judd und verlor mit einem Viertelpunkt Abzug gegen einen gewissen Marty Thomas, einen kleinen Jungen aus New York, der fürchterlich klang. Nach der Show war Britney untröstlich, bis ihre Mutter vorschlug, sie solle es doch noch einmal beim *Mickey Mouse Club* versuchen. Sie wurde zur gleichen Zeit angenommen wie Justin. Die Produzenten riefen sie an, um ihr die gute Nachricht mitzuteilen: »Als sie sagten: ›Du bist ab jetzt ein Mouseketeer‹, fing ich an, wie wild herumzuhüpfen und zu schreien: ›Ich bin so aufgeregt! Ich bin ja so aufgeregt!‹«

Und so fand sich Britney, die damals ein winziges Mädchen war, neben Justin Timberlake im Bungalow vier in den MGM/Disney-Studios wieder, als die neuen Mouseketeers und ihre Eltern sich an jenem ersten Tag versammelten, um mehr über ihr neues Leben zu erfahren. Chuck Yerger erinnert sich noch gut an Britney: »Justin, Britney und Christina saßen nebeneinander, und ich schwöre, dass Britney mit den Füßen noch nicht einmal den Boden berührte. Sie trug kleine Ohrringe mit Kreuzen, wie jemand, der eine christliche Schule besucht hat.«

Das Eindrücklichste für Chuck war, dass Britney Autorität respektierte und niemals in Frage stellte. Sie war keine Rebellin. »Mir fiel auf, dass sie den unerschütterlichen Glauben hatte, dass Erwachsene dich niemals enttäuschen würden und dass du ihnen gehorchen solltest. Wenn die Lehrer in ihrer christlichen Schule ihr sagten, sie solle ihren Namen auf bestimmte Art auf ein Stück Papier schreiben, oder blaue statt schwarzer Tinte benutzen, oder auf der rechten Seite einen Rand lassen, der genau zwei Zentimeter breit war, dann investierte sie ihre gesamte Energie, ihr gesamtes Wesen, diesen Erwartungen gerecht zu werden. Als sie hierher kam, war bisher alles sehr gut für sie gelaufen. Sie hatte immer Erfolg gehabt, also hinterfragte sie nie die Entscheidungen, die für sie getroffen wurden. Niemand hatte sie je auf den falschen Weg geschickt.«

Chucks Meinung ist sehr interessant, besonders, wenn man Britneys zukünftigen, öffentlichen Sündenfall bedenkt, ihren Wechsel vom guten zum bösen Mädchen. Er kommentiert: »Britney war der süßeste, anständigste, unschuldigste Mensch, den man sich nur vorstellen kann.« Er steht mit dieser Ansicht nicht allein da. Wieder und wieder machten Menschen die gleiche Beobachtung, wenn sie Britney später mit Justin trafen. Die Öffentlichkeit, die Britney als Nymphchen in Schuluniform in dem Video zu ihrer ersten Single, dem Nummer-eins-Hit »Baby One More Time« kennen lernte, ahnte nichts von dem wahren Charakter dieses Mädchens, das jeder mochte.

Britney wuchs nicht mit den finanziellen Vorteilen auf, die Justin genoss. Das Bauunternehmen ihres Vaters Jamie ging Bankrott, als sie neun Jahre alt war, und Geld wurde sehr knapp. Ihr Telefonanschluss wurde abgestellt, und sie hatten weder eine Zentralheizung noch einen offenen Kamin, an dem sie sich in den kalten Wintern wärmen konnten. Britneys Mutter gab ihren Job auf, damit sie sich ganz ihrer Tochter widmen konnte, und war sogar bereit, sich dafür eine Einzimmerwohnung in New York mit der Familie von Marty Thomas zu teilen, dem Jungen, der Britney später bei *Star Search* schlug. Nancy Carson, Britneys erste New Yorker Agentin, meint dazu: »Sie brachten große Opfer. Sie steckten in großen finanziellen Schwierigkeiten.« Britney musste einfach Erfolg haben, damit sie ihre Familienmitglieder für all die Opfer entschädigen konnte, die sie für sie gebracht hatten. »Ich glaube nicht, dass den Leuten klar ist, wie schwierig es für meine Familie war, mir das alles zu ermöglichen«, sagte Britney einmal. »Der Erfolg kam schließlich nicht über Nacht.«

Ihre Karriere verlief auch beim *Mickey Mouse Club* weiterhin parallel zu Justins. Sie waren beide talentierte Allrounder. Sie bekamen nur wenige Solos, denn dieses Privileg gebührte der kraftvoll singenden Christina Aguilera oder der älteren Rhona Barrett, einer Afroamerikanerin mit einer außergewöhnlichen Soulstimme. Sowohl Britney als auch Justin galten als talentierte, athletische Tänzer. Britney wurde ein viel versprechendes Turntalent attestiert, bevor sie zum Kinderstar auf Vollzeitbasis mutierte. Justin war dank seiner Begeisterung für Basketball sehr fit und sportlich. Die beiden ergänzten sich perfekt, wenn sie schauspielerten und die Sketche aufführten, die für Abwechslung in der Show sorgten. Britney hatte ebenfalls einen schrägen Sinn für Humor, eine der Grundvoraussetzungen dafür, in den inneren Kreis um Justin Timberlake vorzudringen. Sie war bei weitem keine so gute Schülerin wie Justin, aber sie glich das durch ihren Fleiß und ihren Wunsch, zu gefallen, wieder aus.

Britney hatte als Kind etwas weniger Charisma als Justin. Bob Westbrook erinnert sich: »Bei ihr sah ich nicht das Charisma, sondern den Ehrgeiz und Fleiß, denn während der Unterrichtsstunden starrte sie ständig in den Spiegel.« Die meisten Kinder, die zum Gesangsunterricht kamen, behandelten ihn wie eine Erweiterung ihres Schulunterrichts, aber an einem Ort, wo ihnen entspannt und geduldig ein Fach beigebracht wurde. Nicht so Britney. Für sie war das Ganze eine Aufführung. »Sie war so konzentriert«, erinnert sich Bob Westbrook. »Sie allein brachte mich manchmal ins Schwitzen. Sie war so ehrgeizig. Sie bezahlte ihre Stunden selbst, mit dem Geld, das sie bei Disney verdiente. Wir reden hier nicht über einen großen Star, sondern über ein Kind, das die anderen Kinder mögen. Sie war schon in *Ruthless* aufgetreten und hatte einige national ausgestrahlte Werbespots gedreht. Durch das Disney-Ding wurde sie allmählich bei den jüngeren Kids bekannt, und viele meiner Schüler wussten, wer sie war, und wollten sie sehen, wenn sie zum Unterricht kam. Sie gab dann Autogramme und so was.

Ich hielt sie für sehr reif für ihr Alter, vielleicht, weil sie bei der Show arbeitete. Der Unterricht dauerte eine Stunde und sie war entschlossen, jede Sekunde zu nutzen. Ich sah gleich, dass sie nur ihre Karriere im Kopf hatte. Sie stürmte zur Tür herein und wollte keine Zeit für Plaudereien verschwenden.«

Die Britney Spears, die wir heute kennen, entspricht überhaupt nicht der Britney, die bei Bob Westbrook Gesangsunterricht nahm. Britney, die erfolgreichste Künstlerin aller Zeiten unter zwanzig, ist bekannt für eine stilisierte Stimme mit begrenztem Tonumfang. Die Britney bei *Mickey Mouse* war ein kleines Mädchen mit einer großen Stimme. Bob beschreibt sie: »Als Kind hatte sie eine gewaltige Stimme. Ich verstehe nicht, wieso sie die heute gar nicht benutzt.«

Alle Kinder beim *Mickey Mouse Club* wurden schnell erwachsen. Britney war die Jüngste, und der Unterschied in ihrem Äußeren und in ihrer Ausstrahlung zwischen der ersten und der zweiten *MMC*-Staffel war sehr auffällig. Sie und Christina Aguilera, die andere Neue, wirkten viel gelassener. Britney und Christina waren während der Drehzeit die besten Freundinnen, sie waren beinahe gleich alt und hatten einen ähnlichen Hintergrund. Sie verbrachten auch Zeit mit Justin, aber der war schließlich ein Junge. Später füllte die Rivalität zwischen Britney und Christina viele Zeitungsspalten, aber diese Animosität war einfach gut fürs Image und fürs Geschäft.

Als der *Mickey Mouse Club* ohne Vorwarnung abgesetzt wurde, hockte Britney wie Justin wieder in einer kleinen Stadt, fragte sich, was sie jetzt tun sollte und wollte unbedingt von dort weg. Sie waren beide Profis, gut ausgebildete Entertainer, die ihren Weg gehen wollten, was nicht unbedingt hieß, dass sie sich jemals wieder über den Weg laufen würden. Aber das Schicksal hatte entschieden, dass die Lebenswege von Britney Spears und Justin Timberlake unentwirrbar miteinander verwoben bleiben sollten. Sie waren beinahe zwei Teile des gleichen Chromosoms. In Kentwood wurde Britney zur gleichen Zeit zur Schönheitskönigin ihrer Schule gewählt, als sich Justin zu Hause im Glanze des Titels Mr. Jeter sonnte. Als Justin in Orlando mit 'N Sync seinen Traum verwirklichte, lehnte Britney das Angebot ab, bei Innosense, der Girlgroup seiner Mutter, einzusteigen. Im Nachhinein eine sehr weise Entscheidung. Im Popgeschäft halten sich reine Girlgroups meist nicht lange. Die

Spice Girls, All Saints, Atomic Kitten, die No Angels – sie implodierten alle. Britney wollte es als Solokünstlerin schaffen und sicherte sich einen Probevertrag mit Jive, dem Label, bei dem auch 'N Sync und Justin Timberlake später unterkamen.

Obwohl Britney Innosense abgesagt hatte, verstand sie sich sehr gut mit Justins Mutter und hielt auch weiterhin den Kontakt zu ihr. Als 'N Sync den Durchbruch in den USA schaffte, konnte Britney sich so lange an ihren Rockschößen festhalten, bis sie als Solokünstlerin flügge wurde. Die feine Ironie ist, dass in England die Rollen von Britney und Justin glatt vertauscht waren. In den Staaten waren Justin und 'N Sync Superstars, die Britney unter die Arme griffen und sie auf ihrer ersten Tour als Opening Act engagierten. In England kam 'N Sync auf keinen grünen Zweig, Justin wurde dort zuerst als Britneys Freund bekannt und berüchtigt.

Die Romanze zwischen Justin und Britney war eine dieser Promi-Beziehungen, die bereits blühte, als beide Seiten die Affäre noch heftig bestritten. In vielerlei Hinsicht erinnerte das an die Beziehung zwischen Kylie Minogue und Jason Donovan. Sie hatten zusammen in einer belanglosen australischen Fernsehserie mitgespielt, bevor sie sich am Set von *Neighbours* wiedertrafen. Sie entschieden sich dafür, ihre Beziehung geheim zu halten, damit sie die Fans der beliebten Soap nicht vor den Kopf stießen.

Vor Justin hatte Britney erst einen richtigen Freund gehabt, einen schlaksigen jungen Mann namens Reg, der sie zum Abschlussball begleitet hatte. Sie gab Reg ohne Scheu zu, aber eine Beziehung zu Justin bestritt sie, als die Gerüchte darüber, wer denn nun jetzt ihr Freund war, Anfang 1999 immer lauter wurden. Sie sagte einem Interviewer: »In Übersee denken alle, es sei Nick Carter von den Backstreet Boys. Dabei habe ich doch überhaupt keine Gefühle«, frotzelte sie und erklärte, dass sie sich lieber auf ihre Arbeit konzentrieren wolle. Das ist ein beliebtes Spielchen bei Popstars, die vor den Medien verbergen wollen, was wirklich in ihrem Leben vor sich geht. Britneys Image basierte auf einer verführerischen Verlockung, die trotzdem so rein war wie frisch gefallener Schnee. Eine echte Liebesbeziehung hätte alles verdorben.

Britney sagt, dass sie nicht mehr genau weiß, wann aus ihr und Justin ein Paar wurde. Ihr erstes offizielles Date war ein Abendessen zu zweit in einem stillen Restaurant in Los Angeles, wo sie, fernab von aufdringlichen Kameras, über ihre gemeinsamen Erinnerungen sprachen und sich gegenseitig ihre Träume und Hoffnungen für die Zukunft erzählten. Sie war Opening Act bei der *Second II None*-Tour, der ersten US-Tour von 'N Sync, die in Orlando am 17. November 1998 begann. Justin war siebzehn, Britneys siebzehnter Geburtstag war erst einen Monat später. Durch die gemeinsame Tournee sahen sie sich sehr häufig und hatten genug Zeit, ihre Freundschaft zu erneuern – oder, in Britneys Fall, sich neu zu verlieben – und sich miteinander ein bisschen von dem Stress der ständigen Auftritte abzulenken. Britney verstand den Druck, unter dem ein Künstler jeden einzelnen Tag steht, sehr gut. Justin beschrieb das in sehr treffenden Worten: »Selbst, wenn sie es nicht versteht, versteht sie, dass sie es nicht versteht, weil sie ein so großes Herz hat.«

Britneys Leben wurde bald darauf durch den Erfolg ihrer Debütsingle und des dazugehörigen, berüchtigten Videos auf den Kopf gestellt. Es war ihre Idee gewesen, sich als sündiges Schulmädchen zu verkleiden, das »Ooh, Bay-bee, Bay-bee« hauchte. Die Single war auf beiden Seiten des Atlantiks ein überwältigender Erfolg. Britney und Justin wurden zur gleichen Zeit richtig berühmt. Ihr Debütalbum *Baby One More Time* schaffte es Ende Januar 1999 auf Platz eins der amerikanischen Albumcharts und hielt 'N Syncs Debüt auf dem zweiten Platz fest. Der größte Unterschied zwischen den beiden war, dass Britney, mit der Unterstützung von MTV, wo das Video rauf und runter lief, auch in England durchstartete. Die Single wurde im Februar in England veröffentlicht und brach in der ersten Woche alle Verkaufsrekorde für einen Newcomer, mit 464 000 verkauften Exemplaren. Nach dieser Woche war Justin für einige Jahre nur noch Mr. Britney, jedenfalls für die Medien in Großbritannien.

Britney gab eines dieser faustischen Interviews, die Beziehungen offenbar auf lange Sicht zum Scheitern verurteilen: »Nein, ich habe keinen Freund. Ich wünschte, ich hätte Zeit für einen Freund. Ich will keinen Freund, weil ich Telefongespräche nicht mag. Fernbeziehungen sind einfach nichts für mich.«

Die Probleme, die eine Fernbeziehung mit sich bringt, quälten Justin und seine Freundin Veronica Finn schon lange, und zwar so sehr, dass sie sich trennten. Leider sind Promibeziehungen, die die endlosen Trennungen überleben, die unterschiedliche Tourpläne unweigerlich mit sich bringen, so selten wie ein fünfblättriges Kleeblatt.

In vielerlei Hinsicht waren Britney und Justin ein Traumpaar: die gleichen Ambitionen, die gleichen Erfahrungen, der gleiche Hintergrund. Wenn man einen Computer darauf programmiert hätte, den perfekten Promi-Partner für Justin zu finden, dann wäre dabei sicher Britney herausgekommen. Sie ist talentiert, humorvoll und selbstsicher, und auch ihr Aussehen und ihr Körper sind definitiv nach seinem Geschmack. Die Kamera liebt sie und zeigt nicht, wie klein sie eigentlich ist. Sie gehört zu den winzigsten Popstars. Nur Kylie Minogue und Geri Halliwell sind in der Riege der weiblichen Superstars noch kleiner als sie. Britney ist aber durchtrainiert und sportlich und athletisch gebaut. Trotz ihrer kleinen Größe spielte sie sehr gut und gerne Basketball, und der direkteste Weg in Justins Herz führt über ein Basketballfeld, auf dem man mit ihm ein paar Körbe wirft. Britney war vom winzigen Mouseketeer zur bildschönen jungen Frau herangereift. Auf dem Weg war sie erblondet, hatte sich die Zähne richten lassen und musste sich mit Gerüchten über eine Brustvergrößerung herumschlagen, die begannen, als sie sich von einer Knieverletzung erholte, die sie sich beim Tanzen zugezogen hatte. Justin nahm die ständigen Fragen über ihre Brüste mit Humor: »Ihre Brüste sind mir gar nicht aufgefallen, weil ich nur auf ihren Hintern gestarrt habe.«

Britney zog ungewollt alle Aufmerksamkeit auf ihre Beziehung zu Justin, als sie öffentlich erklärte, sie wolle bis zu ihrer Hochzeitsnacht Jungfrau bleiben. Britney bekräftigte damit einfach ihren starken Glauben an Gott und ihre christlichen Moralvorstellungen. »Natürlich will ich Sex, wie jedes andere neunzehnjährige Mädchen auch, aber diesen Sex will ich in einer liebevollen Ehe«, erläuterte sie. Leider sollte die Sache mit der Jungfräulichkeit noch zu ihrer Achillesferse werden. Niemand glaubte ihr, außer vielleicht Justins Großmutter Sadie Bomar, die in der Zeitschrift *Heat* zitiert wurde und angeblich sagte, dass Justin und Britney beide noch Jungfrauen seien. Justin halte ihrer Überzeugung nach nichts von Sex vor der Ehe, weil »Justin nach strengen Moralvorstellungen lebt und noch nie mit einem Mädchen geschlafen hat.« Die typische, gut gemeinte Bemerkung einer liebenden Großmutter, die selbst mit diesen Werten lebte. Sie vergaß dabei nur leider die Tatsache, dass Justin und Danielle Ditto es wie die Kaninchen getrieben hatten, als Justin gerade mal fünfzehn war.

Sadie brachte aber sein moralisches Dilemma ziemlich genau auf den Punkt. Die Frage, wie man einen starken Glauben mit den sexuellen Freiheiten unserer Zeit kombiniert, quält besonders Jugendliche aus dem Bible-Belt. Wenn sie schwach werden, heißt das noch lange nicht, dass sie ihre Überzeugungen nur geheuchelt haben. Der umstrittene Radiomoderator Howard Stern nahm das Problem mit Britneys Unschuld auf die leichte Schulter: »Kann er (Justin) sie nicht einfach unter Drogen setzen und dann bumsen?«, fragte er in seiner Sendung. Er bezweifelte auch, dass Britney wirklich noch Jungfrau war, besonders, weil sie gepiercte Brustwarzen hatte. Die andere Seite der Medaille war, dass Britney unerwartetes Lob von *Celebration*, einer Zeitschrift der Church of England, zuteil wurde, die sie eine »großartige Botschafterin der Jungfräulichkeit« nannte. Letztendlich gaben sowohl Justin als auch Britney zu, dass sie während ihrer Beziehung miteinander geschlafen hatten, aber nicht überstürzt. »Nur, weil ich zugegeben habe, dass ich Sex hatte, bin ich noch lange kein schlechter Mensch«, verteidigte sich Britney.

Justin nahm Britney mit nach Shelby Forest, wo sie mit offenen Armen aufgenommen wurde. Sie passte sich mühelos an. Trotz ihres öffentlichen Images und ihrer legendären Shopping-Exzesse zeigte sie, dass in ihr eben doch ein echtes Mädchen vom Lande steckte. Barney Austin, der örtliche Pfarrer, besuchte mit seiner Frau Pat die Bomars, als Justin gerade mit Britney dort war. »Sie hatte eine Haut wie ein Pfirsich«, erinnert sich Pat. »Sie trug nur wenig Make-up und war überhaupt nicht so aufgetakelt, wie man sich einen Star vorstellt. Justin erinnerte sich an uns, kam zu uns rüber und umarmte uns. So war er eben, ein bodenständiger, freundlicher junger Mann. Sie war sehr nett.«

Die Bewohner von Millington fanden es toll, dass eine so berühmte Person bei ihnen zu Gast war. Justin war immer noch der alte Justin, aber Britney war ein Superstar. An Weihnachten kam im Lokalradio die Nachricht, dass Britney gerade mit Justins Mutter bei Wal-Mart einkaufte. Minuten später brach dort das Chaos aus, Autofahrer blockierten die Zufahrtsstraße und versuchten, auf dem überfüllten Gelände einen Parkplatz zu ergattern. Der Einkauf im Wal-Mart-Diskount war Welten entfernt von Beverly Hills, wo Britney einmal Weihnachtsgeschenke für Justin im Wert von 100 000 Dollar kaufte. Die amerikanische Klatschjournalistin Janet Charlton sagte, dass Britney durch die berühmten Edelboutiquen zog und ihrem Liebsten haufenweise Lederjacken, Ledermäntel, Lederhosen, Kaschmirpullover und Schmuck kaufte. Justin war ein bisschen weniger überschwänglich, aber – typisch! –, viel schmalziger. Das erste, was er ihr schenkte, war ein goldener Ring zu ihrem siebzehnten Geburtstag. An ihrem neunzehnten Geburtstag im Jahr 2000, auf dem Höhepunkt ihrer Liebesaffäre, schickte er ihr sechsundzwanzig Dutzend Rosen in ihre Suite in einem Hotel in Palm Springs, die Blütenblätter von weiteren zehn Dutzend Rosen ließ er auf dem Teppich und auf dem Bett verteilen. Die Rosen waren für »Pinky«, sein Kosename für Britney. Diesen Namen benutzte er auch auf dem Album *Celebrity*, wo er sagte, dass er ohne sie nicht einmal atmen könne.

Erika Ruch traf die beiden ein paar Mal, unter anderem bei Konzerten in Nashville und Chattanooga. »Sie ist wunderschön. Wenn sie die Straße entlangläuft, dann drehen sich alle nach ihr um. Wenn sie einen Raum betritt, dann will man unbedingt in ihrer Nähe sein, weil sie eine so strahlende Persönlichkeit ist. Sie und Justin hatten bestimmt eine Menge gemeinsam. Mir fiel besonders auf, dass sie richtig gute Freunde waren. Sie fühlten sich wohl miteinander, das merkte man daran, dass sie sich so liebevoll kabbelten.«

Es war eine Zeit des vollkommenen Glücks. Beide liebten

schnelle Autos und extravagante Urlaubsorte. Schließlich waren sie auch bereit, ihre Liebe öffentlich zu zeigen, mehr als ein Jahr nach ihrem ersten Date. Britney sagte dem *Rolling Stone* im Mai 2000, dass sie Justin geküsst hatte, und rief dann theatralisch aus: »O mein Gott, mein Manager wird mich umbringen!«, als sei ihr dieses Geständnis ganz aus Versehen entschlüpft.

Allerdings mussten sie viel Zeit getrennt verbringen, sie sahen sich höchstens einmal im Monat. Britney sagte, dass während ihrer Tour durch Australien Justins Telefonrechnung mehr kostete als alle Hotelsuiten zusammen. Aber wie es so oft passiert, gerade als sich die Presse so richtig auf die Möglichkeit einer Ehe und gemeinsamer Kinder einschoss, begann die Beziehung zu wackeln. Es stimmt zwar, dass Justin Britney einen Ring für 100 000 Dollar kaufte, aber das hatte er, wenn auch in kleinerem Maßstab, schon vorher für Mädchen getan. Damit zeigt er seine Zuneigung, wenn er verliebt ist. Aber es bleibt eine Geste und kein Heiratsantrag.

Die Öffentlichkeit liebt märchenhafte Traumpaare – Posh und Beckham, Brad und Jen, Charles und Diana, Ben und J-Lo –, und es ist unheimlich schwierig, diesen Erwartungen gerecht zu werden. Die Geschenke werden immer extravaganter, die Liebeserklärungen immer glühender, beide werden nur noch in einem Atemzug erwähnt. Als Justin die Online-Umfrage der Zeitschrift *People* nach dem »Schönsten Menschen der Welt« gewann, war es fast unvermeidlich, dass seine andere Hälfte Britney auf dem zweiten Platz landete. Sie wurden zum Team Timberspears. Sie warben bei Yahoo für Online-Shopping. Ein interaktives, von Pepsi gesponsertes Video zeigte die jungen Turteltäubchen beim Einkaufen in New York und gab den Zuschauern die Gelegenheit, von zu Hause aus die Produkte zu kaufen, die Britney und Justin »cool« fanden. Sie waren auch die Gesichter einer Kampagne für bessere Ausbildung, dem MathNMusic-Jugendklub, der sich zum Ziel gesetzt hatte, Geld für die Musikerziehung an Schulen aufzutreiben. Justin unterstützte das nach Kräften. Das junge Paar brauchte allerdings nur mathematische Kenntnisse, wenn sie all die Nullen am Ende ihrer Kontoauszüge zählen wollten. Sie waren beide Multimillionäre, bevor sie ihren zwanzigsten Geburtstag feierten.

Man erwartete von ihnen, dass sie sich wie ein Showbusiness-Paar verhielten. Als Britney in Kalifornien ihren neunzehnten Geburtstag feierte, kam sie während des 'N Sync-Konzertes in San Diego auf die Bühne, mit einer Perücke und Sonnenbrille ausstaffiert. Justin drängte die Menge dazu, für seine Freundin »Happy Birthday« zu singen, obwohl die Mädels, die Justin gerne selber abgekriegt hätten, sie erst mal herzhaft ausbuhten. Als sie im Januar 2001 das *Rock in Rio*-Festival besuchten, teilten sie sich angeblich eine Hotelsuite und schlossen sich drei Tage und drei Nächte lang ein. Dort futterten sie gebratenes Hühnchen und Pommes und tranken eine Dose Cola nach der anderen. Britney liebt Hühnchen mit Pommes. Interessant war, dass Britney nur wenig später einer Zeitung gegenüber gestand, es falle ihr zunehmend schwerer, jungfräulich zu bleiben. Es ging das Gerücht, dass die beiden sich zusammen eine vier Millionen Dollar teure Villa in den Hollywood Hills zulegen wollten. Für ein junges christliches Paar war Sex vor der Ehe tabu, aber unverheiratetes Zusammenleben zählte wohl nicht. Sie verbrachten sowieso viel zu wenig Zeit miteinander, als dass der Ausdruck »Zusammenleben« gerechtfertigt wäre. Am Ende kaufte Britney das Haus alleine, das sie sich zusammen angesehen hatten. Justin half ihr auch bei der Auswahl ihres Strandhauses in Florida. Wenn er in L.A. zu tun hatte, dann wohnte er in Britneys Haus, aber sie waren nur selten gleichzeitig in der Stadt.

Der Tiefpunkt ihres Lebens im Scheinwerferlicht war erreicht, als Hacker eine gefälschte Anzeige ins Internet stellten, die besagte, dass Britney und Justin bei einem Autounfall ums Leben gekommen seien. Das Ganze sollte nur ein Witz sein, geriet aber bald außer Kontrolle, als Fans in Panik gerieten und dachten, sie seien wirklich mit einem Lieferwagen voller Salzbrezeln zusammengestoßen. Die Anzeige wurde zu zwei DJs zurückverfolgt. Die ganze Sache war ein schlechter Scherz, der ein offizielles Dementi folgte. Nach dem Tod von Prinzessin Diana bei einem Autounfall in einem Pariser Tunnel konnte sich schließlich jede noch so weit hergeholte Geschichte als entsetzlich wahr erweisen.

Einige Monate später machte das Paar gerade Urlaub in einem

Landhaus in Destin, Florida, als Diebe eindrangen und eine Videoausrüstung und persönliche Wertgegenstände mitnahmen, darunter auch Kleider, die dem Paar gehörten. Leider schnappten sie sich auch eine Videokassette, auf der angeblich Justin und Britney beim Knutschen zu sehen waren. Was genau auf dieser Kassette zu sehen war, bleibt ein Geheimnis, denn die Polizei nahm die diebischen Jugendlichen fest, bevor sie den Film ins Internet stellen konnten. Wahrscheinlich war die Anzüglichkeit des Films hochgradig übertrieben worden.

Weniger schlimm war das Gerücht, dass die beiden insgeheim geheiratet hätten. Das war natürlich Quatsch, aber Britney deutete immer öfter an, dass sie irgendwann wirklich heiraten wollten. Sie sagte dem englischen *Big Brother*-Gewinner Brian Dowling bei der Morgenshow *CD:UK*, dass es »irgendwann in der Zukunft« passieren würde. Fünf Monate später, im März 2002, bestritt sie alle Trennungsgerüchte. In einer solchen Situation ist es immer gut, sich alle offiziellen Statements anzuhören und das Gegenteil zu glauben. Eine »Sprecherin« sagte, die Berichte seien »aus der Luft gegriffen«. Sie bestritt auch, dass 'N Sync sich getrennt hatten und bestand darauf, sie machten nur »eine kleine Pause« von acht Monaten. Das war vor mehr als zwei Jahren.

Im Jahr 2002 stand Britney die Promotions-Tour für ihren ersten Film *Not a Girl – Crossroads* durch, während sie eine Trennung verkraften musste, die alle ihre Hoffnungen und Träume zerstört hatte. Bei der Londoner Premiere des Films wurde sie von der Presse verrissen, weil sie zu spät kam und ihre Fans bei ihrer Ankunft ignorierte. Als sie auf dem Balkon erschien und winkte, wurde sie ausgebuht und beschimpft. Es war eine sehr schwere Zeit für sie, trotz des Mantras »the Show must go on«, das man ihr von Kindesbeinen an eingetrichtert hatte.

Freunde bestätigen, dass sie wirklich erwartet hatte, Justin werde sie heiraten, und dass sie an das Märchen glaubte, in dem sie lebte. Justin hatte aber die Absicht, die Welt als Solokünstler zu erobern, und hielt sich noch für viel zu jung für die Ehe. Er war erst einundzwanzig, ungefähr so alt war sein Vater Randy bei seiner ersten, übereilten Ehe. Lynn gab zu, dass ihr Sohn und Britney

Probleme hatten und »gerade eine schwierige Phase durchmachten«. Sie enthüllte: »Diese beiden Kids haben sehr starke Gefühle füreinander.« Lynn wusste, wie schwer es ist, eine angeschlagene Beziehung aus der Ferne übers Telefon zu reparieren.

Nach der Trennung begann die Schlammschlacht. Wer hatte etwas falsch gemacht, wer hatte wen verlassen? Zuerst hörte man aus einigen Quellen, Justin sei mit einer vollbusigen Brünetten in einer Bar in Los Angeles gesehen worden, aber das war nur eine Kleinigkeit, nichts, was eine Trennung rechtfertigte. Viel glaubwürdiger als Grund für einen Riesenstreit war die Annahme, Britney habe Justin betrogen. Er hatte sich ja schon sehr aufgeregt, als er glaubte, Danielle Ditto habe ihn betrogen, und stellte sie schließlich im Schulhof zur Rede. Irgendwie wurde es langsam langweilig, dass Justin schon wieder jammerte, seine Freundin hätten ihn betrogen. Danielle und Veronica bestreiten das standhaft, aber Britney bezog nie Stellung zu dieser Anschuldigung. Das heizte die Gerüchte über den Mann, der sie vom rechten Weg abbrachte, nur noch mehr an. Der erste Kandidat war Justins aus Australien stammender Songschreiber und Choreograf Wade Robson, der bis jetzt alles abstreitet. Er und Justin schrieben für das 'N Sync-Album *Celebrity* vier Stücke zusammen, aber kein einziges für Justins Soloalbum *Justified*. Das fiel auf. Sie waren die besten Kumpel gewesen und zusammen zum Skydiving gegangen und auf ihren Rollern durch die Gegend geheizt. Im Booklet zu *Celebrity* schwärmt Justin: »Wade – noch nie in meinem Leben habe ich jemanden getroffen, dessen Kreativität mich so inspiriert.« Im Booklet zu *Justified* herrscht gähnende Leere, was Wade betrifft. Robson ergatterte später noch mehr Publicity, als er enthüllte, dass er als Junge mit Michael Jackson in einem Bett geschlafen habe. Als Kind war er ein brillanter Tänzer gewesen, und vor seinem neunten Geburtstag trat er bereits in den Videos zu »Black Or White«, »Jam« und »Heal The World« auf. Robson sagt, zwischen ihm und Jackson sei nichts Unangemessenes vorgefallen.

Ein anderer möglicher »Sündenbock« war Ben Affleck, der angeblich eine Affäre mit Britney hatte, bevor er sich in seine berühmte Beziehung zu Jennifer Lopez stürzte. Was auch immer nun der Wahrheit entspricht, Britney war entsetzlich traurig über die Trennung. Das Problem war natürlich, dass es reichte, dass Justin glaubte, sie habe ihn betrogen. Es war eigentlich unwichtig, ob sie es tatsächlich getan hatte. Er sagte dem *Rolling Stone:* »Sie ist ein wunderbares Mädchen, aber wenn ich jemandem nicht vertrauen kann, dann sollte ich auch nicht mit dieser Person zusammenbleiben.« Justin gibt offen zu, dass er ein Problem damit hat, anderen Menschen zu vergeben. Angeblich bat ihn Britney um eine zweite Chance, und er lehnte ab. Sie waren beide kreuzunglücklich über die Trennung, aber sie bekamen nicht die Chance, wie ein ganz normales Paar ihren Schmerz und Ärger zu verarbeiten. Justin sagte der Zeitschrift *People:* »Ich weiß jetzt, wie sich ein gebrochenes Herz anfühlt. Irgendwann weinst du dich wirklich jeden Abend in den Schlaf.«

Britney Spears wollte Justin heiraten. Sie hält daran fest, dass sie für ihn ihre Jungfräulichkeit aufgab, weil sie wirklich glaubte, sie würde bald Mrs. Justin Timberlake. Vielleicht wollte Britney mit ihrem späteren Verhalten nur Justins Aufmerksamkeit erregen, aber wenn das stimmt, dann stellte sie sich sehr dumm an, denn Untreue kann Justin nicht verzeihen.

Beide haben sich in interessante Richtungen weiterentwickelt. Justin erhielt einen kreativen Energieschub, der in die Songs für sein erstes Soloprojekt einfloss, und er schickte sich als freier Mann an, die Welt zu erobern. Wieder einmal konnten sich die Mädchen einbilden, sie hätten eine Chance bei dem begehrtesten Junggesellen der Welt. Er ging ein paar Mal mit Jenna Dewan aus, einer Tänzerin für 'N Sync, die sich als die mysteriöse Brünette herausstellte, die die Klatschpresse so in Atem gehalten hatte, aber es war eine uncharakteristisch kurze Affäre für Justin. Er scheint sich in längerfristigen, ernsthaften Beziehungen wohler zu fühlen. Sein Hit »Cry Me A River« scheint ganz offensichtlich seine Gefühle für Britney zu spiegeln. Verstärkt wird der Eindruck noch dadurch, dass er ein Ebenbild von Britney für das Video castete, in dem Justin einen Mann spielt, dem eine untreue Freundin das Herz gebrochen hat. Er rächt sich und schläft im Bett seiner Freundin mit einer anderen, nimmt es auf Video auf und hinterlässt das Band seiner Freundin, die es bei ihrer Rückkehr anschaut. Britneys Kommentar: »Ich war verdammt geschockt.« Ein Song über eine Exfreundin gibt jedem Album ein bisschen mehr Würze. Justin ging dann zur Barbara-Walters-Show und »fiel ihr in den Rücken«, wie Britney es ausdrückte, weil er über ihr Sexleben sprach. Er war auch zu Gast in einer Radiosendung und plauderte über Oralsex, obwohl er nachher angab, das sei ein Witz gewesen.

Britney schlägt inzwischen ganz gern mal über die Stränge. Sie hatte eine unglückselige Affäre mit Fred Durst, dem kruden Sänger von Limp Bizkit, der der Welt detailliert schilderte, wie er mit ihr geschlafen hatte. Er nannte sie »fordernd und aggressiv« im Bett. Sie wurde mit dem irischen Rabauken Colin Farrell gesehen; sie nannte ihn einen bösen Jungen. Bei den MTV Video Music Awards knutschte sie mit Madonna, was die Matronen im Bible-Belt wirklich auf die Palme brachte. Am umstrittensten aber ist, dass sie nach einer wilden Partynacht in Las Vegas einen Mann namens Jason Alexander heiratete, einen Nobody aus Kentwood. Die Ehe wurde fünfundfünfzig Stunden später annulliert. Ganz normales Verhalten für einen Rock-'n'-Roll-Star. Die wahre Britney zeigte aber erst das Interview mit Diane Sawyer im November 2003. Sie weigerte sich zuzugeben, dass sie, wie Justin behauptete, untreu gewesen war. »Ich sage nicht, dass er falsch liegt, aber ich sage auch nicht, dass er Recht hat«, sagte sie und klang wie Bill Clinton. Sie sagte Diane Sawyer auch, dass sie gehofft hatte, den Rest ihres Lebens mit Justin zu verbringen. Als sie gefragt wurde, wie es sich anfühlte, ihn zu verlieren, begann sie zu weinen und schluchzte: »Es war ziemlich schlimm. Es war ziemlich seltsam. Hallo. Äh, ach du meine Güte.« Sie musste Miss Sawyer bitten, das Interview zu unterbrechen, bis sie sich wieder unter Kontrolle hatte. Das waren keine gespielten Tränen.

Justins Karriere nutzte die Beziehung zu Britney wohl mehr als ihrer Karriere. Er war einer der fünf Jungs von 'N Sync, aber er war derjenige, der mit dem größten weiblichen Star der Welt ausging. Mit Britneys Karriere ging es nach einem kleinen Knick wieder aufwärts, ihr Album *In the Zone* wurde Nummer eins in Amerika, und

»Toxic« wurde ihre vierte Nummer-eins-Single in England. Britney und Justin. Ihre Beziehung war zu schön, um wahr zu sein, sie waren das perfekte Prominentenpaar. Die Trennung machte Justin ein für alle Mal klar, dass seine Herzensangelegenheiten in Zukunft immer für Schlagzeilen sorgen würden.

***»Ich liebe Britney, und ich werde sie immer lieben.«***

# 13

# Celebrity

*Als Justin seine Cousine Allison Hammett kürzlich zu Hause in Shelby Forest traf, nahm er sie zur Seite und sagte ihr: »Cousinchen, wenn dir irgendjemand mal das Herz bricht, dann sag mir Bescheid. Ich kümmere mich dann darum.« – »Er war so lieb«, erinnert sie sich.*

Der neue »King of Pop« schlüpfte nicht einfach aus dem Kokon einer uncoolen Boygroup und wurde dann über Nacht ein anerkannter Künstler. Seine Solokarriere war in den Grundzügen schon lange vor 'N Syncs »Schaffenspause« angelegt. Vorläufer finden sich sowohl in Justins Arbeit an *Celebrity*, dem vierten Album von 'N Sync, als auch in der Entwicklung seines Starprofils in seiner Zeit als Hälfte eines sehr berühmten Paares. Justin Timberlake tauchte in der englischen Musikszene zwar quasi aus dem Nichts auf, aber an dem, was wir da sahen und hörten, war schon lange Zeit gearbeitet worden. Als Mitglied einer erfolgreichen Band hat man es sehr schwer, eine Solokarriere zu starten, besonders, wenn die Band von ihrem Image lebt. In den Achtzigern schaffte es nur George Michael, aber Wham war eigentlich auch George Michael, nur unter anderem Namen. In den Neunzigern überraschte Robbie Williams die Musikindustrie mit seinem Durchbruch nach Take That, aber er musste sich zuerst völlig neu erfinden, bevor er Erfolg hatte. Das sind auch schon alle, die ihren Ruhm nach dem Ende der

Boygroup noch steigern konnten. Die Liste derjenigen, die es nicht geschafft haben, ist viel länger. Auf ihr finden sich unter anderem: Matt Goss von Bros, Stephen Gateley, alle Mitglieder der New Kids on the Block, alle Mitglieder der Backstreet Boys, alle von Boyz II Men, Gary Barlow und Mark Owen von Take That. Sogar Ronan Keating von Boyzone ist, entgegen aller Voraussagen, nicht international erfolgreich, obwohl er in England solides Chartpotential hat. Dann gibt es noch die weiblichen Flops: Shaznay von den All Saints, die Spice Girls und alle Mitglieder von Eternal. Die erfolgreichen Ex-Bandmitglieder herauszufinden, gleicht einem lustigen Ratespiel für Partys. Im neuen Jahrtausend wirkt dieser Sprung, den Justin und sein weibliches Gegenstück Beyoncé vollführten, auf einmal ganz einfach.

Justin Timberlakes Geburt als Künstler lässt sich auf den Triumph von *No Strings Attached* zurückführen, sowohl auf das Album als auch auf die erstaunlich erfolgreiche Tour gleichen Namens. Finanziell hatte Justin für den Rest seines Lebens ausgesorgt. Der neue Vertrag machte aus ihm einen Multimillionär, der sich alle Autos, Klamotten und Juwelen leisten konnte, die er sich nur wünschte. Justin hatte sich an die Spitze von 'N Sync gesungen, er war der Frauenschwarm der Band, ein kraftvoller, geschmeidiger Tänzer und der gefühlvollste Sänger. Es war an der Zeit, dieses Prestige und diesen Einfluss weiter auszubauen und der Musik seinen Stempel aufzudrücken. Erfolg ist im Musikbusiness die beliebteste Eigenschaft, und Ende 2000 gab es niemand, der mehr Erfolg hatte als 'N Sync. Alle rissen sich darum, mit den Jungs zu arbeiten. Sie hatten einen sehr guten Ruf. Nur Justin war als schwer zufrieden zu stellender Mann im Studio bekannt, aber die Chance, Millionen Platten zu verkaufen, reichte aus, damit sich Schlangen von Produzenten und Komponisten bildeten, die mit ihm arbeiten wollten. Er hingegen wollte unbedingt ernst genommen werden, und Glaubwürdigkeit war eine schwer zu erhaschende Qualität, über die 'N Sync trotz ihres Rekorderfolges nicht verfügte.

Musikalisch war Justin in den letzten fünf Jahren viel reifer geworden. Früher, als Teenager, hatte er den Wunsch gehabt, als Popstar berühmt zu werden, aber inzwischen war er ein hochkarätiger

Entertainer, und seine Zeit als Teenager war fast vorbei. Er war altersmäßig zwar der Jüngste in der Band, aber auf künstlerischer Ebene sollte er bald an den anderen vorbeiziehen, sowohl mit seiner Vielseitigkeit als auch mit seinem Können, obwohl Fans von JC da bestimmt anderer Meinung sind. Chuck Yerger merkte, wie sich Justin in den Jahren bei 'N Sync veränderte: »Als er ein Mouseketeer war, fiel er mir nie als besonders sprachgewandt auf. Aber als ich ihn während seiner Zeit mit 'N Sync unterrichtete, sah ich den Unterschied, denn Worte wurden sein Geschäft. Wir begannen, die amerikanischen Dichter zu lesen, Emerson und Thoreau, und wir spielten auch mit der Form von Sonetten von Shakespeare und Petrarca herum. Wir untersuchten den Rhythmus und das Reimschema und solche Sachen. Da merkte ich, dass dieser Junge eine besondere Begabung hatte. Ich erkannte, dass Justin gerade entdeckte, was man mit der Sprache alles anstellen kann, was man mit Worten machen kann, und wie man mit dem Rhythmus spielt.« Justin wendete seine natürliche Intelligenz auf seine kreative Welt an. Der Rhythmus der Sprache war enorm wichtig für den Rhythm & Blues, die Stilrichtung, in die sich seine Musik bewegte. Als 'N Sync im Januar 2001 ins Studio ging, um ein neues Album aufzunehmen, hatte Justin an sieben Songs mitgeschrieben, die den Nukleus eines neuen Sounds bildeten. Er produzierte auch fünf Tracks auf dem Album mit, denn seine musikalischen Fortschritte waren auch auf diesem Gebiet beeindruckend. 'N Syncs Erfolgssträhne riss nicht ab, sie wurden für zwei Grammys nominiert, darunter »Record of the Year« für »Bye Bye Bye«. Aber noch wichtiger als Justins Songwriting war vielleicht, dass er erstklassige Produzenten für das Album gewann, und zwar die Neptunes und BT alias Brian Transeau. BT lebt in Kalifornien und hat, was Aufnahmen betrifft, eine sehr entspannte Einstellung.

BTs hoch gelobtes Album *Movement in Still Life* aus dem Jahr 2000 war Lichtjahre entfernt von der Popwelt à la 'N Sync. Justin und JC waren glühende Fans, und Justin, der sich nach Glaubwürdigkeit sehnte, rief BT an und sagte ihm, die Band wolle einen Song im Stil von »Hip-Hop Phenomenon« aufnehmen, seinem Lieblingssong auf dem Album. BT war völlig von den Socken: »Ich sagte nur,

›Meinst du das ernst?‹« Der Track, den er bearbeiten sollte, war »Pop«, ein Song von Justin, in dem er seine Verachtung für die Nebensächlichkeiten des Popgeschäfts – Autos, Klamotten, Schmuck – zum Ausdruck brachte und darauf bestand, dass es nur um die Musik ging. Er vertrat auch die Ansicht, dass »Pop« kein unanständiges Wort sein musste, sondern dass es für die unterschiedlichsten Stilrichtungen stand, und darum ging es bei 'N Sync. Zufällig war es BT, der zum ersten Mal Justins zukünftiges Markenzeichen, die menschliche Beatbox, einsetzte. Sie waren im Studio und nahmen die Gesangsspur auf. BT hörte sich einen Take an, da fiel ihm auf, dass Justin vor sich hin beatboxte. BT war elektrisiert: »Das ist ja Spitze. Das müssen wir aufnehmen«, rief er. BT machte einen Mix für Justin, den er sich zu Hause anhören konnte. Justin hörte ihn sich im Auto an, er gefiel ihm immer besser, je öfter er ihn laufen ließ. Der Rest von 'N Sync war ebenfalls begeistert.

Vor Beginn der Aufnahmen zu *Celebrity* hatte JC gesagt, sie seien auf der Suche nach einem funkigeren Sound; »Pop« war nach *No Strings Attached* ein Schritt in diese Richtung.

Damals waren Justin und Britney noch ein Herz und eine Seele, und auch ihre Arbeit war erstaunlich vernetzt. Nach dem Erfolg von »Pop«, arbeitete BT mit Britney an ihrem dritten Album mit dem einfallsreichen Titel *Britney*. Er arbeitete mit ihr an einem Song, der pikanterweise »Before The Goodbye« hieß. Viel wichtiger aber war, dass Britney auf ihren Alben auch mit dem heißesten Produzententeam, das im Musikgeschäft zurzeit zu finden ist, arbeitete, den Neptunes. Sie schrieben und produzierten den Song »I'm A Slave 4 U« für Britney, aber vor allem arbeiteten sie am besten Track auf *Celebrity*, nämlich »Girlfriend«, dem einzigen 'N Sync-Song, den Justin bei seiner Solotournee *Justified* ins Programm aufnahm.

Justin schätzte die Arbeit der Neptunes sehr, und seitdem bewundern sie sich ständig gegenseitig. Die Neptunes, hinter denen sich Pharrell Williams und Chad Hugo verbergen, gingen in Virginia noch zur Highschool, als sie ihren ersten Song verkauften. 'N Sync arbeitete mit ihnen zusammen, weil die Jungs unbedingt ihren Sound verbessern wollten. Justin wollte so viel als möglich selbst produzieren, aber er war klug genug, sich zusätzlich noch mit den besten Leuten zu umgeben, die das Musikgeschäft gerade zu bieten hat. Die Neptunes gründeten ihr eigenes Label Star Trak, eine Heimstatt für hochrangige R&B-Stars wie Kelis und Newcomer wie The Clipse und Vanessa Marquez, die später mit Justin arbeiten sollte. Ihren guten Ruf im Mainstream verdankten die Neptunes aber mehr ihrer Zusammenarbeit mit No Doubt, Nelly, 'N Sync und Britney Spears. Alles war sehr familiär. Star Trak begann als Tochtergesellschaft von Arista, genau wie Jive, die Heimat von Britney, Justin und 'N Sync.

Die Neptunes teilten Justins spirituelle Einstellung und glaubten, ihre Musik sei ein Geschenk Gottes. Pharrell Williams, der zuerst Schlagzeug spielte, bevor er ein Meister des Keyboards wurde, führte in einer Radiosendung einmal ein bizarres Gespräch mit Michael Jackson, den er während des gesamten Interviews »Sir« nannte.

Jacko: »Was denkst du über die verschiedenen Musikrichtungen, die die Schwarzen in die Welt gebracht haben? Sind Jazz, Pop, Rock 'n' Roll, Hip-Hop und wer weiß was noch, sind sie Geschenke von Gott?«
Pharrell: »Ich glaube, alle Musik ist ein Geschenk Gottes.«
Jacko: »Blues, Rock 'n' Roll, alle unterschiedlichen Formen populärer Musik sind von Chuck Berry, Little Richard und Fats Domino erfunden worden.«
Pharrell: »Genau.«
Jacko: »Auch die Tänze vom Cakewalk zum Charleston, das Hüpfen, das Breaken, das Umarmen. Meinst du, auch sie sind Geschenke von Gott?«
Pharrell: »Absolut richtig. Gott gab uns dieses Geschenk, als er uns lehrte, zuzuhören.«

Dieser Gedankenaustausch, bei dem Williams Jacko ganz schön um den Bart ging, zeigt deutlich, welchen außerordentlichen Einfluss Michael Jackson auf die Musik der Neptunes und über sie auch auf den Solosound von Justin Timberlake hatte. Im Moment repräsentierte »Girlfriend« diesen Sound, ein Track, der auch auf jedes Album von Michael Jackson gepasst hätte. Es ist der Schlüsselsong, der den Übergang vom 'N Sync-Mitglied Justin zum coolen Typen Justin Timberlake markiert.

Justin steckte viel kreative Energie in *Celebrity*, und was er damit erreichen wollte, lässt sich in einem Wort ausdrücken: Respekt. Sein Zorn richtete sich meist auf Kritiker von 'N Sync, aber er nahm auch eine schützende Haltung ein, wenn es um seine Freundin Britney ging. Er verkündete: »Die nächsten Nirvana kriegen kein Bein mehr auf den Boden [...] die nächste Kritikergeneration wächst mit 'N Sync, Britney Spears und Backstreet Boys auf, die legen einen ganz anderen Qualitätsmaßstab an.« Seine Meinung, man dürfe aufrechte Popkünstler nicht deshalb verurteilen, weil sie eben Pop machten, ist durchaus gerechtfertigt. Ist *Harry Potter* ein schlechteres Buch, weil es für Kinder geschrieben wurde und sich Millionen Mal verkauft? Es war vielleicht ein bisschen frech, die Rockgötter Nirvana mit Britney Spears in einen Topf zu werfen. Justin war auch bei der Werbung für *Celebrity* ein bisschen voreilig, denn am Ende klang auch bei diesem Album noch der Europop-Sound durch, dem die Band in Stockholm erstmals in die Klauen fiel. Es sagt alles, dass Kristian Lundin, der am ersten Album mitgearbeitet hatte, zwei Tracks schrieb und produzierte, und auch Max Martin wieder dabei war. Ein Kritiker tadelte, die Songs »flirteten mit Hip-Hop und Elektronik, aber auf die leicht zugängliche, Teenager-kompatible Art, die man von 'N Sync erwartet«.

*Celebrity* war sprachlich viel interessanter als musikalisch. Justin wurde im Umgang mit Sprache – wie schon Chuck Yerger aufgefallen war – immer gewandter und selbstbewusster. Hier reimte sich nicht mehr Herz auf Schmerz. Der Titelsong »Celebrity« handelt davon, wie schwer es ist, als prominenter Mensch die wahre Liebe zu finden. Justin musste sich darüber klar werden, dass er praktisch jedes Mädchen auf der Welt haben konnte, dass es aber nur sein Image und sein Ruhm waren, von denen sie angezogen wurden, nicht er selbst. Justin wollte immer als normaler Mensch behandelt werden. Er wollte sich nicht einreden lassen, er sei irgendwie besser oder wichtiger als seine Mitmenschen. Aber es wurde immer schwieriger für ihn, Normalität zu finden, sogar in Shelby Forest und Millington. Wo immer er auftauchte, bald war er von einer Menschenmenge umgeben. Er wollte sich in Millington ein Highschool-Basketballspiel ansehen, stellte sich an und kaufte sein Ticket wie alle anderen auch. Aber drinnen konnte er das Spiel überhaupt nicht genießen, weil er von Schaulustigen und Autogrammjägern bedrängt wurde. Schließlich musste er die Halle verlassen. Seitdem hat er sich dort kein Spiel mehr angeschaut. Er kann nicht mehr länger einfach zum General Store von Shelby Forest schlendern, sich dort einen Cheeseburger holen und ein Schwätzchen halten. Die Nachricht, dass er dort ist, würde sich schneller als ein Lauffeuer verbreiten. Er bestellt sein Essen lieber telefonisch, bleibt zu Hause und lässt seinen Freund Trace zum Laden gehen.

Justin verabscheut es, von Frauen, die ihn gar nicht kennen, als Sexobjekt betrachtet zu werden. Er war überhaupt nicht begeistert, als ein weiblicher Fan bei einem Konzert in Foxborough, Massachusetts, nach seiner »Trousersnake«, seinem Allerheiligsten, griff. Seine Musik konzentrierte sich aber auf sein zweites Hassobjekt: Untreue. In »See Right Through Me« ging es um einen Mann, der dachte, seine Freundin liebe ihn, aber in Wahrheit hielt sie ihn zum Narren. »Gone« war ein Song mit einem amüsanten Titel, der von Britney Spears inspiriert wurde. Amüsant deshalb, weil sie sich noch heiß und innig liebten, als er das Lied schrieb. Er kam auf den Text, als Britney eines Nachmittags zum Frisör ging und ihm sagte, sie komme erst in ein paar Stunden wieder. »Als sie dort ankam, entschloss sie sich spontan noch zur Maniküre und Pediküre. Sie kam erst nach fünf Stunden zurück.« Wenn Justin sie nach fünf Stunden schon so sehr vermisste, musste er ja unvorstellbar gelitten haben, als sie sich endgültig trennten. Dann war sie wirklich »Gone«.

Den Beweis, dass auch die Kritiker sahen, das Justin heranreifte, lieferte die Plattenkritik in der englischen Musikzeitschrift *NME*, in der stand: »*Celebrity* ist in fast jeder Hinsicht keine Enttäuschung.« Sechs Tracks, darunter auch die erste Single »Pop«, bekamen die Bestnote. Dies war eine Zeit der Triumphe für 'N Sync und Justin, die langsam die Lieblinge der Preisverleihungen wurden. Justin war nach dem Jahreswechsel in Los Angeles und verbrachte dort etwas Zeit mit Britney. Er wohnte in ihrem neuen Haus in den Hollywood Hills, und die beiden benahmen sich wie ein ganz gewöhnliches Pärchen. Außergewöhnlich waren nur die Fotografen und Kameramänner, die sie überallhin verfolgten. Als sie sich eines Nachmittags beim Einkaufen zärtlich küssten und umarmten, erschien das in den Abendnachrichten. Beim People's Choice Award in Pasadena gewann 'N Sync in der Kategorie Best Musical Group or Band. Am nächsten Tag holten sie sich bei den American Music Awards den Preis in der Kategorie Internet Artist of the Year ab. Sie waren auch für Beste Band und Bestes Album nominiert worden. Bei den Grammys gingen sie leer aus, aber bei den Blockbuster Awards gewannen sie in den Kategorien Favourite CD, Favourite Single (»Bye Bye Bye«) und Favourite Pop Group. Justin sagte dem Publikum: »Ich hoffe, dass uns noch nicht alle satt haben.«

'N Sync mussten ihre Tour zwei Monate vor der Veröffentlichung ihres Albums beginnen, weil sie eine riesige Show im Stil von Pink Floyd in die großen Arenen des Landes brachten. Die Termine standen bombenfest, denn bald darauf begann die Football-Saison, dann waren die Stadien konstant belegt. Die Fertigstellung des Albums verzögerte sich, aber die Jungs mussten trotzdem die Tour beginnen und dem Publikum Material präsentieren, das, außer der bereits veröffentlichten Single »Pop«, noch weitgehend unbekannt war. Als die Tour am 23. Mai 2001 in Jacksonville, Florida, begann, eröffneten drei Opening Acts – Lil Romeo, BB Mak und 3LW.

Moby, der sich die Show ansah, als sie ins Shea Stadium in New York einrollte, war beeindruckt: »Ich ging aus dem gleichen Grund hin, aus dem sich mein Vater 1964 die Beatles im Shea Stadium ansah. Ich wollte das Teenie-Phänomen aus der Nähe sehen, und sie waren wirklich ein Phänomen. Ich muss zugeben, dass es das technisch beeindruckendste Konzert war, das ich je gesehen habe.« Justin ließ sich für das legendäre Stadion sogar einen Bürstenschnitt verpassen. Die Lokalzeitung *Star Ledger* beschrieb das aufregende Ereignis: »Die fünf Jungs von 'N Sync flogen an Drähten von der Hauptbühne zu einer Rampe in der Mitte des Stadionbodens. Sie ritten auf futuristischen, mechanischen Bullen und zeigten ein computeranimiertes Video, das speziell für die Tour produziert worden war. Feuerwerk erleuchtete den Himmel, Geysire aus Funken explodierten auf der Bühne.« Und das war erst ein Song, »Space Cowboy«. Die Show erinnerte an die extravaganten Konzerte der Supergroups der Achtziger, an die zahllosen Lastwagen, die Genesis, Pink Floyd oder Led Zeppelin in die Stadt brachten. Glücklicherweise waren Justin und die Jungs körperlich in Bestform. Auf der Bühne war ein solches Netzwerk von Tunnels, Ausgangsluken und Falltüren aufgebaut, dass sich die Leute im Publikum fast den Hals verrenkten, wenn sie versuchten vorauszuahnen, wo die Jungs als Nächstes auftauchen würden.

Mehr als fünfzig Trucks und vierundzwanzig Busse transportierten die Produktion von Stadt zu Stadt. Es dauerte drei Tage, die riesige Stahlkonstruktion aufzubauen, der Abbau dauerte zwei Tage. Ein sehr ehrgeiziges Unternehmen und finanziell unheimlich lohnend, denn nach jedem Auftritt waren Justin und die Jungs um fast eine Million Dollar reicher. Das Erstaunlichste daran aber war, dass es sich hier um 'N Sync handelte, die in England immer noch als alberne Boygroup galten.

Justin wollte sich gerne ein älteres Publikum sichern. Bei diesen gigantischen Konzerten ging es vor allem darum, die Aufmerksamkeit der Moms und Dads zu gewinnen, nicht die ihres kreischenden, flatterhaften Nachwuchses. Alle Kritiker waren sich einig, dass Justin und JC bald Solokarrieren starten würden. Justin wird immer viele weibliche Fans haben, die die Pubertät noch nicht erreicht haben, aber wenn man im Musikgeschäft dauerhaft Erfolg haben will, dann braucht man ein Publikum mit größerer Kaufkraft. Man muss sich außerdem ständig neu erfinden. Die Rolling Stones konnten es sich leisten, vierzig Jahre lang genau gleich zu klingen, aber Madonna, Kylie, Robbie und sogar Britney sind Künstler, die ihr Image immer wieder ändern, um sich dem Publikum neu zu präsentieren. Eine Band, die man mit zwölf Jahren glühend verehrt, hat man wahrscheinlich mit siebzehn vergessen. Aber wenn man sie mit zwanzig immer noch mag, dann kauft man ihre Platten, bis man alt und grau ist. Es gilt als ausgemachte Tatsache, dass die Lebensdauer einer Boygroup (oder Girlgroup) etwa fünf Jahre beträgt. Man nehme beispielsweise die Osmonds, 1972–76; Wham, 1982–86; New Kids on the Block, 1989–94; Boyzone, 1994–99; Take That, 1991–96; Spice Girls, 1996–2000; Atomic Kitten, 1999–2004. Die Jungs von Westlife hatten ihren ersten Hit im Jahr 1999, also wird es spannend, ob die Band den Ausstieg von Bryan McFadden im Jahr 2004 überlebt. 'N Sync näherten sich dem verflixten fünften Jahr, und als Gruppe hatten sie alles erreicht, was es zu erreichen gab.

Sie konnten nur noch ihre eigenen Rekorde brechen. Würde sich *Celebrity* in der ersten Woche öfter verkaufen als *No Strings Attached*? Am Ende lagen die Verkäufe knapp unter dem ersten Rekord, in der ersten Woche wurden statt der 2,4 Millionen bei dem vorigen Album »nur« 1,88 Millionen Exemplare verkauft. Trotzdem sicherte 'N Sync sich damit die ersten zwei Plätze auf der Liste der am schnellsten verkauften Platten aller Zeiten. Als die Tour im August 2001 zu Ende ging, wurde es langsam Zeit für eine Pause. Wie sollten sie diese Tour, eine der größten und lukrativsten aller Zeiten, noch toppen? Man gab bekannt, dass die Bandmitglieder sich erst mal auf Soloprojekte konzentrieren wollten. Chris war beinahe dreißig, für eine Boygroup fast im Rentenalter. Lance und Joey wollten zum Film, und JC hatte, wie Justin, musikalische Ambitionen. Es gab Gespräche über einen gemeinsamen Auftritt in der neuen Version des Musicals *Grease*, und die Band ging sogar geschlossen zum Filmfestival von Cannes, was nahe legte, dass es konkrete Pläne für einen Film gab. Bisher hatte Joey filmisch den größten Erfolg mit einer Nebenrolle in dem unglaublichen Kassenhit *My Big Fat Greek Wedding*.

Justin war jetzt endgültig ein Star und musste sich das ganze Jahr damit auseinander setzen, dass alles, was er alleine oder mit Britney tat, Schlagzeilen verursachte. Gute und schlechte. Sogar ein kleiner Unfall, bei dem Justin sich am Knöchel verletzte, schaffte es in die Nachrichten, besonders, weil Britney 1200 Meilen flog, um ihn zu trösten. Er war nun auch in Millington, Tennessee, eine offizielle »Berühmtheit« und zierte den Vorderumschlag des Telefonbuchs, Arm in Arm mit der Soul-Legende Al Green, dem einzigen anderen berühmten Künstler, der immer noch in der Gegend von Shelby Forest lebt. Die Telefongesellschaft von Millington druckte eine Auflage von 29 000 Stück, aber die Nachfrage war so groß, dass sie nur ein Buch pro Telefonanschluss herausgab.

Justin musste noch seinen Tourverpflichtungen mit 'N Sync nachkommen, bevor er sich mit aller Kraft seiner Solokarriere widmen konnte. Hinter den Kulissen arbeitete Johnny Wright mit Lynn an seinem Solovertrag mit Jive Records. Die *2001 PopOdyssey*-Tour wurde 2002 in *Celebrity* umbenannt, und der endlose Konzertreigen endete am 28. April in Orlando. Drei Tage später war Justins Solovertrag unter Dach und Fach. Er wollte auf keinen Fall wertvolle Zeit verlieren und machte sofort weiter.

'N Sync hat sich nie offiziell aufgelöst. Die Band ist vertraglich dazu verpflichtet, noch mindestens ein Album, aber wahrscheinlich eher zwei Alben zu produzieren. Es gibt keine Anzeichen dafür, dass das je geschehen wird. Justins Soloerfolge machen es extrem schwer, diesen Schritt zurückzugehen, trotz des hohen finanziellen Anreizes. Wie wär's mit einem *'N Sync's Greatest Hits*-Album, oder *'N Sync Farewell Live*?

## *»Talentiert, leidenschaftlich und ein kleines bisschen eingebildet ...«*

Justins keltisches Kreuz ist nur eines seiner bisher sieben Tattoos.

Christina Aguilera und ihr Vater. Ach nein, das ist ja Justin, der die neuesten Trends für Erdkundelehrer präsentiert.

Justin wagt sich mutig dahin, wo alle Männer gerne wären. Der berühmte Griff an Kylies Po bei den Brit Awards 2003.

Preise gibt es in allen Formen und Größen. Justin oben links mit dem Preis als Showman of the Year bei den GQ Man of the Year Awards. Rechts hält er drei MTV Europe Music Awards in den Armen und unten den wichtigsten Musikpreis der Welt – seine beiden Grammys von 2004.

Enthüllung: Justin demonstriert in zwei Schritten die geheimnisvolle »Fehlfunktion« von Janet Jacksons Bühnenoutfit beim Super Bowl 2004:

Schritt 1:
Noch sieht man nix.

Schritt 2:
Jetzt sieht man alles!

Justin mit seinen zwei Lieblingsbands.
Oben singt er »Where Is The Love« mit den Black Eyed Peas bei den Grammy Awards 2004.
Unten steht er mit N.E.R.D. und seinem Freund Pharrell Williams im Wiltern Theatre in L.A. im März 2004 auf der Bühne.

Die Freude steht Justin ins Gesicht geschrieben: Im April 2003 lernte er Cameron Diaz bei den Nickelodeon Kids' Choice Awards kennen.

Wenn Promis ausgehen, dann verstecken sie sich unter einem Hut. Justins' ist allerdings diskreter als Camerons Lampenschirm.

Oktober 2003: Justin ist derart verliebt in Cameron, dass er ausnahmsweise sogar ignoriert, was gerade im Basketballspiel der LA Lakers gegen die Mavericks passiert.

Die wichtigste Frau in seinem Leben: Justin nimmt seine Mutter mit zu den MTV Video Music Awards 2002 (oben) und den Grammy Awards 2004 (unten). Sie wirkt eher wie seine große Schwester.

Der neue »King of Pop«.

# 14

# Point Guard

*Justins Mathematiklehrerin Jacqueline Lackey fragte ihren Musterschüler eines Nachmittags nach der Schule, ob er lieber ein berühmter Basketballspieler oder ein berühmter Sänger wäre. Er dachte kurz nach und sagte dann: »Basketballspieler!«*

In Justin Timberlakes Kinderzimmer nahm das Poster seines sportlichen Idols Michael Jordan einen Ehrenplatz ein. Nimmt man den Reichtum und Ruhm eines David Beckham und multipliziert ihn mit zehn, dann bekommst man einen ungefähren Eindruck davon, wie sehr »Air Jordan« in den USA geschätzt wird. Nur Tiger Woods reicht an den inzwischen in den Ruhestand getretenen Star der Chicago Bulls und zweifachen Olympiasieger heran. Jordan war in den Neunzigern der am besten verdienende Sportler der Welt. Er verdiente Millionen mit der Werbung für Nike, besonders mit der für die »Air Jordan«-Turnschuhe. Auch Justin trug zu dem Vermögen des Sportlers bei, denn er kaufte sich jedes Modell, das je auf den Markt kam. Justin ist eigentlich kein nervöser Mensch, aber als er diesen Gott des Sports persönlich kennen lernte, schlotterten ihm die Knie: »Mir stockte kurz der Atem, weil ich diesem großartigen Mann die Hand drücken durfte.«

Man fragte Justin einmal, welche Berufsgeheimnisse er gerne mit Michael Jordan tauschen würde. Er antwortete: »Ich habe ihn einmal tanzen sehen, in einem Video von Michael Jackson. Er spielt wirklich fantastisch Basketball, aber er könnte ein paar Tanzstunden gebrauchen.«

Basketball ist Justins größte Leidenschaft, schon sein ganzes Leben lang. Er hat tiefe Freundschaften geschmiedet, die durch die gemeinsame Liebe zum Spiel ihren Anfang nahmen. Jeden Tag nach der Schule trainierte und spielte er drei Stunden lang mit seinen Freunden. Erst danach hatte Justin Zeit für so unwichtige Dinge wie Hausaufgaben, Gesangsunterricht oder Tanzstunden. Kim Lampkins erinnert sich: »Er war verrückt danach, und er war ein richtig guter Nachwuchsspieler. All seine Freunde waren mit ihm auf dem Platz. Er spielte Point Guard, hatte also oft Ballkontakt. Ein guter Fänger war er auch. Wir hatten zwei Spiele die Woche, ein Heimspiel und ein Auswärtsspiel. Den Rest der Woche trainierten wir nur. Er wollte während des Spiels nicht im Mittelpunkt der Aufmerksamkeit stehen. Er musste nicht die Nummer eins sein; er wollte ein guter Teamspieler werden und Spaß haben. Ein Angeber war er definitiv nicht!«

Justins Team in der E. E. Jeter gewann die Bezirksmeisterschaften für Schüler der sechsten Klasse. Auf diesen Erfolg ist er auch heute noch stolz. Der Triumph wurde im Schuljahrbuch gebührend gewürdigt: »Wir gratulieren Brian, Bucky, Casey, Jeremy, Justin, Kyle, RJ, Rob, Roy, Tim und Wade zu ihrem großartigen Erfolgsjahr. Die Shelby Forest Sixth Graders. Was für ein Team!«

Justin interessierte sich natürlich für die Chicago Bulls, weil dort Michael Jordan spielte, aber sein Lieblingsteam waren sie nicht. Er war großer Fan einer Collegemannschaft namens North Carolina Tar Heels, hauptsächlich deshalb, weil ihm die Teamfarben so gut gefielen. Sie spielten in Himmelblau, das war schon immer Justins Lieblingsfarbe. Als Justin in Memphis auf der Bühne seinen Schulabschluss feierte, reichte man ihm einen Talar, der die Farben von Carolina zeigte. Er hatte keine geografische oder familiäre Bindung an das Team, sondern hatte sie sich als Kind aus einer Laune heraus ausgesucht und war ihnen treu geblieben. »Er trug dieses Hellblau ständig«, erinnert sich seine erste Liebe Danielle Ditto. Der Rest der Welt kennt die Farbe unter dem Namen Babyblau, aber Justin nennt sie stur Carolinablau. Er sammelt wie ein Verrückter Sportartikel in dieser Farbe, schon sein Leben lang.

Shelby Forest ist nicht gerade berühmt für sportliche Aktivitäten. Das Spiel, bei dem es viele Bewohner, darunter auch Justin, zu einiger Meisterschaft gebracht haben, heißt Frisbee Golf. Es gibt in Shelby Forest sogar einen speziellen Parcours dafür. Ziel des Spiels ist, eine Frisbeescheibe in einen Korb zu befördern, aber um zu diesem Korb zu gelangen, muss der Spieler einer Reihe von Hindernissen ausweichen, zum Beispiel herabhängende Ketten oder Stangen. Es ist ein ziemlich anstrengendes Spiel und verlangt große Geschicklichkeit. Justin kam von zu Hause rüber und spielte eine Runde mit seinen Freunden, wenn ihm das Basketballtraining, die Golfkurse und die Reitstunden Zeit dazu ließen. Außerdem hatte er ja auch noch einen Billardtisch zu Hause. Justin wurde sehr sportlich erzogen. Nur für Baseball interessierte er sich nicht besonders, obwohl direkt vor seinem Elternhaus ein Baseballfeld lag. Manchmal spielte er dort Softball, als er mit Danielle Ditto zusammen war.

Justins Liebe zum Basketball erreichte einen neuen Höhepunkt, als er sich entschied, einen Roman zu schreiben, in dem es vor allem um diesen Sport ging. Er trat in die Fußstapfen seiner Freundin Britney, die mit ihrer Mutter ein Buch mit dem Titel *A Mother's Gift* verfasst hatte, eine Aschenputtel-Geschichte über ein junges Mädchen, Holly Faye Lovell, und deren Mutter. Die Kritiker waren sich darüber einig, dass das Buch gerade das Papier wert war, auf dem es gedruckt wurde. Justins Werk trug den Titel: *Inside Drive – A Novel of Basketball, Life and Love*. Der Held ist ein brillanter Basketballprofi namens Justin Taylor – um herauszufinden, wem die Figur nachempfunden ist, braucht man keinen Nobelpreis –, der mit seiner Mannschaft, den Tampa Stingrays, unbedingt die Play-Offs schaffen will. Sein Problem ist, dass das restliche Team nicht sein Talent hat. Er braucht einen Point Guard, der ihm die Bälle zuspielt. Er kennt auch jemand, mit dem er sogar seit der Schulzeit dick befreundet ist und der dafür ideal wäre, aber der spielt in einer anderen Mannschaft. Und es gibt noch ein Handikap: Es handelt sich um ein Mädchen, und Frauen dürfen nun mal in einer Männer-Profimannschaft nicht mitspielen.

Justin wuchs mit einigen sehr guten Basketballspielerinnen auf, die alle als Vorbilder für die Figur der Teresa Brunson in Frage kommen. Deanna Dooley, eins der ersten Mädchen, mit denen er ausging, spielte sehr gut, genau wie Randi Morgan, die für die Collegemannschaft der University of Tennessee spielte. Sie wohnte direkt neben Trace Ayala und schmiss die besten Partys der Nachbarschaft. Die Mädchen trainierten auf der anderen Seite der Turnhalle und schlugen sich sehr gut, wenn sie gegen die Jungs spielten. Erika Ruch spielte auch in der Mädchenmannschaft und erinnert sich: »Die Cheerleader interessierten sich nur für die Jungs, weil sie so süß waren, aber wir waren richtig gut. Jeder aus der Apex-Klasse wollte unbedingt Basketball spielen. Ich hatte damals den Ehrgeiz, als erste Frau in der NBA zu spielen.«

Die Werbekampagne für *Inside Drive* – ein spezieller Ausdruck aus dem Basketball –, war ziemlich kitschig: »Justin Timberlake steckt all seine Leidenschaft und Überzeugung in diese kraftvolle, spannende Geschichte über das Spiel, das er liebt, und eine Beziehung, die alle Hindernisse überwindet.« Das Buch erschien im März 2003 in England, ging aber sang- und klanglos unter, vielleicht, weil Basketball in Großbritannien immer noch ein eher wenig beachteter Sport ist. Im Buch verlieben sich Justin und Teresa ineinander. Die Handlung würde einen guten Filmstoff abgeben, eine romantische Komödie. Als Besetzung kämen ein basketballbegeisterter Sänger und eine große, sportliche, bekannte Schauspielerin in Frage – wie wäre es mit Cameron Diaz?

Im wirklichen Leben muss eine Frau, in die Justin Timberlake sich verlieben könnte, definitiv ein Basketballfan sein: »Ich stehe auf Mädchen, die Basketball mögen.« Danielle Ditto war zum Glück ein Fan und schaut sich immer noch so viele Spiele wie möglich an. Justin führte sie bei ihrer ersten Verabredung zu einem Spiel aus, und sie unterhielten sich auch während des Abendessens danach hauptsächlich über die Feinheiten des Sports. Sie sahen sich viele Spiele zusammen an. Veronica Finn gesteht, dass sie Basketball »eigentlich gar nicht mag«, sondern lieber American Football schaut, ein Sport, der Justin nicht besonders interessiert. Britney Spears ist allerdings begeisterte Basketballspielerin, schaut sich gern Spiele an und wirft auch selbst gern ein paar Körbe. Sie ist zwar sehr klein, aber sie ist ein sehr guter Point Guard. Vielleicht ist ja doch sie das Vorbild für Teresa. Britney spielte mit Justin bei Wohltätigkeitsspielen. Beide hatten ganz spezielle Trikots. Auf ihrem stand hinten Pinky, auf seinem »Stinky«, vielleicht eine Anspielung auf seine legendären Rülpser.

Britney und Justin spielten schon im *Mickey Mouse Club* zusammen Basketball. Ihr Lehrer Chuck Yerger erinnert sich: »Alle Kids waren verrückt nach Basketball. Sie hatten mittags eine Stunde Pause, dann stürmten sie alle in den Hof und spielten Basketball. Vor dem Produktionsstudio hing in einer großen Auffahrt ein Korb, und das war ihr absoluter Lieblingsplatz.« Auch Chuck entwickelte ein Faible für das Spiel, als er Justin im 'N Sync-Haus unterrichtete. Wenn er zu früh dran war, dann warf er so lange draußen vor dem Haus Körbe, bis es endlich acht Uhr morgens war, und er an die Haustür hämmern konnte, bis Justin aus dem Bett fiel. Veronica Finn weiß noch, dass die Jungs in den Hallen, in denen sie auftraten, immer einen Basketballkorb aufhängten und sich vor dem Konzert mit Freiwürfen entspannten.

Justin interessiert sich allgemein sehr für Sport. Wäre er Engländer, dann wäre er sicher ein großer Fußballfan, aber Justin könnte in jeder Konversation glänzen, in der es irgendwie um Sport geht. Bob Fischetti von Trans Continental schmiss jedes Jahr eine große Party anlässlich des Super Bowl, und Justin und der Rest von 'N Sync kamen jedes Mal. »Ihn interessierte alles, was mit Sport zu tun hatte. Nicht alle Bandmitglieder waren Supersportler, die einen machten gern Sport, die anderen weniger. Justin war definitiv der Beste. Es war für einen oder zwei seiner Kollegen bestimmt kein Zuckerschlecken, gegen ihn Basketball zu spielen, aber sie kamen sich durch das Spiel auf jeden Fall näher.« Die jährlichen Charity-Basketballspiele, die 'N Sync veranstaltete, waren hauptsächlich Justins Idee und es waren große Ereignisse. Das erste Spiel im Sommer 1999 fand in der Georgia State University in Atlanta statt und erzielte Spenden von 50 000 Dollar. Justin freute sich besonders darüber, dass er Kobe Bryant, einen der ganz großen Basketballspieler, für die Sache gewinnen konnte. Ein Jahr später hatten sich die Spendeneinnahmen verzehnfacht. Bei dem Spiel, das im Jahr 2000 in der St. John's University in New York stattfand, traten Stars an wie Pink, Queen Latifah und Jordan Knight, früher bei den New Kids on the Block. Es wurden 550 000 Dollar für wohltätige Zwecke erzielt, unter anderem für die Justin-Timberlake-Foundation. Jordan, der Star, den Justin in der Schule kopiert hatte, spielte später ironischerweise im Vorprogramm der *No Strings Attached*-Tour.

Justins Team gewann. Wenn es um Sport geht, sucht Justin den Wettkampf, er glaubt nicht an das alte Klischee, dass dabei sein alles sei. Er spielt immer, um zu gewinnen, sei es nun beim Basketball, beim Golf oder bei einem Brettspiel in einem Tournee-Hotel. Ein ehemaliger Basketballkamerad erklärt das so: »Justin verhält sich beim Sport ganz anders als sonst. Man darf auch keine Rücksicht nehmen. Aber meines Wissens nach regt er sich nie dabei auf.«

2003 begann Justins Mitarbeit bei Turner Sports. Er berichtete für den Sender über die Sportereignisse, die ihn am meisten interessierten. Der Produzent Mike Pearl sagte dazu: »Wir freuen uns sehr über diese einzigartige Verbindung von Sport und Entertainment und versprechen uns einen großen Gewinn für unsere populärsten Sportübertragungen. Der Enthusiasmus, den Justin nicht nur für die NBA (National Basketball Association), sondern für die ganze Welt des Sports ausstrahlt, wird sicher frischen Wind in unsere Übertragungen bringen.«

Das war fast so gut wie eine Karriere als Profisportler. Für eine seiner ersten Reportagen stand Justin mit der Basketballlegende Magic Johnson für *The NBA Playoffs ... Justified* vor der Kamera. Justin beschrieb die modernen Stars, und Magic verglich sie mit den älteren Basketballgrößen. Sie warfen ein paar Körbe gegeneinander und Justin schlug sich ganz gut, aber er gab zu: »Magic hat mich mit Samthandschuhen angefasst.«

Der andere Sport, der Justin seit Jahren immer mehr begeistert, ist Golf. Es ist eigentümlich, dass zwei der bekanntesten Popstars der Welt, nämlich Justin und Robbie Williams, begeisterte Golfer sind. Eigentlich ja kein Sport, der bei Kids Begeisterungsstürme auslöst. Robbie war in seinem Klub Spielführer der Jugendmannschaft, aber Justin übertraf das und spielte beim hoch angesehenen *Bob Hope Pro-Celebrity*-Turnier in Pebble Beach mit, zusammen mit den Filmstars Samuel L. Jackson und Joe Pesci. Die drei Promi-Golfer spielten die erste Runde mit Justin Leonard, dem Helden des Ryder Cup. Die zweite Runde spielten sie an der Seite des legendären Arnold Palmer und die dritte Runde mit John Daly. In der vierten Runde trafen sie auf David Duval, US-Open-Gewinner von 2001. Justin freute sich wie ein Schneekönig darüber, dass er mit diesen Größen auf dem Platz stand. Das Arnold-Palmer-Hospital gehörte zu jenen Einrichtungen, die von 'N Syncs jährlichem Wohltätigkeitsturnier profitierten. Im Jahr 2003 hat die Gruppe dem Krankenhaus einen Scheck über 100 000 Dollar überreicht. Arnold Palmer, eine lebende Legende, wohnt nicht weit von Lynn entfernt im Bay-Hill-Gebiet von Florida.

Justin spielt seit Jahren regelmäßig auf den Plätzen rund um Shelby Forest, oft leisten ihm Lynn oder sein Vater Randy dabei Gesellschaft. Er sagt: »Ich spiele so gern Golf, weil meine Arbeit so hektisch ist und ich mich nie lange an einem Ort aufhalte. Beim Golfen bin ich für vier oder fünf Stunden auf dem Platz. Da kann ich ein bisschen alleine sein.«

Es ist schade, dass Justin mit seinen eins achtzig für einen Basketballspieler einfach zu klein ist. In diesem Spiel stammen alle Profis geradewegs aus Jonathan Swifts Land der Riesen. Die Mindestgröße liegt derzeit bei etwa zwei Metern. Für Golf ist Justins athletischer Körperbau perfekt geeignet, Tiger Woods ist ungefähr gleich groß und gleich schwer.

Justin spielt auch weiterhin bei jeder Gelegenheit Basketball. Früher warf er mit den Jungs von 'N Sync vor Konzerten Körbe, inzwischen spielt er für ein Team in Hollywood. Er gehört zu den etwa 130 Prominenten, die in der NBA Entertainment League spielen, eine Liga mit zwölf Teams, in denen Stars wie Tobey Maguire, Leonardo DiCaprio, Woody Harrelson und David Arquette ihre Träume vom Profibasketball ausleben. Das verschafft der NBA natürlich exzellente Publicity, besonders, wenn Ehefrauen und Freundinnen bei den Spielen auftauchen, um ihre Männer anzufeuern. Britney Spears saß im Publikum, genau wie Keri Russell, ihre

Freundin aus dem *Mickey Mouse Club*, die mit dem Schauspieler Scott Speedman ausging.

Diese Spiele verschaffen Justin eine wunderbare Gelegenheit, den Sport, den er liebt, mit der Musik zu verbinden, die wahrscheinlich den größten Einfluss auf ihn hatte. Der MVP (Most Valuable Player oder Spieler des Jahres) der Liga war 1999 Brian McKnight, der die Karriere von Justin Timberlake musikalisch sehr stark beeinflusst hat. Brian ist eins neunzig groß und liebt Basketball so sehr wie Justin. Einmal sang er die Nationalhymne vor einem American-Football-Meisterschaftsspiel in New Jersey, stieg dann in das nächste Flugzeug zur Westküste und spielte am selben Abend beim Meisterschaftsspiel der NBA Entertainment League.

Justin war schon immer ein großer Fan der Musik von McKnight, der in der Musikszene der USA eine wichtige Rolle spielt, aber in England so gut wie unbekannt ist und noch nie einen Hit landen konnte. Brian ist das Aushängeschild der neuen Ära von Motown. Er ist ein wunderbarer Sänger, mit einer geschmeidigen, schmelzenden Stimme, der die Art wie Justin Balladen singt, entscheidend geprägt hat. Er gehört auch zu den Lieblingssängern von Lance Bass und JC Chasez. In der ersten offiziellen 'N Sync-Biografie gestand Justin, Brian McKnight sei sein Vorbild und er würde eines Tages unheimlich gern mit ihm zusammenarbeiten.

Justin hatte sein Idol beim *Mickey Mouse Club* kennen gelernt, als Brian dort einen Gastauftritt hatte. Justin war dreizehn und McKnight beeindruckte ihn tief. Wenn man sich Brians Gesangsstil auf seinen Alben *Back at One* und *Superhero* anhört, dann springt einen Justins Sound geradezu an. Bei dem Track »Stay« meint man, Justin zu hören. Ein verzeihlicher Fehler. Imitation ist schließlich die wahrhaftigste Bewunderung. Justin atmet und phrasiert genau wie Brian und hat auch den gleichen Ton. Vielleicht ist es ja ganz gut, dass Brian in England relativ unbekannt ist. Zu Justins Glück war Brian sehr begeistert von ihm, als sie schließlich zusammenarbeiteten. Ihr erstes gemeinsames Projekt war das Duett »My Kinda Girl« für Brians Album *Superhero*. Brian sagte der Journalistin Lisa Elder: »Jedes Mal, wenn ich mit Justin arbeite, überrascht es mich aufs Neue, wie begabt er ist. Ich glaube, weil er mit einer »Boygroup« bekannt wurde, glauben die Leute, er sei nur mäßig talentiert.«

Justin und Brian verbindet nicht nur die Liebe zum Basketball, sondern auch ihre spirituelle Einstellung. Die Danksagung auf *Back to One* beginnt mit den Worten: »Zuerst, O Herr, gabst du mir die Fähigkeit, andere Menschen mit dem Geschenk der Musik zu erfreuen.« Diese Worte hätten auch jedes Album von Justin zieren können. Die beiden arbeiteten zusammen an einem Track für *Justified*, der zeitlosen Ballade »Never Again«, einem wunderschönen Stück, das zu Brian McKnights Meisterwerken gehört. Der fünfunddreißigjährige R&B-Herzensbrecher wuchs in Buffalo, New York, auf und machte in der Kirche seiner Heimatstadt Musik. Er ist kein Baptist, sondern beschreibt sich als Adventisten der fünften Generation: »Ich lernte mit vier Jahren singen, als ich auf dem Schoß meiner Mutter bei den Altistinnen im Chor saß.« Brians musikalische Karriere begann als jüngstes Mitglied der McKnight Brothers, einem Gospelquartett mit sehr gutem Ruf. Sein älterer Bruder Claude gründete später die Band Take 6, die ebenfalls großen Einfluss auf die Musik von Justin Timberlake hatte. Wenn sie nicht in der Kirche waren, dann hörten die Brüder Jazz. Brian war schon vor seinem dreizehnten Lebensjahr ein begabter Jazzpianist.

Es gibt noch eine weitere kuriose Parallele zwischen Justin und Brian. Auch Brian zog als Kind nach Orlando. Er bewarb sich aber nicht beim *Mickey Mouse Club*, sondern konzentrierte sich mehr auf seine Fähigkeiten als Musiker. Er unterschrieb seinen ersten Solovertrag mit neunzehn und gibt zu, dass er damals ein arrogantes Bürschchen war, das noch viel lernen musste. Er musste sich in seinen Twenties mit seinem Ruf als Sexsymbol herumschlagen, genau wie Justin auch lernen musste, damit umzugehen. Brians größtes musikalisches Vorbild war Stevie Wonder, der auch auf den jungen Justin Timberlake großen Eindruck machte. Der musikalische Kreis, dem das Album *Justified* seinen Sound verdankt, ist erstaunlich klein. Brian wollte Musik schaffen, die an die Musik von Stevie Wonder heranreichte. Er bezeichnet sich als Glückspilz, weil er Stevie mehr als einmal seine Augen leihen durfte und ihn gelegentlich bei Konzerten auf die Bühne führte und ihm half. Er sagt: »Wenn ich ein Idol hätte, was aber nicht der Fall ist, weil ich das Wort nicht mag, dann wäre es Stevie.«

Justin erlebte einen Höhepunkt seiner Karriere, als Stevie sich bereit erklärte, auf »Something Like You« Mundharmonika zu spielen. Justin hatte den Song mit Robin Wiley für das Album *Celebrity* geschrieben. Justin produzierte das Stück auch, und er hatte die undankbare Aufgabe, dem großen Mann zu sagen, dass seine Mundharmonika verstimmt war. Justin glaubt, dass die großartige Musik von Stevie Wonder ihm das Singen beibrachte, genau wie Brian McKnight. Sie bilden ein richtiges Triumvirat der Soulsänger.

Brian McKnight beschreibt Stevie Wonder mit einem Vergleich, den auch Justin gutheißen würde: »Für mich«, sagt Brian, »ist Stevie Wonder der Michael Jordan der Musik.«

***»Ich spiele ganz gut Golf, ich kann auch ein paar Körbe machen.«***

# 15

# Mr. JT

*Justin erzählte Brian McKnight, was in seinem Leben gerade so passierte, und wie er sich nach seiner Trennung von Britney fühlte. Brian klimperte eine Melodie auf dem Klavier, und Justin begann, ohne nachzudenken, ein paar Zeilen zu singen. Kurze Zeit später hatten sie die traurige Soulnummer »Never Again« komponiert, die das Album Justified beschließt. »Die besten Songs fliegen dir einfach zu«, sagt Brian.*

Einen Monat vor Beginn der Aufnahmen für Justins erstes Soloalbum wurde er gesichtet, wie er drei Alben im Chicago Virgin Megastore kaufte. Es waren *The Donny Hathaway Collection*, *The Very Best of Otis Redding* und *What's Going On* von Marvin Gaye. Black Music dominiert im Moment das Musikgeschäft, besonders mit Rap und R&B. Die Wiedergeburt von Justin Timberlake, dem ehemaligen Boygroup-Mitglied, als authentisch »schwarzer« Künstler ist eine der faszinierenden Geschichten des Pop der letzten Jahre. Es gibt noch andere weiße Stars, die auf schwarze Trends setzen: Eminem und Christina Aguilera sind nur zwei der weißen Künstler, die auf der Erfolgswelle von umsatzstarken schwarzen Künstlern wie 50 Cent, R Kelly, Usher und Beyoncé mitschwimmen. Bei den Grammys von 2004 gewann in der Kategorie Best Album das brillante *Speakerboxxx/The Love Below* von Outkast, ein Album, das viele der besten Aspekte moderner schwarzer Musik in sich vereinigt – Rap, Jazz und Dance. Außerdem waren die Texte viel ausgefeilter und komplexer als in den urbanen Gesängen der Neunziger. Diese Musik ist bahnbrechend. Die Frage, der sich Mr. JT stellen muss, ist, ob er nun wirklich ein Schwarzer mit weißer Haut ist, wie sein Freund Brian McKnight es ausgedrückt hat, oder einfach nur ein musikalischer Opportunist.

Es war nicht so, dass Justin sich sofort den Umhang schwarzer Kultur überwarf, nachdem er seinen letzten Auftritt als ein Fünftel der erfolgreichsten Boygroup der Geschichte hinter sich gebracht hatte. Er setzte sich nicht mit Lynn und Johnny Wright zusammen und entschied, dass er ein schwarzer Künstler werden wollte. Mr. JTs Wurzeln reichen viel weiter zurück, bis nach Shelby Forest, wo er als Kind ein Poster von Michael Jordan an der Wand hatte und Halle Berry seine Lieblingsschauspielerin war. Seine Schulfreundin Erika Ruch erinnert sich noch daran, wie er von der schönen Schauspielerin sprach: »Er fand Halle wunderbar. Er war richtig in sie vernarrt. Er stand eben schon immer auf ältere Frauen.« Danielle Ditto erinnert sich, dass Justin und sie während ihrer Beziehung am liebsten Platten der englischen Künstlerin Sade hörten: »Wir hörten ständig Sade. Unsere drei Lieblingskünstler waren die Fugees – Lauryn Hill war die Größte –, Brian McKnight und Sade. Sie ist so wunderschön. Wir fanden, dass Brian McKnight eine Stimme wie ein Engel hatte. Er ist unglaublich gut.«

Justin wechselt immer wieder zwischen den schwarzen Superstars ab, die er als seine »Idole« bezeichnet. Viele sind inzwischen gestorben, bleiben aber Musiklegenden; ihre Hautfarbe spielt dabei keine Rolle. Donny Hathaway gehört zu den Interessantesten und wird heutzutage nur noch wenig gehört, außer von Kennern. Seine Tenorstimme mit ihrem unverwechselbaren Gesangsstil hat in den letzten dreißig Jahren einen unauslöschlichen Eindruck hinterlassen: weich, aber von Herzen kommend, klagend und gefühlvoll. Sein Erbe durchdringt den gesamten R&B, besonders deutlich ist das in Balladen von Künstlern wie Boyz II Men und R. Kelly zu hören, die in den Neunzigern die Charts beherrschten. Hathaway wurde in St. Louis, Missouri, geboren, und erhielt seine musikalische Grundausbildung natürlich in der Kirche. Wie Stevie Wonder und in der nächsten Generation Brian McKnight spielte er sehr gut Klavier, schrieb Lieder und sang in einem Gospelchor. Seine Karriere im Musikgeschäft endete leider viel zu früh. Er erschien mit dem Album *Everything is Everything* auf der Bildfläche, mit seiner Version von »Young, Gifted And Black«. Seine wahren Qualitäten als Musiker entfaltete er aber erst bei seinen Arrangements. Dies war der Beginn eines goldenen Zeitalters der Black Music, den frühen Siebzigern, in denen Stevie Wonder und Marvin Gaye hoch gelobte Alben veröffentlichten.

Der Ruf, den Hathaway heute genießt, basiert auf seiner Arbeit mit der samtweich singenden Roberta Flack, der ersten schwarzen Solistin, die es mit *First Take* 1972 an die Spitze der amerikanischen Albumcharts schaffte. In jenem Jahr nahm sie ein Duettalbum mit Hathaway auf, darunter war auch der Klassiker »Where Is The Love«. Der Höhepunkt der Platte war für viele Hörer Hathaways Soloversion von »For All We Know«. Leider kamen für ihn mit dem Ruhm auch schwere Depressionen. Sein letztes Soloalbum, *Extensions of a Man*, das 1973 veröffentlicht wurde, enthält sein wahrscheinlich einflussreichstes und zukunftsweisendes Stück, »Someday We'll All Be Free«, das Alicia Keys in dem Konzert für die Opfer des 11. September sang. Alicia nennt Hathaway eines ihrer größten musikalischen Vorbilder. Es ist kein Zufall, dass sie zu den Musikern gehörte, die Justin bei *Justified* halfen. Hathaway arbeitete 1977 noch einmal mit Roberta Flack zusammen und nahm mit ihr »The Closer I Get To You« und »Back Together Again« auf. Letzterer Song war kürzlich ein Hit für Luther Vandross und Beyoncé. Er vollendete nur diese beiden Tracks für das geplante zweite Duettalbum, dann starb er, wahrscheinlich durch eigene Hand. Hathaway starb drei Jahre vor Justins Geburt, aber die Musik, die Mr. JT liebt, trägt ganz deutlich seine Handschrift. Es war nur eine Frage der Zeit, bis jemand, der Black Music liebt, diese Legende entdeckte. »Ich bin ein großer Fan von Donny Hathaway«, gibt Justin offen zu. »Ich glaube, viele Menschen sind erstaunt, dass ich überhaupt weiß, wer Donny Hathaway ist.«

Der Sound von Motown spielt im Soundtrack von Justins Leben eine große Rolle. Hathaway, der bei Atlantik unter Vertrag stand, gehörte zu der Hand voll von Justins Helden, die nicht bei dem legendären Label aus Detroit waren. Marvin Gaye hatte eine sehr hohe Tenorstimme, die viele nachahmen, aber niemand vollendet kopieren kann. Seine Tanznummern aus den Sechzigern, darunter auch der Partyhit »I Heard It Through The Grapevine«, standen bald für den Motown-Sound, aber erst sein bahnbrechendes Album *What's Going On*, das erste Konzeptalbum des R&B überhaupt, machte ihn zu einer Legende im Musikgeschäft. Der Titelsong und »Mercy Mercy Me« sind nur zwei Beispiele dafür, wie sich der Sound der schwarzen Popmusik verändert hatte. Im Jahr nach Justins Geburt gewann Marvin Gaye zwei Grammys für den außergewöhnlichen Song »Sexual Healing«. Zwei Jahre später wurde Gaye von seinem Vater, einem Pfarrer, erschossen.

Marvin Gaye und Donny Hathaway gehörten in Justins Jugend nicht zu den Chartstürmern, aber er kam nicht an ihrer Musik vorbei, denn Lynn, die merkte, dass Justin sich für Soul interessierte, kaufte ihm Platten, die ihm vielleicht gefallen könnten. In Tennessee gibt es zwei musikalische Hauptstädte: Nashville, die Heimat von Countrymusic, Kenny Rogers, Glen Campbell und Garth Brooks; und Memphis, die Heimat von Blues und Jazz und eines großen, schwarzen musikalischen Vermächtnisses. Glücklicherweise entschied sich Justin für Memphis, vielleicht auch, weil der Reverend Al Green sich in seiner Nachbarschaft niedergelassen hatte. Wie fast jeder großartige schwarze Sänger der Geschichte hatte auch Al Green seine Karriere als Sänger in einem Gospelchor begonnen. Seine ersten beiden Hitsingles, »Tired Of Being Alone« und ganz besonders »Let's Stay Together«, hätten sich auch sehr gut auf *Justified* ausgemacht. Nach einer persönlichen Tragödie in den frühen Siebzigern wandte Green sich der Kirche zu. Er wurde Pfarrer im Full Gospel Tabernacle in Memphis und kaufte sich ein Haus in Shelby Forest, ganz in der Nähe von Justins Elternhaus, wo er immer noch lebt. Er predigt immer noch in der Kirche, obwohl er seine Karriere als Mainstream-Musiker schon längst wieder aufgenommen hat. Er trat gemeinsam mit Justin im New Daisy Theatre in Memphis auf und sang mit ihm »Let's Stay Together«. Justin konnte sich gegen ihn behaupten, was zeigt, wie sehr seine Stimme sich seit »I Want You Back« entwickelt hat.

Als Junge war Justin nicht von diesen schwarzen Musiklegenden besessen. Er wuchs während seiner Teenagerzeit in die Musik hinein, weil er sich mit Menschen umgab, die diese Musik ebenfalls liebten. Sein Gesangslehrer Bob Westbrook erinnert sich: »Er mochte die Charts. Das war auch die Musik, die er singen wollte, wenn er zum Unterricht kam.« Er imitierte ja schließlich auch die New Kids on the Block, eine blütenweiße Band, als er sich entschloss, ernsthaft singen zu lernen. In Shelby Forest sangen die Kids auf dem Spielplatz nicht »Where Is The Love«, sondern konnten jede Zeile von »Please Don't Go Girl« auswendig.

Die Motown-Band, die für Justin die Lücke zwischen den Charts und klassischem Soul schloss, waren die Boyz II Men, vier junge Schwarze aus Philadelphia, die einige der größten Hits der Neunziger einspielten. Genau die süßen, beseelten A-cappella-Balladen, die auch 'N Sync brachte, wenn sie gerade keinen Techno fabrizierten. Zu der Zeit, als Justin im *Mickey Mouse Club* war, veröffentlichten sie drei der erfolgreichsten Platten des Jahrzehnts: »End Of The Road«, »I'll Make Love To You« und mit Mariah Carey »One Sweet Day«, die in den USA den Rekord für die längste Zeit auf Platz Nummer eins hält, nämlich sechzehn Wochen. Alle Mitglieder von 'N Sync bezeichnen Boyz II Men als sehr wichtig für ihre Musik.

Es wäre schon außergewöhnlich, wenn Justin seinen Musikgeschmack bereits am Ende seiner Teenagerzeit vollständig entwickelt hätte, aber seine Liebe für Black Music ist echt. Sein Wunsch, dieses Erbe in seine Musik einzubringen, klingt absolut ehrlich und folgerichtig. Hätte er sich zu Beginn seiner Solokarriere einen weißen Anzug angezogen, einen waschechten Cowboyhut übergestülpt und »Rhinestone Cowboy« gesungen ... das wäre ein Schwindel gewesen. Er erklärte: »Ich wuchs mit Stevie, Marvin, Michael und Donny auf. Aber ich stehe auch total auf Hip-Hop. Ich rocke unheimlich gern zu den Beatles und Elvis ab. Ich mag James Brown und Prince. Mich inspirieren so viele Dinge. Ich nehme alles auf und verwandele es in meine ganz eigene Musik.«

Justins schmerzhafte Trennung von Britney war das Beste, was seiner Solokarriere passieren konnte. Als sie glücklich und verliebt waren, hatte er »Pop« und »Celebrity« geschrieben. Aber nach der Trennung, als seine Stimmung düster war, und er sich in sich selbst zurückzog, da schuf er die leidenschaftlichen, sehr viel reiferen Songs »Cry Me A River« und »Never Again«, die sofort Klassikerstatus erreichten. Brian ist der Meinung, dass Justin besonders dadurch angespornt wurde, dass Britney seine erste große Liebe gewesen war. »Er hatte so viel zu erzählen, dass es einfach aus ihm herausströmte.« In gewisser Weise repräsentieren diese Lieder die Briefe, die er Britney nie geschrieben hat. Vielleicht hätte er sie ihr schreiben sollen. In »Cry Me A River« enthüllt er seine bitteren Gefühle und deutet an, dass Britney (die natürlich im Song nicht namentlich erwähnt wird) die Brücken hinter sich abbrach, und dass sie jetzt an der Reihe war, zu weinen. In »Never Again« sagt er ihr, dass er von ihr nur eine ernst gemeinte Entschuldigung hören wollte. Das Video zu »Cry Me A River« bestätigte später, dass Justin auf Untreue anspielte, wenn er über abgebrochene Brücken sang, und dass sie deswegen weinte, weil Justin die Gelegenheit nutzte und eine neue sexuelle Beziehung begann.

Justin war äußerst zielstrebig, was sein erstes Soloalbum anging. Er sicherte sich neben Brian McKnight noch die Hilfe von Timbaland, im wirklichen Leben Tim Mosely, einem respektablen R&B-Produzenten, der ganz vorne mitspielt, wenn es um neue, aufregende Musik geht, und der für den urbanen Sound von Künstlern wie Missy Elliott und Jay-Z verantwortlich zeichnet. Mit Timbaland hatten Justin und 'N Sync bisher noch nicht zusammengearbeitet, und Mosely musste sich erst davon überzeugen, ob ein weißer Frauenschwarm aus einer Boygroup ein guter Partner war. »Zuerst sagte ich ›Der Typ kommt von 'N Sync. Ich komme aus dem Urban-Sound. Wie soll denn das zusammengehen?‹, aber als wir dann miteinander arbeiteten, lief alles wie am Schnürchen. Es ist ganz schön schwer, sich von einem Stil zu verabschieden, mit dem man zehn Millionen Scheiben verkauft hat, und was ganz Neues zu machen, aber er verwirklicht sich damit einfach selbst. Ich finde es gut, dass er dieses Risiko eingeht. Ich bin da ganz genauso.«

Timbaland und sein Coautor Scott Storch, ein Klarinettist, stecken als Team hinter der klagenden Melodie von »Cry Me A

River«, aber es lag an Justins Text über eine treulose Geliebte, dass der Song bald als bester Track des Albums galt. Das Stück war zurückhaltend, fast geheimnisvoll, aber dadurch nur noch kraftvoller. Justin ist ein gelehriger Schüler, das liegt an seiner akademisch geprägten Ausbildung, und er genoss es, die unterschiedlichen Stile dieser einflussreichen Produzenten zu studieren. Timbaland war sehr spontan und intuitiv, er stürmte immer mit der Einstellung ins Studio, dass er gespannt darauf war, was der Tag so bringen würde. Dann erschuf er innerhalb von zehn Minuten einen originellen, innovativen Sound. Justin war begeistert: »Er haut mich immer wieder um. Er sitzt einfach da und drückt ein paar Knöpfe. Dann sagt er: ›Ist der Beat okay?‹, und ich nur: ›Machst du Witze?‹«

Für die Gesamtproduktion der Platte waren allerdings die Neptunes verantwortlich. Justin verlor keine Zeit und rekrutierte schleunigst Chad »Hip-Hop« Hugo und Pharrell Williams, weil er die Zusammenarbeit am Song »Girlfriend« für das *Celebrity*-Album so genossen hatte. »Wir verstanden uns so gut, dass ich sofort wusste, dass ich wieder mit ihnen arbeiten wollte.« Besonders der charismatische Pharrell Williams ist inzwischen ein sehr guter Freund von Justin. Sie haben den gleichen Humor, die gleiche spirituelle Einstellung, und sie gehen musikalisch in die gleiche Richtung.

Es gab keine Zeit zu verlieren, denn Justin wollte seine Vorteile nutzen, solange 'N Sync noch ganz oben war. Er schlug seine Zelte in den East Coast Virginia Beach-Studios der Neptunes auf und spielte das Album Johnny Wright sechs Wochen später zum ersten Mal vor. Johnny wusste sofort, dass er Recht gehabt hatte: Justin Timberlake würde als Solokünstler ein Riesenerfolg werden. In der Musik klang eine Sexualität durch, die niemals zum Saubermann-Image von 'N Sync gepasst hätte. Johnny war überzeugt davon, dass die Zeit reif war. Er sagte *Entertainment Weekly*: »Die traditionelle männliche Popband mit fünf Mitgliedern löst sich langsam auf. Wenn sich dein musikalischer Horizont erweitert, dann entsprechen irgendwann dein persönlicher Geschmack und deine musikalischen Ziele nicht mehr dem, was für die Band als Ganzes am besten ist. Wenn du diese Leidenschaft hast, dann musst du vortreten und sie zeigen, und genau das hat Justin getan [...] Hier geht es nur um die Leidenschaft und die Musik, die in ihm steckt.«

Justins Kreativität bekam einen enormen Schub. Er schrieb an allen dreizehn Songs auf dem Album mit. Mindestens noch einmal genau so viele schafften es nicht über die Probeaufnahmen hinaus. Pharrell Williams fasste das Ganze zusammen: »Dies ist kein Soloprojekt von Justin von 'N Sync. Dies ist Justin Timberlakes erstes Album.« Der Mann, dem Justin die Verantwortung für die Gesamtkoordination der Produktion überließ und der dafür sorgte, dass *Justified* ein kohärentes Album wurde, heißt Silas White und ist ein A&R-Berater. Er sagt, dass Justin vom ersten Tag an wusste, was er wollte: »Er wollte über sich hinauswachsen.« Silas beschreibt man am besten als einen Impresario des R&B. Er managt auch Brian McKnight, stärkt also die »Familienbande«, die Justin für sein erstes Soloprojekt knüpfte. Silas ist ein One-Man-Justin-Fanclub: »Dieser Junge gehört zu den herausragenden Künstlern, nach deren Erscheinen nichts mehr so ist wie vorher.«

Justins glückliches Händchen und sein gutes Management haben dafür gesorgt, dass er sich mit Talenten umgibt, die das Beste aus ihm herausholen – nicht nur großartige Produzenten und Studiomusiker, sondern auch sorgfältig ausgewählte Künstler, die seiner Arbeit das gewisse Etwas verleihen. Zuerst wollte er alles alleine machen, aber als sich der Sound herauskristallisierte, kam er schnell auf neue Ideen. Sein Status erlaubt es ihm außerdem, mit den Künstlern, die er bewundert, zusammenzuarbeiten. Auf *Justified* übernahm beispielsweise Bubba Sparxxx den Rap auf »Right For Me«. Bubba ist ein herausragender weißer Rapper aus Georgia. Er stammt genau wie Justin aus einer Gemeinde im Bible-Belt, aber seine Heimat ist viel ländlicher – man könnte auch hinterwäldlerischer sagen. Justin verbindet Soulelemente mit Hip-Hop, und Bubba bringt seine Countrywurzeln mit ein. Bubba ist auch einer der weißen Künstler, die davon profitierten, dass sie sich mit Timbaland zusammenschlossen. Er veröffentlichte sein Debüt auf Timbalands Label Beat Club. Das Album *Dark Days, Bright Nights* preschte direkt nach Erscheinen auf Platz drei der Albumcharts der USA vor. Bubba war genau der richtige für den Südstaatenrap auf

»Right For Me«, obwohl die Zusammenarbeit nur das Ergebnis einer zufälligen Begegnung war. Bubba war im Studio, weil er mit Timbaland sprechen wollte, und sagte Justin, dass ihm die Beats, die sie zusammenmixten, sehr gut gefielen. Die zwei Südstaatler verstanden sich auf Anhieb, und Justin schlug Bubba vor, doch bei dem Track mitzumachen. Also zog sich Bubba ein paar Stunden zurück und schrieb einen sechzehntaktigen Rap für das Ende des Songs. »Right For Me« wurde einer der besten Songs des Albums. Justin sagte der *New York Post:* »Es ist roh. Nur die Beatbox macht den Groove, die Stimme den Rhythmus. Wenn man sich die Melodie genau anhört, klingt sie nach Saloon-Musik. Ich finde, das Stück hat was.«

All das spricht dafür, dass Justin als Künstler ernst genommen werden muss, denn die Leute, die mit ihm zusammenarbeiten wollen, sind sehr talentiert und selbst ernsthafte Künstler. Auf »Like I Love You« und »Rock Your Body« unterstützen diesen Eindruck der Hip-Hopper The Clipse und Vanessa Marquez. Justin schrieb Vanessa einen Songteil quasi auf den Leib, weil er ihre träumerische Stimme so schön fand. Er sagte auch: »Sie ist sexy und wunderschön.« Justin verzichtete absichtlich darauf, für »Like I Love You« einen bereits bekannten Rapper zu engagieren, denn er wollte bei seinem Neuanfang auch mit relativ unbekannten Leuten arbeiten, um dem Projekt Frische zu verleihen.

*Justified* erschien am 5. November 2002. Justin erklärte, dass er auf den Titel kam, als ein Tänzer, mit dem er sich unterhielt, den Ausdruck benutzt hatte. Der Titel *Justified* (Berechtigt) passte, weil Justin jetzt das Recht hatte, sich einen erwachsenen Künstler zu nennen. Der Arbeitstitel *Out of the Blue*, aus heiterem Himmel, war ebenfalls doppeldeutig. Er spielte darauf an, dass ein Mitglied von 'N Sync jetzt etwas völlig Neues, Unerwartetes brachte, und natürlich auf Justins Lieblingsfarbe. Aber *Justified* hatte viel mehr Wucht und Street Credibility und stiftete eine Verbindung zu seinem Namen. Justin feierte den Erscheinungstag damit, dass er zwei der stärksten Stücke, »Like I Love You« und »Cry Me A River«, live auf dem New Yorker Times Square spielte, übertragen von MTVs TRL (Total Request Live). Das Album verkaufte sich in der ersten

Woche 445 000-mal, ein sehr respektables Ergebnis. Aber an die Spitze der Charts schaffte es das Album leider nicht, denn die belegte Eminems brillanter Soundtrack zu seinem Film *8 Mile*. Mr. Timberlake erklärte, in seinem Ehrgeiz verletzt: »Niemand macht ein Album in der Hoffnung, dass es sofort auf dem zweiten Platz landet. Ich habe Ziele und große Pläne.« Zufällig erschien Justins Album eine Woche nach dem Solodebüt von Nick Carter, dem Sonnyboy von den Backstreet Boys. Aber was die Popularität als Solokünstler angeht, hat Justin Nick inzwischen längst abgehängt.

Diesmal wollten Justin und Johnny Wright auch England erobern. »Like I love You«, die erste Singleauskopplung des Albums, stand eine Woche vor dem amerikanischen Erscheinungsdatum des Albums in den englischen Charts bereits auf Platz Nummer zwei. Im Oktober 2002 überquerte Justin den Atlantik und trat sowohl bei *Top of the Pops*, als auch als Gast in zwei Radiosendungen bei Radio One und Capital Radio auf. Er wollte seinen Namen und seine Musik mit einer konzentrierten Werbekampagne bekannt machen und nicht den Fehler von 'N Sync wiederholen, die geglaubt hatten, dass ihr enormer Erfolg in den USA ihnen in England den Weg ebnen würde. Justin war in England ein fast unbeschriebenes Blatt und konnte bei null anfangen, ohne den Ballast des Technopop und der schrecklichen Frisuren aus den Tagen mit 'N Sync. Er wollte den gleichen Fehler nicht ein zweites Mal machen. Der Hype ist heute sehr viel kurzlebiger als noch vor fünf oder zehn Jahren. Heutzutage kann man nicht erst mit dem vierten Album bekannt werden. Man bekommt nur eine Chance, wenn man die nicht nutzt, ist man weg vom Fenster. Die Vorstellung, 'N Sync könne jemals einen Brit Award gewinnen, war lachhaft, aber im Jahr 2004 gewann Justin gleich zwei, also hatte er England »geknackt«. Rick Sky fügt hinzu: »Justin ist offensichtlich ein talentierter Musiker.«

Die Werbekampagne für *Justified* wurde durch einen Unfall bei den Proben abrupt unterbrochen. Justin brach sich den Fuß und fand sich kurz danach in seinem Elternhaus in Shelby Forest wieder, wo Lynn ihn nach Strich und Faden verwöhnte. Er blieb drei Wochen lang zu Hause. So lange war er nicht mehr am Stück daheim gewesen, seit er mit fünfzehn seine Chance bei 'N Sync ergriffen hatte. In diesen drei Wochen führte er ein ganz normales Alltagsleben. Seine ungewohnte Unbeweglichkeit fesselte ihn an die Couch. Er spielte stundenlang Halo mit Trace, und seine Mutter kochte ihm seine Lieblingsgerichte, was seinem Waschbrettbauch allerdings gar nicht gut tat. Seine Großmutter Sadie mixte ihm ihren Pfirsichpunsch, er besuchte ein Aerosmith-Konzert in Memphis und traf sich humpelnd mit alten Freunden zum Abendessen. Seine Bodyguards brachte er im besten Motel am Ort unter, denn er war zwar zu Hause, aber auf Schutz konnte er nicht verzichten.

Er hatte auch genügend Zeit, ausgiebig die Kritiken zu lesen. Nicht alle waren begeistert. *NME* beschuldigte Justin, er »bediene sich dreist bei schwarzem Talent«, obwohl in dem Bericht von Alex Needham auch stand, das sei, kommerziell betrachtet, natürlich ein schlauer Schachzug. Es ist interessant, dass das Album erst im Laufe der Zeit den Respekt der Musikwelt erlangte und anfangs recht lauwarm aufgenommen wurde. *UK Launch* beklagte, es sei eine Zusammenstellung von »Sounds, Texturen und Atmosphären auf der verzweifelten Suche nach einer Melodie« und nannte es »inhaltslos«.

Viele Kritiker konzentrierten sich auf den Einfluss von Michael Jackson. Einer schrieb: »›Like I Love You‹ klingt nicht wie ein Song von Michael Jackson, sondern vermittelt das Gefühl, als tanze jemand vor dem Spiegel zu einem Song von Michael Jackson.« Justin verschärfte die Situation, als er bei den MTV Music Awards seinen Auftritt in eine augenscheinliche Hommage an Jackson verwandelte. Hinterher protestierte er, er habe nicht im Traum daran gedacht, man könne auf die Idee kommen, er kopiere Michael Jackson. Er trug schwarze Lederhosen, ein rotes T-Shirt und ein schwarzes Langarmhemd, und er krönte das Ensemble mit einem schwarzen Herrenhut, den er um seinen Kopf drehte wie Jacko in seinen Videos aus den frühen Achtzigern. Justin behauptete gewitzt, das sei eine Hommage an Frank Sinatra, Fred Astaire und Gene Kelly gewesen. Die Ausrede klang ziemlich dünn, weil er schwarze Handschuhe trug, eindeutig ein Markenzeichen Jacksons. Justin benützt seinen Hut gerne als Requisite, seit er als Kind

»Two Of A Kind« von Garth Brooks gesungen hat, wo er ihn trickreich den Arm herunterrollte. Natürlich verglich man ihn mit Michael Jackson, besonders, weil dieser bei der Veranstaltung ebenfalls anwesend war, um von Britney Spears einen Preis überreicht zu bekommen.

Justin wollte unbedingt verhindern, dass man ihn als Kopie von Michael Jackson bezeichnete. Er wollte der erste Justin Timberlake sein, nicht der zweite Jacko. Das Problem war nur, dass der Sound der Neptunes auf seinem Album so nach Michael Jackson klang, dass sich *Justified* zum Teil anhörte wie die Aufnahmen, die Jacko bei seinem legendären Album *Off the Wall* von 1979 nicht verwendet hatte. Besonders »Rock Your Body« war aus dem gleichen Holz geschnitzt wie »Rock With You« oder der noch ältere Nummereins-Hit der Jacksons, »Show You The Way To Go«. Hugo und Williams hatten sogar an Jackson, nicht an Timberlake gedacht, als sie einige der Songs schrieben. Dem Vergleich mit Michael Jackson auf dem Höhepunkt seiner Kreativität und seines Ruhmes standzuhalten, ist eine beachtliche Leistung. Der Einfluss, den Jackson auf die Neptunes hatte, verleiht dem Album eine coole, stilvolle, sexy Note, und zwar so stark, dass viele der Meinung waren, dass Justified ein sehr gutes Michael-Jackson-Album gewesen wäre.

Auch Justins Stimme rückte ins Zentrum der Kritik. Man bemängelte, er habe sein Falsett von Michael Jackson geklaut, aber das ist einfach unfair. Justin bedient sich natürlich bei seinen Vorbildern, aber da ist er nicht der Einzige. Elvis Presley orientierte sich bei seinem einzigartigen Gesangsstil an den schwarzen Künstlern der Fünfziger, die er liebte. Weder Elvis noch Justin sind Imitatoren. Jackson hat sicherlich Einfluss auf Justins Gesang gehabt, aber auch nicht mehr als Stevie Wonder und natürlich Brian McKnight. Justin nahm die Stile, die er mag, in sich auf und erschuf daraus seine eigene, einzigartige Stimme. Leider aber klingt die erste Singleauskopplung, »Like I Love You«, stimmlich am Jacko-ähnlichsten und prägte die Meinung der Kritiker. Zu Justins Verteidigung ist zu sagen, dass Michael Jackson künstlerisch auf dem Höhepunkt seiner Karriere stand, als der junge Master Timberlake seine Plattensammlung zusammenstellte.

Nicht überall herrscht Begeisterung darüber, wie »schwarz« Mr. JT klingt, und das fiel nicht nur dem *NME* auf. Ein Insider im Musikgeschäft von Los Angeles bestätigt: »Michael Jackson ist ein Schwarzer, der seine Haut weiß färbt, und Justin ist ein weißer Junge, der denkt, er sei schwarz. Er hat den Rhythmus und er hat die Bewegungen drauf, aber er ist immer noch ein Weißer. Vielen Schwarzen stinkt es gewaltig, dass er so tut, als sei er einer von ihnen, denn das wird er niemals sein.« Justin hat vielleicht gut lachen, wenn er seine Kontoauszüge liest, aber im Musikgeschäft ärgern sich immer mehr Leute darüber, dass weiße Künstler sich die schwarze Musik unter den Nagel reißen. Justin gewann sogar den Preis fürs beste Video bei den MOBO (Music of Black Origin) Awards. Der Streit über weiße Stars, die wie schwarze Stars klingen, ist noch lange nicht ausgestanden. Ist es immer noch Black Music, wenn ein weißer Künstler singt?

Trotz des ganzen Wirbels, der mehr als sieben Millionen verkauften Platten und all der Preise, ist *Justified* nur ein Album. Richtig spannend wird es für Justin erst mit Album Nummer zwei. Obwohl sich die besten Produzenten und Musiker in die Schlange derer einreihen, die mit ihm arbeiten wollen, wird er sich, zum größten Teil, an seinen Freund Pharrell Williams halten.

Lauren Christy von The Matrix, einem Team von Songwritern aus LA, erklärt, warum Justin im Musikgeschäft so geschätzt wird. »Er ist gegenüber den Leuten in seinem engen Umkreis unglaublich loyal. Das ist selten in unserem Geschäft, und es ist erfrischend, es bei einem so jungen Menschen zu erleben. Deshalb wird Justin keine Eintagsfliege werden. Zum einen ist er hochbegabt und sieht gut aus, und zum anderen wird er respektiert. Er wird uns noch viele Jahre erhalten bleiben. Alle reißen sich darum, mit Justin zu arbeiten, aber er wird bei den Neptunes bleiben. Sie haben seine Solokarriere ins Rollen gebracht, und das wird er ihnen nicht so schnell vergessen. Er ist sehr klug. Das muss man ihm wirklich lassen.«

## *»In diesen Songs steckt mein ganzes Herz.«*

# 16

# I'm Sorry, Miss Jackson

*Justins Lieblingsposter hingen in seinem Schlafzimmer zu Hause in Shelby Forest. Eines war ein Poster seines Basketballhelden Michael Jordan. Das andere eines von Janet Jackson.*

Michael Jacksons Einfluss auf Justins Musik wird ständig betont, aber er ist nur einer von vielen bemerkenswerten schwarzen Künstlern, die den musikalischen Stil von Mr. JT geformt haben. Er ist nicht einmal das einflussreichste Mitglied des Jackson-Clans. Diese Ehre gebührt auf jeden Fall Janet Jackson, die zwar nicht ganz so berühmt ist wie ihr Bruder, aber trotzdem zu den erfolgreichsten Künstlern der letzten zwei Jahrzehnte zählt. Janet Jackson gehörte zu den wichtigsten Musikerinnen der Welt, als Justin im Bus zur Schule fuhr und ihr Poster an seiner Wand bewunderte. Er war erst fünf Jahre alt, als sie 1986 in England mit »What Have You Done For Me Lately« zum ersten Mal einen Top-Ten-Hit landete. Wie viele kleine Jungs, die ihre Traumfrau auf einem Poster bewundern, dürfen später schon mit dem Objekt ihrer Begierde knutschen und haben ihre entblößte rechte Brust vor der Nase? Janet sang auch Backing Vocals auf *Justified.* Justins Exfreundin Veronica Finn schmunzelt: »Er stand schon immer auf Janet.«

Justin erlebte sie 1990 zum ersten Mal live, auf ihrer Tour *Rhythm Nation*, die im Mid-South Coliseum in Memphis Station machte. Ihre energischen, gewagten Tanzbewegungen und die Art, wie sie die Bühne beherrschte, machten auf den Neunjährigen einen tiefen Eindruck. Sie freundeten sich an, als 'N Sync 1998 im Vorprogramm ihrer *Velvet Rope*-Tour spielte. Bei einer Sendung, die MTV ihr zu Ehren ausstrahlte, sangen sie eine Version ihres amerikanischen Nummer-eins-Hits »That's The Way Love Goes«. Im *Billboard Book of Top 40 Hits* ist der Song auf Rang dreißig in der Liste der besten hundert US-Hits von 1995 bis 1999. Das zeigt, dass Janet wirklich ein Superstar ist. »Billy Jean«, der größte Hit ihres Bruders Michael, landete nur auf Rang einundfünfzig. Sie wurde als zweitbeste Künstlerin der USA in den Neunzigern eingestuft, knapp hinter Mariah Carey, und sie lag weit vor Madonna, Whitney Houston und Celine Dion.

Das Gerücht, dass Justin und Janet mehr verbindet als Freundschaft, tauchte kurz nach seiner Trennung von Britney zum ersten Mal auf. Es herrscht geteilte Meinung darüber, wie weit ihre Beziehung ging. Vielleicht hatten sie einen mehr oder weniger heißen Flirt. Vielleicht waren sie aber auch nur gute Freunde, die aus Gründen der Publicity eine kleine Show abzogen. Die Presseleute waren völlig aus dem Häuschen und sahen in den beiden schon das nächste Mega-Paar des Showbiz. Sie lästerten genüsslich, sie korrumpiere mit ihren sechsunddreißig Jahren diesen armen einundzwanzigjährigen Jungen. Zuerst sah man sie in einem Nachtclub in L.A. sehr eng miteinander tanzen. Dann berichtete ein »anonymer« Augenzeuge, sie hätten bei einer Geburtstagsparty von Missy Elliott »wild geknutscht«. Wenn man dem prüden Voyeur Glauben schenkt, dann hatten sie sich »schamlos geküsst«.

Bei Promi-»Affären« sollte man folgende Grundregel beachten: Wenn in den wöchentlichen Hochglanzmagazinen und in den Klatschspalten alle Einzelheiten breit getreten werden, bevor man sich's versieht, dann ist an der Sache nichts dran. Justin ist sehr privat und diskret, wenn es um seine wirklichen Liebesbeziehungen geht. Er hielt seine Beziehung zu Britney länger als ein Jahr geheim, bevor er sich schließlich an die Öffentlichkeit wagte. Seine aktuelle, wirkliche Liebesbeziehung mit Cameron Diaz führt er, soweit das überhaupt möglich ist, fernab von neugierigen Augen. Aber wir sollen glauben, dass derselbe Mann der ganzen Welt mitteilte, dass er mit einer Künstlerkollegin Zungenakrobatik betrieben hatte.

Alle Prominenten spielen dieses Spielchen, weil es funktioniert. Die Medien sind glücklich, weil solche Storys Seiten füllen, für Schlagzeilen sorgen und die Auflage nach oben treiben. Die Leser lassen sich gern hinters Licht führen, weil solche Spekulationen Spaß machen. Die Geschichte ist als Schwindel entlarvt, wenn eine Millisekunde lang heißer Sex im Spiel ist, und man dann bis zum Sankt-Nimmerleins-Tag nichts mehr von der Sache hört. Ein klassisches Beispiel ist das angebliche Schäferstündchen von Robbie Williams und Nicole Kidman in einem Hotel in London, als es galt, eine Single zu promoten. Wie oft hat man Robbie und Nicole seitdem zusammen gesehen? Antwort: gar nicht. Noch weiter hergeholt war die angebliche »Liebesnacht« zwischen Chris Evans und Geri Halliwell, als sie eine Single veröffentlichte. Das Ganze gehört zum Leben eines Stars, so bastelt man am Image und wirbt für ein Produkt. Justin Timberlake ist ein Produkt, genau wie Robbie Williams, Kylie Minogue oder David Beckham. Sie haben ein öffentliches Gesicht, das ihnen viel Geld einbringt, und den Scharen von Menschen, die für sie arbeiten, das Gehalt sichert. Das ist das Business, und wenn man dafür eine schöne Vertreterin des anderen Geschlechts abknutschen muss, dann ist das ja nicht gerade Schwerstarbeit. Eine Beziehung kann man wahrscheinlich nur dort vermuten, wo heftig bestritten wird, zum Beispiel: »Britney, bist du mit Justin zusammen?« – »Nein.«

Justins Sexleben nach Britney wurde in den Klatschspalten mit großem Interesse täglich verfolgt. Es war so ungewohnt, dass Justin mit jemand anderem unterwegs war, dass die Wogen jedes Mal hoch schlugen, wenn er mit einer Frau gesichtet wurde. Ein Bericht kolportierte, er habe einer jungen Frau in einer Bar in New York Schlagsahne aus dem Bauchnabel und einigen anderen Körperteilen geleckt. An Justins kurzer Beziehung zu Alyssa Milano, dem Star der US-Serie *Charmed*, in der es um junge Hexen geht, war schon ein bisschen mehr dran. Auch Jenna Dewan tauchte immer wieder auf. Beide Frauen wurden in Los Angeles beim Videodreh zu »Like I Love You« in Justins Wohnwagen gesichtet. Alyssa war mit ihren neunundzwanzig Jahren schon eine »ältere« Frau, ein Vorzeichen der nächsten ernsthaften Beziehung, die schon auf ihn wartete. Aus der Beziehung wurde aber nichts, weil Alyssa ihn angeblich zu sehr bedrängte.

Es war der Traum aller Klatschjournalisten, als Britney und Justin sich in The Lounge in Los Angeles zufällig über den Weg liefen. Justin war mit der kurvenreichen Jenna Dewan da, was Britney gar nicht gern sah. Das ehemalige Paar lieferte sich angeblich einen verbalen Schlagabtausch, in dem Britney Justin vorwarf, er benutze diese Frauen nur, um die Aufmerksamkeit der Zeitungen zu erregen. Die gespannte Situation entlud sich in einem Tanzwettkampf à la *West Side Story*. Justin machte einen Tanzschritt, dann versuchte Britney, ihn zu toppen. Die Zuschauer hatten einen Heidenspaß, aber nichtsdestotrotz ist es einfach grässlich, wenn man bei einer Party seiner Ex über den Weg läuft. Und es sollte nicht das einzige Mal bleiben. Das Problem an Los Angeles ist nämlich, dass die Stadt eigentlich sehr klein ist.

Amüsant war, dass Justin, der in den letzten Jahren einen Schrank voll Preise gewonnen hat, von einem Fernsehsender einen erfundenen Preis für seine Leistungen als Herzensbrecher bekam. Bei einem Kurzaufenthalt in London zog er jede Nacht durch die Klubs, trank Champagner in einer Bar im West End, während der Super Bowl über den Bildschirm flimmerte. Das sorgte natürlich für Publicity, aber darum geht es ja schließlich bei einer Publicity-Tour. Wie sollte er es denn in die Klatschblätter schaffen, wenn er jeden Abend den Zimmerservice nutzt und sich mit einem guten Buch früh ins Bett legt? Seine Beliebtheit in England wurde immer größer und im Januar 2003 erklomm *Justified* Platz eins der englischen Albumcharts.

Justin ist ein hervorragend ausgebildeter Schauspieler und Entertainer. Wenn du dieses Leben führst, seit du zwölf Jahre alt bist, dann weißt du, wie du dich in einem Interview verhalten musst; wie du nur die Dinge preisgibst, die du willst, und dich an eine bestimmte Themenauswahl hältst. Die Zuschauer und Leser wissen oft nicht, dass der Interviewer vorher darüber informiert wird, was erlaubt ist. Justin besteht darauf, dass die Themen Britney, Cameron und Christina tabu bleiben. Es gibt unbestätigte Gerüchte darüber, dass Cameron Diaz und Miss Aguilera nicht die allerbesten Freundinnen sind. Natürlich sagte man Justin eine Affäre mit Christina nach, als ihre gemeinsame Tour promotet wurde.

Justin zeigt seine Meisterschaft im Umgang mit den Medien darin, wie er mit den britischen Journalisten spielt. Er scheint instinktiv zu merken, wie er sie anheizen kann. Und mit der Affäre um Kylies Hinterteil heizte er sie gewaltig an. Kylie Minogue ist in Amerika kein großer Star. Erst seit dem Erfolg ihrer hypnotischen Single »Can't Get You Out Of My Head« schaffte sie es, den Titel »Locomotion Girl« abzuschütteln, der ihr noch von ihrem größten Hit in den Staaten nachhing, der mörderischen Version des Klassikers von Litte Eva, die Stock, Aitken und Waterman verbrochen hatten. Aber Kylie ist kein unbeschriebenes Blatt wenn es darum geht, mit einem attraktiven männlichen Star für ein bisschen Wirbel zu sorgen. Das hatte schon bei Robbie Williams funktioniert. Ihre Plattenfirma EMI organisierte 2002 eine Zusammenarbeit, als Robbie der erfolgreichste Künstler des Landes war und Kylie an ihrem Comeback arbeitete. Er verschaffte ihr zur rechten Zeit Glaubwürdigkeit mit ihrem Duett »Kids«, das auch zeigte, dass zwischen ihnen auf der Bühne Funken sprühten. Es wurde auch scherzhaft über eine mögliche Beziehung spekuliert, und Robbie fragte: »Glaubt ihr, sie würde mich bumsen?« Für beide brachte die Verbindung nur Vorteile. Er wirkte durch sie sexy, sie wirkte durch ihn cool. Die Rechnung ging auf, also warum nicht noch einen Versuch? Diesmal wurden Kylie und Justin verkuppelt. Sie konnte ihn in England bekannt machen, wo er immer noch mit dem Titel Mr. Britney Spears zu kämpfen hatte, und er konnte ihr in Amerika künstlerischen Respekt verschaffen, denn dort überstrahlte sein Stern den ihren.

Das Ereignis fand am 20. Februar 2003 bei den Brit Awards im Earls Court in London statt. Kylie und Justin stimmten einem Duett zu, einer Version des Blondie-Songs »Rapture«. In der Woche, in der Justin geboren wurde, war der Song in England in den Top Ten. Die Performance war fantastisch und Justin so geschmeidig wie Sinatra, besonders bei seinem inzwischen berühmten Griff an Kylies Po. Kylies Hinterteil ist für die britische Öffentlichkeit von allergrößtem Interesse, seit sie sich im Video zu »Spinning Around« in ein paar winzige, goldene Hotpants gezwängt hatte. Es ist ein wenig übertrieben zu behaupten, er habe nach ihrem Po »gegrapscht«, die Nummer war schließlich vorher gründlich geprobt worden. Aber die zierliche Australierin sah in ihrem schwarzen Minikleid einfach sensationell aus, und Justin, der sich in seine liebsten Bühnenklamotten, sein weißes und silbernes Hip-Hop-Outfit, geworfen hatte, schien seinen öffentlichen Kontakt mit ihrem Po sehr zu genießen. Bei den Brits sprach man in diesem Jahr nur von diesem Auftritt, alle anderen verblassten daneben. Robbie akzeptierte seinen Preis vernünftigerweise über Satellit. Am nächsten Tag stand in den Zeitungen alles über den absoluten Höhepunkt der wichtigsten Musikpreisverleihung Englands. Justin ist ein Freund wohlgeformter Hintern und bezeichnet sich selbst stolz als »Hinternfetischist«. Er gab genau die richtigen Statements von sich: »Sie hat den schärfsten Hintern, den ich je gesehen habe. Ich habe ihn nicht einfach berührt, sondern richtig hingefasst. Auf einer Skala von eins bis zehn ist ihr Po eine glatte achtundfünfzig.« Nach der Show spielte Justin eine unterhaltsame Runde »Minogue-poly«. Er genoss ein intimes Abendessen mit Kylie und ihrer winzigen Schwester Dannii – zu zwölft, denn die drei Stars hatten noch ihre Aufpasser und ihr Gefolge dabei – im Restaurant Montpeliano in Knightsbridge. Dann zogen sie weiter ins Sanderson Hotel in der Nähe der Oxford Street zu einem Empfang bei EMI, wo sich Janet Jackson zu ihnen gesellte. Dannii und Justin verließen die Party gemeinsam und fuhren zusammen zurück nach Knightsbridge, wo er im Mandarin Oriental für die Dauer seines Aufenthalts eine Suite gemietet hatte. Hierauf gründete sich das Gerücht, Dannii habe die Nacht in seinem Zimmer verbracht – es ist falsch. Dannii gestand später: »Ich ließ mich in seinem Auto nach Hause fahren […] ich war überhaupt nicht in seinem Hotelzimmer. Ich finde Justin toll, wenn er singt. Auch seine Tanzschritte sind ziemlich heiß. Aber als ich mich mit ihm unterhielt, fand ich ihn einfach nur nett. Es war der beste One-Night-Stand, den ich nie hatte.«

Dannii war sofort nach Hause nach Battersea gefahren und hatte die Bühne für Kylie frei gemacht, die völlig unbemerkt in das Hotel schlich, na ja, fast unbemerkt. Ein Klatschjournalist bemerkte sie doch und berichtete über eine leidenschaftliche Nacht, während ihr Noch-Freund James Gooding an ihre Wohnungstür in Chelsea hämmerte. Sie machten gerade eine schwere Trennung durch, die darin gipfelte, dass er seine Geschichte an eine Zeitung verkaufte. Von einer leidenschaftlichen Nacht kann man kaum sprechen. Kylie betrat das Hotel um 3.53 Uhr und verließ es um sechs Uhr morgens durch den Hintereingang. Fast genau das Gleiche hatte sich bei Robbie Williams und Nicole Kidman abgespielt. Ein Journalist von *News of The World* sah, wie Robbie um 9.35 Uhr in Nicoles Hotel ging, nachdem sie ein Interview mit Michael Parkinson aufgezeichnet hatte. Er verließ das Hotel exakt um 2.55 Uhr. Seitdem wurde Robbie nicht mehr in Nicoles Hotels gesehen und Kylie auch nicht in Justins. Justin sagte zu der Sache nur, dass Kylie ihn angerufen habe und er sie zu einem Drink einlud. Das stimmte wahrscheinlich sogar.

Nach den Brits waren die Grammys an der Reihe, und es zeichnete sich ab, was hinter der Sache steckte. Kylie flog nach New York und übergab einen Preis mit Justin, der witzelte: »Kann ich dir noch mal an den Hintern fassen?« Sie hatte ihm in England wertvolle Publicity verschafft, nun erwiderte er ihr den Gefallen in den USA. Klarer Fall. Eine Hand wäscht die andere.

Ein bisschen interessanter, aber nicht unbedingt wahrheitsgemäßer, waren die Gerüchte um Justin und Emma Bunton. Sie entstanden einen Monat vor den Brits, als ein Journalist dreist behauptete, Justin sei der heimliche Bettgespiele des ehemaligen Spice Girls. Emma entspricht genau Justins Typ – blond mit einem ordentlichen Hintern –, aber es gab keinerlei Beweise, dass sie mehr getan hatten, als zu Christina Aguileras Hit »Dirrty« zu tanzen. Sie amüsierten sich bei ein paar Society-Events. Emma ist eine gute Entertainerin mit viel Selbstvertrauen, die, wie Justin, schon als Kind auftrat. Die Gerüchte wurden lauter, als sie im Mai zusammen im Rex Cinema and Bar in London gesehen wurden. Emma enthüllte: »Ich bin ein sehr diskreter Mensch. Wir haben uns mal geküsst.«

Ihre »Beziehung« bestand also aus einer Unterhaltung, ein bisschen Spaß und Knutschen.

Egal wie gerne die Zeitungen Justin als heißblütigen One-Night-Stand-Typen bezeichnen, sie haben keinerlei Beweise dafür. Im Gegensatz zu Robbie Williams ist bis jetzt keine Lapdancerin oder kurvige Blondine aufgetaucht, die für die heißhungrigen Journalisten aus dem Nähkästchen plaudert. Justin gibt in seinen ehrlichen Momenten zu, dass er eigentlich sehr schüchtern gegenüber Frauen ist, und bezeichnet sich selbst als »liebevollen, fürsorglichen Menschen«. Damit schafft er es wirklich nicht in die Verführerriege eines Bill Wyman oder Mick Jagger. Er hat mit dreiundzwanzig bereits vier ernsthafte Beziehungen hinter sich, die alle länger als ein Jahr hielten. Das ist Beweis genug. Er gibt zu, dass One-Night-Stands nicht gerade seine Stärke sind. »Dafür bin ich bei solchen Dingen einfach nicht cool genug.« Dagegen spricht auch nicht, dass er gerne in Nachtklubs geht und sich von schönen Frauen umwerben lässt. Deswegen muss er ja noch lange nicht eine Kerbe im Strumpfhalter eines Groupies werden. Für einen Mann Anfang zwanzig ist es nicht gerade ein wildes Rock-'n'-Roll-Leben, wenn er sich mit schönen Frauen umgibt, in Striplokalen die Pole-Dancer anschaut oder in die Playboy Mansion eingeladen wird. In Amerika gilt so etwas als harmloses Männlichkeitsritual. Justin behauptet jedenfalls, er finde Stripklubs »unheimlich witzig«.

Justin spielt das Spiel der Medien und der Publicity gerne mit. Bei den Brits von 2004 ging es nicht um eine berühmte Frau wie Kylie, sondern um eine »unbekannte« Blondine, die fotografiert wurde, als sie zu Justins Hotel begleitet wurde. Ihre linke nackte Brust hing aus ihrem Cocktailkleid. Alle Boulevardzeitungen rätselten über ihre Identität, bis sie sich als Sekretärin aus Birmingham herausstellte, deren Name Jodie Foley war. Sie gab ein Interview, in dem sie sehr vernünftig wirkte, nicht wie ein Mädchen, das sich ins Rampenlicht drängen will. Sie sagte, sie sei mit einem Bodyguard von Justin zusammen. »Justin ist seiner Freundin treu. Er spricht nie über seine Beziehung zu Cameron Diaz, aber ich glaube, die Sache ist ernst. Er ist nur ein Freund – obwohl er fantastisch aussieht.« Justin wiederholt immer wieder, dass er noch nie eine Freundin betrogen hat, und darauf ist er stolz. Warum sollte er also jetzt damit anfangen, wo er mit Cameron Diaz zusammen ist?

Auch dieses Jahr gehörten ihm alle Schlagzeilen nach den Brit Awards. Er gewann zwei Brits – in den Kategorien Best International Male Solo Artist und Best International Album für *Justified* –, aber dafür interessierte sich niemand auf der Jagd nach der geheimnisvollen Blondine. Auch nach den Darkness, die praktisch alle wichtigen Preise einsackten, krähte nach dem Anblick von Jodies Brust kein Hahn mehr. Jodies Brust war aber nicht die berüchtigtste Brust in Justins Jahr. Diese Ehre gebührt Janet Jackson und der geheimnisvollen »Fehlfunktion« eines Bühnenoutfits. Janet und Justin traten in der Halbzeitpause des größten amerikanischen Sportereignisses auf, dem Super Bowl. Mehr als 140 Millionen Menschen sehen sich alljährlich diese glamouröse und pompöse Übertragung an. Stellt euch die Publicity vor, wenn man da was abzieht – zum Beispiel den Lederflicken, der Janets rechte Brust bedeckt, die, ganz zufällig, mit einem Nippelpiercing in Form einer silbernen Sonne dekoriert ist. Warum genau Janet ein so auffälliges Schmuckstück trug, wenn niemand es sehen sollte, ist bis heute noch nicht hinreichend geklärt. Das Timing war perfekt. Sie sangen »Rock Your Body«, und gerade als Justin die unsterbliche Zeile »Bet I'll have you nekkid by the end of this song« (»Ich wette, beim Ende dieses Songs bist du nackig«) singt, hüpft – wie aufs Stichwort – Janets Mops aus der Hütte.

Nachher beteuerten alle eifrig ihre Unschuld. Janets Sprecherin sagte, dass der Zwischenfall durch eine »Wardrobe Malfunction«, eine »Fehlfunktion der Bekleidung«, verursacht worden war. Sie deutete an, dass Justin einfach zu stark gezogen hatte. Justin schloss sich an: »Es tut mir Leid, wenn jemand durch die ›Wardrobe Malfunction‹ verletzt wurde, die während der Halbzeitpause des Super Bowl passierte. Es geschah unabsichtlich und ist sehr bedauerlich.« Er deutete an, dass auch seine Familie zu Hause in Shelby Forest zu den Leidtragenden gehörte. Auch Janet gab sich zerknirscht. »Die Entscheidung, am Ende meiner Halbzeitshow ein wenig Haut zu zeigen (Stichwort: »Costume Reveal«), wurde nach den letzten Proben getroffen. Ich wollte nicht so weit gehen, das war ein Unfall. Ich möchte mich bei allen entschuldigen, die beeinträchtigt wurden: dem Publikum, MTV, CBS und der NFL (National Football League).

Michael Powell, der als Vorsitzender der Federal Communications Commission darüber wacht, dass das Fernsehen anständig bleibt, war nicht besonders überzeugt von den Reuebekundungen. »Jemand wusste Bescheid. Irgendjemand hat das geplant. Sie hat wahrscheinlich ihr Ziel erreicht.« Er ordnete sofort eine Untersuchung an. Und er nannte es auch noch »einen stillosen, obszönen, verabscheuungswürdigen Streich. Die Kinder unserer Nation verdienen etwas Besseres, genau wie ihre Eltern und alle Bürger.«

Die moralische Mehrheit der USA ging wegen des Zwischenfalls praktisch auf die Barrikaden. In Europa wurde die Sache mit gesundem Zynismus betrachtet. »Oh Janet, du siehst ja busig aus!«, verkündete der *Daily Mirror*. Wenn das Ganze wirklich geplant war, dann war es ziemlich fantasielos, aber die Journalisten schrieben sich trotzdem die Finger wund. Wieder einmal hatte Justin alle Schlagzeilen an sich gerissen und das eigentliche Ereignis verdrängt. Und Janet? Ihre neue Single »Just A Little While« erschien, unglaublich gut getimt, am folgenden Tag. Das Album *Damita Jo* lag einen Monat später in den Geschäften. Das Problem für die Unschuldslämmer war nur, dass auf MTVs Website ein Artikel, der schnellstens wieder entfernt wurde, »schockierende Momente« für Janets Auftritt angekündigt hatte. Janet entschuldigte sich zwei Monate später immer noch, als sie bei *David Letterman* ihr Album vorstellte. Sie bestand darauf, es sei ein Unfall gewesen. »Es war mir sehr peinlich, dass so viele Leute diese kleine Brust gesehen haben.«

Der eigentliche Schock war aber nicht Janets Brustwarze zur besten Sendezeit live im Fernsehen, sondern dass es so eine blöde Aktion gewesen war. Dagegen war der Griff an Kylies Po geradezu hohe Kunst. Zwei neue Ausdrücke haben seither ihren Weg in die Umgangssprache gefunden: »Wardrobe Malfunction« und »Costume Reveal«. Diesmal war Justins Weste nicht blütenweiß. Manche Kommentatoren nutzten die Gelegenheit und griffen ihn an, weil er Janet ihrer Meinung nach »zum Sündenbock gemacht hatte«.

Die Sache ist, dass die Knutscherei zwischen Britney und Madonna so großen Wirbel verursachte, dass der Schockfaktor im Showbiz unglaublich wichtig wurde. In *Advertising Age* wurde ein Manager zitiert, der die Episode mit Miss Jackson als »extrem erfolgreich« bezeichnete. Es brachte sie als Produkt in die Schlagzeilen, obwohl sie nicht mehr ganz taufrisch war. Für Justin bedeutete das Ganze nur noch mehr Publicity, obwohl er standhaft behauptete, eine solche Aktion sei nicht sein Stil und er habe auch keinen Grund, so etwas abzuziehen. Überhaupt keinen Grund, außer vielleicht dem, einer alten Freundin einen Gefallen zu tun, deren Poster er als Kind an der Wand hängen hatte.

***»Ich mag es, wenn der ›untere Rücken‹ einer Frau wie eine schöne runde Zwiebel aussieht.«***

# 17

# Justified and Stripped

*Die Liste der Stars, die beim SARS-Konzert in Toronto auftraten, las sich wie der Wunschtraum eines jeden Rockers: die Rolling Stones, AC/DC, die Guess Who, Rush und ... Justin Timberlake. Während Justins Set, das aus drei Songs bestand, buhten die kanadischen Rockfans und bewarfen ihn mit Wasserflaschen. »Ich war danach zwei Wochen völlig durch den Wind«, sagte Mr. JT.*

Die Bühnenshow zu *Justified* startete am 7. Mai 2003, ausgerechnet in Sheffield. Er war gerade mit »Rock Your Body«, dem Eröffnungslied des Konzerts, sehr hoch in den englischen Charts vertreten. Justin wählte die Stadt in Yorkshire als Ausgangspunkt für eine Tour, die bald zu den erfolgreichsten Welttourneen aller Zeiten gehören sollte. Justin wollte die Show in Großbritannien ausprobieren, und sie dann für die USA ausbauen und perfektionieren. Es würde kaum möglich sein, die späten Touren von 'N Sync zu übertreffen, aber Justin wollte wenigstens etwas Interessantes und Innovatives auf die Beine stellen. Deshalb tat er sich mit Christina Aguilera zusammen, deren zweites Album *Stripped* gerade erschienen war und hervorragend aufgenommen wurde. Auf dieser Platte reihte sich ein Nummer-eins-Hit an den nächsten. Christina wird immer für gute Schlagzeilen sorgen. Sie verlangt Aufmerksamkeit, und Justin wirkt neben ihren Aufsehen erregenden Klamotten, ihrer Ausstrahlung und ihrem Verhalten sehr konservativ. Sie hat sich von einer kleinen Minnie Mouse in eine extravagante Jessica Rabbit verwandelt. Justins Management wusste, dass sie ihnen ein jüngeres Publikum sichern würde. Nur eine Tour mit Britney hätte noch mehr Publicity garantiert. Justin meint dazu: »Ich glaube, wir waren beide an einem Punkt unserer Karrieren angelangt, an dem wir zeigen wollten, dass wir viel mehr drauf hatten, als Popmusik für Teenager zu machen.«

Justin war, zumindest in Amerika, der größere Star, und Christina eröffnete die Show, obwohl beide, theoretisch gesehen, der Hauptakt der *Justified/Stripped*-Tour waren. Das Erfolgsrezept von 'N Sync, das größtmögliche Spektakel auf die Beine zu stellen, fand sich auch in Justins Solo-Bühnenshow wieder. Er engagierte eine Gruppe brillanter Tänzer, seine Band bestand aus exzellenten, hauptsächlich schwarzen Musikern – es gab sogar eine dreiköpfige Blechblasgruppe –, und auch an pyrotechnischen Spielereien wurde nicht gespart. Justin steppte zum Beispiel auf einem Konzertflügel und verschwand dann mit einem Knall in einer Rauchwolke.

Die Show verlangte Justin körperlich sehr viel ab, aber er war ja schließlich an Tanzeinlagen und Gesang gewöhnt. Irgendwann geriet das Gerücht in Umlauf, er sei davon besessen, nach jedem Song die Unterwäsche zu wechseln. Angeblich stand ein ganzer Karton voller Unterhosen griffbereit, aus dem er sich in jeder kurzen Verschnaufpause neu einkleidete. Justin bestätigt nur, dass er die Unterhose wechselt, wenn er im Tourbus geduscht hatte. Anfangs war es noch ungewohnt, dass er nicht – wie zu 'N Syncs Zeiten – mit vier Kumpels herumhängen konnte. Aber Justins bester Freund Trace und Renée Earnest waren oft zur Stelle. Eine Tour ist eine extrem langweilige Angelegenheit, wenn die zwei Stunden Auftritt vorbei sind. Justin ist gegen die Monotonie ganz gut gewappnet, denn obwohl er sehr gesellig ist, kommt er auch mit sich allein gut zurecht, und er neigt auch nicht zu Exzessen. Den »Sex, Drugs and Rock 'n' Roll«-Lifestyle genießt er nur in Maßen.

Eine Überraschung wartete auf Justin, als die Tour in Orlando Station machte. Nachdem Christinas Hälfte vorbei war, stürmte er nach vorne und heizte dem Publikum ein. Er tanzte über die Bühne, bis zu dem L-förmigen Vorsprung, der ins Publikum hineinragte. Sein Blick schweifte über die ersten Reihen, und plötzlich ließ er vor lauter Überraschung fast sein Mikro fallen. Dort saßen Sherry und Chuck Yerger und strahlten ihn an, völlig fehl am Platz zwischen den ganzen kreischenden jungen Frauen. Chuck erinnert sich: »Er sperrte vor lauter Überraschung Mund und Augen auf und vertanzte sich genau vor uns. Während des Konzerts kam er noch drei Mal zu uns rüber und formte mit dem Mund sehr deutlich die Worte: ›Machen Sie das bloß nie wieder!‹ Er meinte, wir sollten nie wieder unangemeldet zu einem Konzert kommen und ihn so aus der Fassung bringen.«

Es war Chuck nicht im Traum eingefallen, dass er Justin aus der Fassung bringen würde. Er wollte nicht um Freikarten bitten und hatte sich spontan entschlossen, die besten Karten zu kaufen, die es gab. Ihm war nicht klar gewesen, dass die Plätze genau vor Justins Nase lagen. Auch Christina hatte Chuck entdeckt, und obwohl es zehn Jahre her war, seit sie ihren Lehrer das letzte Mal gesehen hatte, erkannte sie seinen Glatzkopf sofort und winkte ihm zu, aber sie vergaß, Justin Bescheid zu sagen, wer da in der ersten Reihe saß. Er winkte den Freunden, die sich angemeldet hatten, fröhlich zu, aber der Anblick der Yergers traf ihn völlig unvorbereitet. Nach der Zugabe kletterte eine Mutter mit ihren zwei Töchtern über fünf Sitzreihen zu Chuck und Sherry hinüber. »Sind sie Justins Großeltern?«, fragten sie mit gezückten Autogrammbüchern.

Als Chuck und Sherry nach Hause kamen, klingelte fast sofort das Telefon. Am Apparat war Renée Earnest: »Hier möchte jemand dringend mit euch sprechen.« Justin nahm den Hörer. Er war immer noch ärgerlich, aber so höflich wie immer: »Mr. Yerger«, begann er, »bitte überraschen Sie mich nie wieder so bei einem Konzert. Wie sind Sie überhaupt dort gelandet?«

»Ich habe Tickets gekauft.«

»Ich will nicht, dass Sie sich je wieder eine Karte kaufen. Lassen Sie mich einfach wissen, wenn Sie kommen wollen.«

Danach war wieder Renée am Apparat, die sichergehen wollte, dass Chuck auch wirklich verstanden hatte: »Wenn du dir jemals wieder eine Eintrittskarte kaufst, dann lasse ich dir die Lehrberechtigung entziehen«, scherzte sie. Als Nächstes war Matt Morris am Apparat, der ehemalige Mouseketeer, der inzwischen Songwriter war und zu Justins besten Freunden gehörte, und die beiden plauderten fröhlich über die alten Zeiten.

Die Tour hatte unter anderem den positiven Nebeneffekt, dass sie die Lebensdauer des Albums verlängerte. Als Justin im Januar 2004 zum letzten englischen Konzert seiner *Justified*-Welttournee im Earl's Court antrat, hatte sich das Album fünfzehn Monate lang unglaublich gut verkauft. Die fünf Singles wurden alle Riesenhits. Die Fans nahmen die Konzerte begeistert auf, und selbst Kritiker mussten ihnen widerstrebend Respekt zollen, denn sie erkannten, dass Justin ein Spitzenreiter des schwarzen Trends in moderner Musik war. David Bennun sagte in der *Mail on Sunday*: »Er verbindet gute Kenntnisse der Basics mit einem Hauch von Flair.« Wie er trotz der kreischenden Mädchen überhaupt etwas gehört hatte, bleibt sein Geheimnis.

Die Europatournee wurde von McDonald's gesponsert, denn Justin sollte das neue coole Aushängeschild der Fastfoodkette werden und damit Ronald McDonald endgültig in den Ruhestand schicken. Justin trat als Teil der »Ich liebe es«-Werbekampagne in Werbespots auf und sang die neue Erkennungsmelodie. McDonald's verkündete: »Unsere Partnerschaft wird weitergehen, voller dynamischer Überraschungen, die McDonald's in der Welt der jungen Erwachsenen verankern werden, mit Hilfe von Musik, Entertainment, Mode und Sport.« Justin war genau der richtige Repräsentant dieser vier Zweige populärer Kultur. Ein Vorstandsmitglied sagte im Brustton der Überzeugung: »Er passt zum Profil von McDonald's.« Justins Waschbrettbauch passt eigentlich gar nicht zum täglichen genüsslichen Verzehr mehrerer Big Mäcs. Aber er mag Burger, obwohl keine so gut sind wie die Cheeseburger, die er immer im General Store von Shelby Forest verdrückt hat. Er lobte sie überschwänglich, als er für eine Fernsehsendung seine alte Heimat besuchte.

Justin unterstützte die »Ich liebe es«-Kampagne in Memphis, spielte Basketball mit Kindern im Ronald-McDonald-Haus und ließ sich dann mit einigen der Kids bei einem Empfang im weltberühmten Peabody-Hotel fotografieren. Aus dem Augenwinkel erspähte er zwei bekannte Gesichter: Seine erste Rektorin Mary Ann McNeil und sein Basketballtrainer Kim Lampkins. Mrs. McNeil erinnert sich: »Wir wären völlig damit zufrieden gewesen, Justin aus der Ferne zu grüßen, aber als er uns sah, rief er: ›Die kenne ich!‹, packte uns und sagte: ›Kommen Sie doch mit rein.‹ Ich kann Ihnen gar nicht beschreiben, wie schön es war, ihn wieder zu sehen und zu erfahren, dass er sich nach all den Jahren noch an uns erinnerte.«

Justin investiert viel Zeit in die Erfüllung seiner Verpflichtungen gegenüber McDonald's. Er will sichergehen, dass er ihnen für ihr Geld auch etwas bietet. Sie zahlten ihm angeblich mehr als fünf Millionen Dollar für die Zusammenarbeit. Also bekam das Publikum bei den Konzerten einen speziell dafür gedrehten Werbespot zu sehen, bevor der Mann selbst auf die Bühne kam. Justin schwärmte regelrecht von dieser »coolen Partnerschaft«. Bestimmt war sein Finanzberater der gleichen Meinung.

Ein paar handverlesene Gäste genossen noch ein besonderes Schmankerl, nachdem Justin ein Konzert im Earl's Court beendet hatte. Er eilte in einen anderen Stadtteil von London und gab im Coronet, einem ehemaligen Kino, noch ein Geheimkonzert vor zweitausend Zuhörern. Im Internet wechselten die Tickets für bis zu 1800 Dollar den Besitzer. Bei diesem speziellen Gig betonte Justin endlich seine musikalischen Talente, die in der großen Show, die natürlich immer dem gleichen Schema folgte, verborgen blieben. Hier konnte er beispielsweise bei »Like I Love You« Gitarre und bei »Señorita« Keyboard spielen und musste nicht mit einem an seinem Kopf befestigten Mikrofon herumtanzen. Justin hat nach einem Konzert oft noch eine Menge Energie übrig. An einem anderen Abend, an dem er sich zuvor zwei Brit Awards im Earl's Court abgeholt hatte, gab er eine unangekündigte Gastvorstellung bei einem Konzert von N.E.R.D. (Noone Ever Really Dies) in der Brixton Academy. Die Neptunes treten unter diesem seltsamen Namen live auf. Justin wurde als »kleiner Bruder« von Pharrell Williams angekündigt. Natürlich drehte die Menge völlig durch, als Justin raus kam und mit N.E.R.D ein paar ihrer Hits sang, zum Beispiel »Rock Star« und »Lapdancer«. »Justins Auftritt war eine Spontanaktion«, sagte Pharrell später. In einem so engen Zirkel geht es darum, sich gegenseitig zum richtigen Zeitpunkt unter die Arme zu greifen und einem Freund einen Gefallen zu erwidern.

Justin konnte auch der Hip-Hop-Band Black Eyed Peas, ursprünglich ein alternatives Rap-Trio aus L.A., einen Schubs in Richtung Erfolg geben. Sie lernten sich in einem Nachtklub in L.A. kennen und verstanden sich auf Anhieb so gut, dass die Peas Justin anriefen, als sie einen Song namens »Where Is The Love« schrieben, und ihn fragten, ob er an einer Zusammenarbeit interessiert sei. »Er rief mich zwei Tage später zurück und hatte einen Refrain für den Song geschrieben«, sagte Taboo, der MC der Band. Dieser Refrain verwandelte eine interessante Rap-Nummer in England in die bestverkaufte Single des Jahres 2003. »People killing, people dying ...« setzt sich schon beim ersten Hören im Ohr fest. Justins Verbindung zu den Peas markierte einen weiteren Schritt in Richtung Westküste. Die Band gehörte wirklich nicht zum Mainstream, obwohl sie schon seit zehn Jahren zusammenspielte. Sie kultivierte ein Image, das sich von den traditionellen Themen des Hip-Hop – schnelle Autos, leichte Mädchen und Schmuck – verabschiedete und ernstere, politische Themen behandelte, besonders nach dem 11. September.

Trotz ihres Namens, den sie sich aus der Südstaatenküche geborgt hatten, waren die Peas in L.A. geboren und aufgewachsen. Will-i-am und apl.de.ap. waren seit 1989 in der Klubszene von L.A. bekannt, als sie begannen, gemeinsam zu singen, zu tanzen und an einem Bühnenprogramm zu arbeiten. 1995 stieß Taboo zu ihnen, der vorher bei Grassroots, einem Kollektiv von Rappern, Dichtern und Schauspielern, mitgemacht hatte. Erste Auftritte in Klubs und Colleges folgten. Die Peas wollten ihrem Publikum zeigen, dass Hip-Hop mehr bedeutete als schnelles Geld und die Vermarktung einer Kindheit im Ghetto. Will sagte dem Journalisten Billy Johnson, jr.: »Die Hälfte meiner Freunde ist entweder tot, im Gefängnis, schwanger oder auf Drogen.« Das hörte sich nicht nach Shelby Forest an. Taboo bestätigte, er sei ein armer mexikanischer Junge aus East Los Angeles, der nie genug Geld gehabt habe, um in ein Konzert zu gehen, bis er mit den Black Eyed Peas zum ersten

Mal auf der Bühne stand. Sein Wunsch nach einer Karriere im Musikgeschäft war nicht durch gewonnene Talentwettbewerbe oder den *Mickey Mouse Club* geweckt worden, sondern hatte sich in den zwei Sommern herauskristallisiert, die er in Disneyland gearbeitet hatte. Er hatte den Pferden in der Parade mit Eimer und Schaufel folgen und die Pferdeäpfel einsammeln müssen. »Ich träumte immer davon, dass ich eines Tages Musik machen würde und diesen Scheiß nie wieder tun müsste.«

Justin steht auf Hip-Hop. Im offiziellen 'N Sync-Fanbuch nannte er ihn seine Lieblingsmusik, für einen Sonnyboy aus einer Boygroup eine seltsame Wahl. Der Respekt, den er und die Black Eyed Peas sich gegenseitig für ihre Musik zollten, überwand alle gesellschaftlichen Unterschiede. Justin ist intelligent und schätzt, was die Black Eyed Peas erreichen wollen. Ihre Verbindung verschaffte den Peas den großen Durchbruch, aber sie wollen auf keinen Fall zu sehr auf der Timberlake-Schiene fahren. »Wir wollen uns nicht ändern. Das ist unsere Platte, deshalb trat Justin auch im Video nicht in Erscheinung. Wir wollen auf unseren eigenen Füßen stehen«, erklärt Taboo. Justins vertraute, hohe Tenorstimme machte aus einem guten Song einen großartigen Song. Die Black Eyed Peas nutzten ihre Chance auf kommerziellen Erfolg und rekrutierten als viertes Bandmitglied die sinnliche Schönheit Fergie.

Sie nahmen Justins Einladung, im Vorprogramm der *Justified/Stripped*-Tour zu spielen, gerne an, schließlich war es eines der größten Konzertereignisse des Jahres. Als sie das Album *Elephunk* und ihren zweiten Riesenhit »Shut Up«, in dem Fergie im Mittelpunkt steht, veröffentlichten, hatten sie sich längst vom Namen Timberlake unabhängig gemacht. Will und apl. produzieren ihre Songs meistens selbst, und es ist gut vorstellbar, dass sie in Zukunft auch an Justins Musik mitarbeiten werden, besonders weil sie auch eng mit den Neptunes verbunden sind.

Wie klein die Clique von Justins Musikerfreunden ist, zeigte sich Ende März 2004 bei einem Konzert im Wiltern LG Theatre in Hollywood. Zuerst traten die Black Eyed Peas auf, danach N.E.R.D. Während »Where Is The Love«, das die Peas als Zugabe spielten, spazierte Justin lässig auf die Bühne und stimmte in den Refrain mit ein. Die Menge tobte. Mochte das Konzert auch urbaner Hip-Hop sein, dies war schließlich Hollywood. Justin kam auch in der zweiten Hälfte auf die Bühne und begleitete Pharrell Williams bei »Provider« und »Things Are Getting Better«. Die Dinge konnten eigentlich gar nicht besser laufen.

Allerdings waren nicht alle Auftritte seiner Welttournee überwältigende Erfolge. Das SARS-Konzert in Toronto war sogar eine regelrechte Katastrophe. Mick Jagger hatte Justin höchstpersönlich darum gebeten, dort aufzutreten und mit ihm den Stones-Hit »Miss You« zu singen. Justins Stimme passte überhaupt nicht zu dem Song und sein Gesangsstil noch weniger. Aber wie soll man einem Mick Jagger etwas abschlagen? Justin freute sich so über die Gelegenheit, mit der Rocklegende auf der Bühne zu stehen, dass er diesmal seinem Herzen folgte und seine Bedenken über Bord warf. Das Konzert war der absolute Tiefpunkt des sonst fantastischen Jahres 2003. Justin ahnte die Katastrophe voraus. »Ich wachte an diesem Morgen auf und sagte zu mir: ›Ich glaube, die Leute, die sich dieses Konzert anhören, werden mich hassen.‹« Damit traf er den Nagel auf den Kopf.

> ***»Er hat schlimmes Lampenfieber, wenn er im Memphis singt, denn dann singt er für seine eigene Leuten.«***

# 18

# Hip-Hop-Style

*Justin wollte sich mit dreizehn unbedingt einen Ohrring stechen lassen, genau wie seine Freunde. Sein Stiefvater Paul war der Ansicht, er müsse sich dieses Privileg verdienen. Er setzte einen Vertrag auf, in dem Justin sich verpflichtete, einen Song zu schreiben und vor der Familie vorzutragen. Dann durfte er sich einen Ohrring zulegen. Justin ging in sein Zimmer und schrieb »The Earring Song«, der schamlos von Bobby McFerrins »Don't Worry Be Happy« abgekupfert war. Er sang ihn seinen Eltern im Urlaub am Strand von Hawaii vor. Sobald sie wieder zu Hause in Shelby Forest ankamen, ging er ins Einkaufszentrum und holte sich seinen ersten Ohrstecker.*

Justin Timberlake hat eigentlich eher Anti-Stil. Er musste sich zeitlebens mit schlechten Frisuren, blöden Anzügen und großen Hüten herumschlagen. Irgendwie hat er es geschafft, sich vom hässlichen Entlein in einen Schwan mit einer legendären Turnschuhsammlung zu verwandeln. Er besitzt mindestens 500 Paar Sneakers und hat mindestens genauso viele an seine Freunde verteilt. Erst als er sich der Hip-Hop-Kultur zuwandte, verabschiedete er sich von einem Image, das mehr einem Bankangestellten als dem coolsten Mann des Pop entsprach.

Seine stilistischen Probleme begannen schon sehr früh, weil er die Naturlocken seiner Mutter geerbt hatte. Es half auch nicht wirklich, dass sie ihm die Haare schnitt. In der Schule bekam er den nahe liegenden Namen »Curly«, obwohl er auch das weniger höfliche »Brillo Pad«, Stahlwolle, ertragen musste. Justin sagte *Cosmo Girl:* »Ich verabscheute meine Haare. Alle zogen mich mit meiner Frisur auf. Ich wollte die Locken unbedingt loswerden. In der zweiten Klasse nahm ich eine Papierschere und schnitt mir selbst die Haare, natürlich total ungleich. Ich sagte: ›Ich halte das nicht mehr aus – schnipp, schnapp.‹ Ich bekam die einzigen Schläge meines Lebens.« Er verursachte allerdings noch ein paar andere haarige Katastrophen. Einmal färbte er sich die Haare hellblau, zu Ehren seines Lieblingsbasketballteams.

Wer könnte je die blondierten Löckchen des jugendlichen Herzensbrechers von 'N Sync vergessen? Justin ist zwar stolz darauf, dass er diese kurze Surferfrisur vor Eminem hatte, aber er musste zugeben, dass sie bei seinem Poprivalen gut aussah, bei ihm aber schrecklich. »Was habe ich mir bloß dabei gedacht?« Seine Haare wurden mit den Jahren zum Running Gag, auf *MadTV* lief sogar ein Sketch, in dem er mit Britney sein Schlafzimmer betrat, um ihr all seine Haarpflegeprodukte zu zeigen, inklusive Lockenwickler.

Justin enthüllte seinen neuen lockenlosen Look kurz nach seinem zwanzigsten Geburtstag. Er sagte, er habe das endlose Gerede über seine Haare gründlich satt. Leider verursachte sein neuer rasierter Look nur noch wildere Spekulationen. Er sah sofort erwachsener aus und konnte gleichzeitig seine Blondierung loswerden. Nicht alle waren von seiner Frisur begeistert, und der Radikalschnitt verschaffte ihm den Titel »Promi mit der schlechtesten Frisur« in einer speziellen Umfrage der Kosmetikfirma Wella.

Die Welt der Mode ist sehr wankelmütig und Trends ändern sich schnell. Die Stilikonen von 2003 und 2004 können sich schnell als größte Modesünder der Vergangenheit entpuppen. David Beckham bemüht sich, dem nächsten Trend immer einen Schritt voraus zu sein. Robbie Williams und Justin Timberlake dagegen sind modisch auf der Höhe, aber keine Trendsetter. Bei einem Modetrend sind die drei sich jedoch einig, und sie folgen ihm fast fanatisch. Sie stehen total auf Körperkunst und gehen regelmäßig ins Tattoo-Studio. Tattoos sind inzwischen als modisches Accessoire bei jungen Leuten so verbreitet wie Ohrringe oder rasierte Köpfe.

Das Wort »Tattoo« geht auf das polynesische Wort *ta-tau* zurück, was »Zeichen« oder »Markierung« heißt. Kapitän Cook entdeckte diese Körperkunst 1769 auf Tahiti und schrieb in seinem Tagebuch darüber. Justin weiß vielleicht gar nicht, dass in der Bibel das Markieren der Haut verurteilt wurde und in christlichen Ländern lange verboten war. Noch Jahrhunderte nach Kapitän Cooks Entdeckung galt es als vulgäre Form der Selbstentstellung und war traditionell nur Seeleuten vorbehalten, die sich an langweiligen Tagen in fernen Häfen eine Huldigung an Mutti auf den Bizeps stechen ließen oder das Mädchen von letzter Nacht auf ihren Knöcheln unsterblich machten. Justin trägt auf dem Rücken eine Huldigung an seine Mutter eintätowiert, einen pausbäckigen Engel, der ein Banner trägt, auf dem ihre Initialen stehen. Zuletzt wurden bei ihm noch sechs weitere Tätowierungen auf verschiedenen Körperteilen gezählt.

Wenigsten widerstand er der Versuchung, auch Britney auf seiner Haut zu verewigen. Lässt man sich im Liebesrausch zu hastig einen Namen eintätowieren, dann ist es ziemlich teuer, ihn wieder zu entfernen oder abzuändern. Dieses Problem kommt in der Welt der Promis und ihrer rasanten Beziehungen recht häufig vor. Pamela Anderson musste »Tommy«, eine Liebeserklärung an ihren Mann Tommy Lee, in »Mommy« ändern lassen. Justin hätte mit »Britney« eigentlich gar nichts mehr anfangen können, außer den Namen in einer schmerzhaften Prozedur entfernen zu lassen. Patsy Kensit musste sich dieser Tortur nach ihrer Scheidung von Liam Gallagher unterziehen. Sie bezahlte 10 800 Dollar für das Privileg, dass »Liam« nicht länger ihren Knöchel verschandelte.

Justin hat mehrere Tattoos am Knöchel, denn an dieser unauffälligen Stelle verewigten er und die anderen Jungs von 'N Sync – bis auf JC, der schreckliche Angst vor Nadeln hat – ihre Erfolge. Das erste Tattoo, eine Flamme, markiert den Tag im Frühling 1998, an dem ihr erstes Album in Kanada Platin erhielt. Sie konnten ja nicht wissen, dass das, verglichen mit ihren späteren Verkaufsrekorden, nur kleine Brötchen waren. Sie mussten sehr selektiv vorgehen, wenn sie nicht als lebende Bilderbücher herumlaufen wollten. Sie haben sich auf drei Tattoos beschränkt, die ihre drei Alben repräsentieren. Das unrühmliche *Home for Christmas* ließen sie diskret unter den Tisch fallen – welcher Tätowierer kann schon einen Truthahn stechen? Außer der Flamme für das erste Album hat Justin noch eine Marionette für *No Strings Attached* und rote Kordeln für *Celebrity*.

Auf seiner linken Schulter trägt Justin ein keltisches Kreuz, das auch zu Robbie Williams passen würde, ein japanisches Schriftzeichen für Musik ziert seinen linken Knöchel, und unter seinem linken Knie prangt ein von ihm selbst gestaltetes Tribal, das sein Sternzeichen, Wassermann, symbolisiert. Ungewöhnlich ist allerdings, dass Justin seine Körperkunst nie zur Schau stellt.

Lynn gefällt die Kunst auf Justins Körper nicht besonders, sie versucht, ihn davon abzubringen, seinen Körper noch mehr zu dekorieren. Sie ist der Meinung, dass er es bereuen wird, wenn er älter wird. Aber diese Bitten stoßen sicher auf taube Ohren, wenn er einmal heiratet. Er mag ja große romantische Gesten und sagt, er reserviere einen Platz für den Namen seiner zukünftigen Frau. Hoffentlich hält die Ehe länger als Britneys erster Versuch. Sein Kosename für Cameron Diaz ist CD, deshalb halten Tattoo-Kenner auch schon Ausschau nach diesen Initialen auf seinem Körper.

Die Preise und Ehrungen, die Justin dafür bekommen hat, wie attraktiv und begehrt er ist, füllen ganze Regale, aber Ende 2002 gewann er einen, der seiner Karriere und seinem Status als Superstar entspricht. Er wurde von der amerikanischen Schwulen- und Lesbenzeitschrift *The Advocate* als einer der coolsten Heteros des Jahres 2002 ausgezeichnet. Er zierte auch das Cover der Dezemberausgabe. In einem Exklusivinterview erklärte er: »Wenn ich schwul wäre, dann wäre das keine große Sache. Warum sollte ich es also verstecken?« Er erzählte auch, er habe seine Mutter einmal gefragt, wie sie reagieren würde, wenn er ihr plötzlich verkündete, er sei schwul. »Ich würde das voll und ganz akzeptieren«, war Lynns Antwort gewesen.

Es war sehr klug von Justin, dieses Interview zu geben. Er akzeptierte damit seinen Status als Schwulenikone, und im Musikgeschäft ist allgemein bekannt und akzeptiert, dass die schwule Fangemeinde außergewöhnlich loyal ist. Im G.A.Y. in London treten die besten Künstler auf, ein Zeichen dafür, wie wichtig den Plattenbossen die Promotion in der Schwulenszene ist. Schwule Fans kaufen alle Platten und gehen zu jedem Konzert. Madonna und Kylie haben diese Fangemeinde, und dadurch halten sie sich schon zwanzig Jahre lang an der Spitze. Robbie Williams hat sie auch, und er hat noch nie ein Gerücht, er sei schwul, abgestritten, sondern nimmt den Tratsch und die Vermutungen lieber mit Humor. Er regt sich nicht darüber auf, das wäre auch tödlich für seine Karriere. Jason Donovan bekam nie wieder ein Bein auf den Boden, nachdem er eine englische Zeitung verklagt hatte, weil darin stand, er sei schwul.

Es gibt nur sehr wenige echte Superstars, und die Mehrheit der Hand voll, die es heute gibt, hat eine sehr treue schwule Fangemeinde. Warum also gehört Justin zu diesen Glücklichen? Gut, er ist natürlich sportlich und attraktiv, aber auf *Justified* zeigte er die wichtigste Voraussetzung, die man braucht, um in die Liga der schwulen Ikonen aufgenommen zu werden: Verletzlichkeit. Manche Stücke klingen, als sei er ein Opfer, enttäuscht von den Menschen, die er geliebt hat. Das Album strahlt emotionale Sensibilität und Stärke aus. Justins Klagen, er sei von seinen drei ersten Freundinnen betrogen worden, repräsentieren die »tragische Vergangenheit«, die ein schwules Publikum anzieht. Paul Watson untersuchte dies in einem Text von 1999, in dem es um Schwulenikonen im Pop ging, genauer: »Schwule Männer werden von Menschen angezogen, die mit sich Konflikte austragen, die den ihren ähnlich sind. Sie mögen es, wenn sich diese Konflikte in einem sinnlichen Strom entladen, der durch den Klang vergeistigt und veredelt wird.« *Justified* ist eine sehr sinnliche Platte, und manche Stücke klingen nach Verwundungen und Verletztheit. Paul Watson dachte an Kylie, als er schrieb, dass das schwule Publikum »ihre Gefühle teilen konnte und mit ihr gemeinsam den Verrat und die Empörung verarbeitete, die sie alle kannten.« Justin spielt noch lange nicht in Kylies Liga als schwule Ikone, aber in »Cry Me A River« klingt so viel Verrat und Empörung durch, dass er auf dem richtigen Weg dazu ist.

Justin darf aber auch seinen Sinn für Humor nicht verlieren. In

Los Angeles ist gerade ein ganz bestimmtes T-Shirt sehr beliebt bei schwulen Männern. Es trägt den Slogan: »Ich hab's drei Mal mit Justin gemacht.«

Ein amüsanter Nebeneffekt des Promidaseins ist, dass du, sobald du reich bist und dir alles kaufen kannst, was dein Herz begehrt, mit Geschenken von Firmen nur so überhäuft wirst. Justin müsste bestimmt nie mehr in einem gewöhnlichen Laden einkaufen, wenn ihm das nicht solchen Spaß machen würde. Er steht aber nicht stundenlang vor dem Spiegel und stellt sein Outfit zusammen. Wenn er zu Hause ist, dann trägt er am liebsten T-Shirts, Jeans, Turnschuhe und vielleicht eine Jacke von Pony. Er trägt in der Öffentlichkeit nur selten Shorts, denn er glaubt, er habe »Hühnerbeine«.

Während seiner Konzerte in London im Dezember 2003 überredete er Harrods, speziell für ihn und seine Entourage zu öffnen, nachdem er mit dem Konzert fertig war. Er kam dort um 23 Uhr an und blieb vier Stunden. Das sorgte natürlich für gute Publicity sowohl für den Laden als auch für den Sänger. Justin kaufte seine Lieblingssachen: elektronisches Spielzeug, Computerzubehör, Schmuck und einen ferngesteuerten Mercedes. Er kauft nicht sehr viele Klamotten, manchmal lässt er sogar seine Mutter für ihn einkaufen. Gelegentlich entlud sich dieser Mangel an eigenem Geschmack in den schlimmsten Modesünden. Veronica Finns Bilder, auf denen Justin bei einer Party auf den Bahamas einen glänzenden Anzug trägt, werden nur noch von der Party übertroffen, bei der er und Britney von Kopf bis Fuß im Jeans-Partnerlook kamen. Sie trägt ein rückenfreies, trägerloses Kleid, und er sieht aus wie John Wayne im Sonntagsanzug. Blauer Denim vom Scheitel bis zur Sohle, nein sogar bis zum Cowboyhut. Das Ensemble vervollständigen eine Sonnenbrille und ein großes silbernes Medaillon, das einen geflügelten Engel zeigt.

Justin geht meistens mit Frauen einkaufen, sei das nun seine Mutter oder seine aktuelle Freundin. Er geht ständig mit Cameron zum Shopping, so wie er es auch schon mit Britney gemacht hat. Er sucht gerne nach kleinen Dingen, mit denen er seinem Mädchen eine Freude machen kann. Das war schon immer so.

Sein eigener Look ist stark geprägt von der Hip-Hop-Kultur. Er spielt den richtigen Sport (Basketball), trägt die Jacken und Sneakers, hört coole urbane Musik und macht sogar welche, steht auf »Bling«, auffällige, teure Schmuckstücke und Accessoires und hat eine Mütze für jede Gelegenheit, obwohl er noch nicht unter Haarausfall leidet. Einmal gab er verschwenderisch achttausend Dollar für eine Hip-Hop-Mütze aus, die mit Diamanten besetzt war. Das Beste war, dass das Ding wie eine ganz gewöhnliche Mütze aussah. Im Bus sollte man sie aber besser nicht vergessen. Justin kann ganz schön extravagant sein, wenn ihm danach ist. Einmal leaste er einen Privatjet, der ihn von Konzert zu Konzert flog, als er vom Tourbus die Nase voll hatte.

Justin kann alles anziehen, denn er hat die richtige Größe und den richtigen Körperbau. Er hält sich mit Tanzen, Basketball und Fitnessübungen in Form. Sein tägliches Training umfasst beispielsweise dreihundert Situps. Er ernährt sich inzwischen auch gesünder, weil er älter wird und es für seinen Status als Star sehr wichtig ist, dass er weiterhin gut aussieht. Er macht zwar Werbung für McDonald's, aber er würde wahrscheinlich lieber Sushi und Fruchtsalat essen, als einen Burger. Trotzdem ist er kein langweiliger Kalorienzähler. Als er mit David Beckham in Manchester zu Mittag aß, bestellte er sich nicht, wie der Spielführer der englischen Fußballnationalmannschaft, den Caesar-Salat mit Hühnchen, sondern verdrückte ein Klubsandwich mit Pommes.

Justin legt zurzeit großen Wert auf Bequemlichkeit, er trägt weite Sweatshirts, große T-Shirts und fast immer eine Mütze oder eine Kappe. Er wurde schon als wandelnde Reklame für Gap bezeichnet. Rick Sky ist dazu eher kritisch eingestellt: »Er kann sich das nur leisten, weil er Justin Timberlake ist. Wenn man ihn auf der Straße sieht, dann bemerkt man ihn gar nicht.« Vielleicht ist ihm das ja auch lieber so. Teenager wollen oft ihre Individualität mit ihren Klamotten unterstreichen. Justin hat das nicht länger nötig, er kann also auffallende, schräge Kleidung getrost zur Altkleidersammlung geben. Wenn er eine Krawatte tragen will, dann bitte. Er ist Justin Timberlake, also kann er tragen, was er will.

### *»Ich finde mich nicht wirklich sexy.«*

# 19

# California Dream

*Als Justin den Grammy als bester Sänger für »Cry Me A River« in Empfang nahm, sagte er: »Ich widme diese Auszeichnung der allerschönsten Frau der Welt!« Das prominente Publikum wartete noch auf die Worte »Cameron Diaz«, da erschien auf den Bildschirmen das strahlende Gesicht seiner Mutter.*

Justin kaufte sich sein Haus in Los Angeles im August 2002. Es war ein echtes Schnäppchen für 8,3 Millionen Dollar. Für einen Einundzwanzigjährigen verdiente er unglaublich gut, aber er sorgte ja schließlich schon seit zehn Jahren für seinen eigenen Unterhalt, seit seine Mutter die Preise von den Talentwettbewerben auf die hohe Kante gelegt hatte. Mit 'N Sync verdiente er ungefähr 25 Millionen Dollar, aber das war vor seinen Erfolgen als Solokünstler, vor seiner Werbung für McDonald's und vor seinen ungeheuer erfolgreichen Konzerten der letzten zwei Jahre. Im Moment wird sein Vermögen auf 50 Millionen Dollar geschätzt, aber die Zahlen ändern sich ständig. Er verdient sehr schnell Geld, besonders, weil er auf seinen Platten inzwischen auch als Songwriter geführt wird. Wenn er auch weiterhin mit seinem Geld vernünftig umgeht, dann gehört er bald zu den reichsten Menschen im Showgeschäft.

Nachdem Justin sich von Britney getrennt hatte, verlor er damit auch seine Bleibe in Los Angeles. Er verbrachte den ersten Teil des

Jahres auf Tournee und hielt sich dann hauptsächlich an der Ostküste auf, wo er in Orlando Aufnahmen machte und seine Solokarriere ins Rollen brachte. Viele seiner Freunde waren von Florida nach L.A. gezogen, auch Jenna Dewan und Alyssa Milano, seine beiden Affären nach Britney, lebten dort, und fast alle ehemaligen *Mickey Mouse Club*-Mitglieder waren in die Filmhauptstadt gezogen und arbeiteten dort an ihren Karrieren. Auch Justins bester Freund Trace wollte gerne nach Hollywood ziehen, also war es der ideale Zeitpunkt für den endgültigen Umzug an die Westküste. Allerdings beging Justin nicht den Fehler, sein Haus in Florida aufzugeben, denn dort sind die Steuergesetze für Großverdiener wesentlich freundlicher. Britney wollte nach ihrer Trennung von Justin nicht mehr in L.A. wohnen, verkaufte ihr Haus an die Schauspielerin Brittany Murphy, machte dabei noch 1,5 Millionen Gewinn und zog in ein Strandhaus in Malibu.

Justins neues Haus im mediterranen Stil liegt in den Hollywood Hills und bietet eine umwerfende Aussicht. Im Osten sieht man die Lichter von L.A., im Westen den Pazifik. Nur fünf Minuten Fahrzeit entfernt, am Ende einer kurvigen, sich windenden Straße, liegt Sunset Plaza, so heißt der etwa einen Kilometer lange Abschnitt des Sunset Boulevard, auf dem es vor trendigen Bars und Boutiquen nur so wimmelt. Justin gefällt es sehr gut dort. Er geht zum Beispiel gern ins Le Dome, ins Chin Chin, ins Coffee Bean & Tea Leaf und ins A/x Armani. Ein großer Vorteil des Grundstücks ist, dass ihn nur eine kurze Fahrt mit einem seiner neun Autos oder fünf Motorräder vom Sunset trennt. Wenn er aber durch sein Eingangstor fährt, dann ist er in einer anderen Welt. »Man lebt zwar im Zentrum des Geschehens, aber man ist trotzdem ein bisschen versteckt und hat seine Ruhe«, erklärt ein Anwohner. Justin fährt in L.A. am liebsten seinen relativ unauffälligen BMW 745i. Er fährt meistens selbst und trägt dabei lässig eine Baseballmütze und einen Kapuzenpulli.

Das Haus steht auf einem riesigen Grundstück mit Palmen, Jasminbüschen und einem Orangenbaum. Es hat fünf Schlafzimmer und acht Badezimmer, und die Gebäude umstehen einen gepflasterten Innenhof. Drinnen findet sich alles, was man als Filmstar so braucht: Tennisplatz, Fitnessraum, Kino, Spielzimmer und Swimmingpool. Es gibt auch ein Gästehaus, in dem sein bester Freund und »Persönlicher Assistent« Trace lebt. Trace passt auf das Haus auf, wenn er Justin nicht gerade auf eine seiner Tourneen begleitet. Trace ist der Mensch, in dessen Gegenwart sich Justin am besten entspannen kann, noch mehr als mit seiner Mutter und seiner Freundin. »Er ist der Mensch in meinem Leben, mit dem ich schweigend in einem Zimmer sitzen kann, und alles ist okay.«

Lynn sorgte dafür, dass eine Reinigungsfirma das Haus jede Woche einmal gründlich durchputzt. Auch der Poolreiniger und die dreiköpfige Mannschaft, die die Gärten in Schuss hält, kommen jede Woche. Diese Traumvilla ist Justins Hauptwohnsitz. Hierher kommt er, wenn er nicht gerade in der Weltgeschichte umherdüst. Er besitzt noch eine schicke Villa auf dem Gelände eines Golfklubs bei Orlando und Häuser in der Gegend von Memphis. Sein Haus in Kalifornien ist immer noch nicht richtig eingerichtet, eine richtige »Junggesellenbude« mit viel Platz zum Ballspielen und für Putting-Übungen. Vor dem Ende der *Justified*-Welttournee war Justin so selten in dem Haus gewesen, dass er es noch nicht in ein Zuhause verwandeln konnte.

In Los Angeles ist Justin nicht der Allergrößte. Er fühlt sich dort auch ohne Bodyguard, der bei ihm lebt, wohl, obwohl er auf Tour oder bei öffentlichen Auftritten in L.A. immer gut beschützt wird. Bodyguards sind für Stars sowohl Notwendigkeit als auch Statussymbol. Auf dem Rodeo Drive und auf dem Sunset Boulevard wimmelt es nur so von Promis, seien sie nun zu Fuß oder in Autos unterwegs. Früher ließ man Justin in Shelby Forest in Ruhe, weil er dort nur »der gute alte Justin« war. Jetzt, als Superstar, lebt er in einer Gegend, in der Superstars meistens ignoriert werden. Der ehemalige englische Pop-Kolumnist Gill Pringle, der schon seit zehn Jahren in L.A. lebt, meint dazu: »Es ist sehr uncool, in L.A. Promis zu belästigen. Die meisten Leute, die hier leben, arbeiten im Showgeschäft, deshalb kann einer wie Justin sich hier entspannen und einfach Spaß haben. Die Leute erkennen ihn zwar, und manchmal starren sie ihn auch an, aber niemand fällt über ihn her oder so. Die größten Stars, zum Beispiel George Clooney und Leonardo

DiCaprio – und Justin – sind hier ständig auf der Straße unterwegs. Die wirklich coolen Leute kommen und gehen, ohne dass groß Wirbel darum gemacht wird. Nur Diven wie J-Lo oder Demi (Moore) wollen unbedingt, dass die Blitzlichter flackern, wenn sie irgendwo auftauchen.«

Justins berühmte Nachbarn, unter anderem Sandra Bullock, Courteney Cox Arquette und Kevin Costner, genießen die gleiche Anonymität wie Justin. Die nächste prominente Nachbarin wohnt nicht mal eine Meile entfernt. Sie ist bekannt dafür, dass sie ihr Privatleben vor der Öffentlichkeit abschirmt, dabei ist sie zurzeit Hollywoods größter weiblicher Star. Justin hatte damals keine Ahnung, wie praktisch es sein würde, so nahe bei Cameron Diaz zu wohnen.

Bei dem Paar »funkte« es im April 2003 bei den Nickelodeon Kids' Choice Awards in L.A. Cameron ist die erste Frau, in die Justin sich verliebt hat, die nicht seinem Idealbild der Südstaatenschönheit entspricht. Cameron ist durch und durch ein kalifornisches Surfer-Girl. Sie ist blond, hat eine starke Persönlichkeit und liebt es, Sport zu treiben und sich Sport anzusehen. Sie ist mindestens genauso reich wie Justin, also bestimmt nicht nur hinter seinem Geld her. Außerdem hat sie einen der größten Münder Hollywoods – und danach sucht Justin ja buchstäblich als Erstes bei einer Frau. Sie hat außerdem noch ein freches Mundwerk und einen schrägen Sinn für Humor.

Cameron stammt aus Long Beach, was mit dem Auto von L.A. aus in einer dreiviertel Stunde zu erreichen ist, wenn man an der Küste entlangfährt. Dort ist es allerdings viel ruhiger. Sie war schon immer groß und schlank, und ihre exotische Mischung aus kubanischen und indianischen Vorfahren verlieh ihr Charisma, besonders auf der Tanzfläche, wo sie als »weißes Mädchen mit Soul« galt – das perfekte Gegenstück zu Justin.

Sie führte ein ganz gewöhnliches Teenagerleben und verdiente ihr Geld als Kellnerin, bevor sie an der Long Beach Poly aufs College ging. Dort wurde sie schnell eine außergewöhnlich gute Cheerleaderin und war, besonders bei den Jungs, sehr beliebt. Es war fast unvermeidlich, dass ein Talentsucher der Modelagentur

Elite sie entdeckte. Zu der Zeit war ihr strahlender uramerikanischer Look gerade sehr gefragt. Sie war erst sechzehn Jahre alt und musste die Buchungen als Model irgendwie zwischen ihre Collegestunden quetschen. Ein ehemaliger Lehrer sagte: »Sie war schon immer eine Schönheit mit einem bezaubernden Lächeln. Sie war voller Energie und hatte eine Ausstrahlung, die sogar dem Wind noch ein Lied ablockte.«

Mit neunzehn beendete sie ihre Ausbildung und schaffte es zum ersten Mal auf ein Titelblatt, das Cover der Zeitschrift *Seventeen*. Diesem Cover sollten noch viele weitere folgen. Sie ging auch zum ersten Mal ein Karriererisiko ein und zog nach Paris, ins Zentrum der Modewelt, wo sie, wenn sie Erfolg hatte, richtig viel Geld verdienen konnte. Im Jahre 1993 verdiente sie zweitausend Dollar pro Tag, reiste um die ganze Welt und durfte sich ein »Supermodel« nennen. Aber Cameron hatte größere Pläne. Sie wollte Schauspielerin werden. Im Filmgeschäft wimmelt es von Models, die sich als Aktricen versucht haben, aber kläglich gescheitert sind: Cindy Crawford, Naomi Campbell und Christy Brinkley sind nur drei, die kurz mit dem Filmbusiness geflirtet haben. Wenn man es im Modelgewerbe geschafft hat, ist es sehr schwer, in einen Zweig des Showbusiness zu wechseln, in dem es nicht besonders viel zählt, wie schön und anmutig du auf dem Laufsteg aussiehst. In Hollywood sind alle schön. Du musst schon etwas ganz Besonderes mitbringen.

Cameron Diaz brachte ihre eiserne Entschlossenheit mit. Sie war dem Casting Director von Jim Carreys Filmdebüt *Die Maske* aufgefallen. Sie war eines der Models, die für die Rolle der verführerischen Tina vorsprachen. Der Film war ganz auf Carreys einzigartige Komik zugeschnitten, und keine andere Rolle würde besonders viel Aufsehen erregen – das dachten zumindest alle. Der Regisseur Chuck Russell bat Cameron noch zu mehreren Probeaufnahmen, weil er in ihrer Persönlichkeit eine undefinierbare Präsenz spürte, die sowohl Männer als auch Frauen ansprechen würde. Als er sie für das letzte Auswahlgespräch anrief, war sie gerade in Paris, aber sie stieg sofort auf eigene Kosten in das nächste Flugzeug, obwohl es noch gar nicht sicher war, dass man ihr den

Part geben würde. Sie bekam die Rolle und brachte die Leinwand mit ihrem Filmdebüt zum Leuchten, als sie, in ein verführerisches rotes Kleid gehüllt, zum ersten Mal im Kino zu sehen war. Sie bekam nur 50 000 Dollar für ihren Auftritt, aber um Geld ging es ihr auch gar nicht. Cameron plante längerfristig, was sich an ihrem nächsten Schritt zeigte. Sie wurde über Nacht bekannt, aber statt zu glauben, sie sei jetzt ein Star, nahm sie erst einmal Schauspielunterricht, um ihre Technik zu verbessern. Genau das hätte Justin, der Perfektionist, auch getan.

Im Laufe der nächsten vier Jahre spielte Cameron in einigen kleineren Produktionen mit, zum Beispiel *Minnesota* und *She's The One*. Damit verdiente sie genug Geld, um sich das Haus in den Hollywood Hills zu kaufen, dass heute Justins zweite Heimat ist. Verglichen mit seinem Riesenklotz ist es sehr bescheiden – sie bezahlte nur 1,4 Millionen Dollar dafür –, aber Justin mag die rustikale Gemütlichkeit, die es ausstrahlt. Vielleicht erinnert es ihn an sein Elternhaus in Shelby Forest. Cameron etablierte sich nach und nach und war schon recht berühmt, als sie mit Julia Roberts in *Die Hochzeit meines besten Freundes* spielte. Dann wurde sie mit *Verrückt nach Mary*, der schrägen Erfolgskomödie der Farrelly-Brüder, schlagartig zum Superstar. Zum ersten Mal verdiente sie mehr als eine Million Dollar pro Film. Ihr Privatleben hielt sie weiterhin unter Verschluss, allerdings sickerte später durch, dass sie fünf Jahre lang mit dem Videoproduzenten Carlos de la Torre zusammen gewesen war.

Der leicht ölige Matt Dillon spielte neben ihr in *Verrückt nach Mary*, sie hatte ihn bereits auf dem Set von *Feeling Minnesota* kennen gelernt und begann eine Beziehung zu ihm, durch die sie bald mit der unangenehmen Gesellschaft der Paparazzi Bekanntschaft machte. Ihr gefiel diese Aufmerksamkeit gar nicht, besonders, als Mariah Carey noch mit in den Korb geworfen wurde. Es ging das Gerücht, dass Dillon mit der Sängerin heimlich ausging, was Camerons Beziehung zu ihm sehr schnell beendete. Schlagfertig konterte sie angeblich, dass man nur Mariah Carey laut aufdrehen müsse, wenn man mal wissen wolle, wie sich Folter anfühle. Seit damals versucht Cameron, so gut es geht, ihre Privatsphäre zu schützen. Sie war jahrelang mit dem Schauspieler Jared Leto, dem Bösewicht aus *Panic Room*, zusammen, aber man sah das Paar so gut wie nie gemeinsam in der Öffentlichkeit. Die beiden waren sogar ein paar Jahre lang heimlich verlobt. Ihre Karriere verlief in der Zwischenzeit äußerst erfolgreich. Sie bekam eine sechsstellige Summe für ihre Stimme in *Shrek* und angeblich 13 Millionen Dollar für ihre Rolle als schusselige Nathalie in *Drei Engel für Charlie*, noch mehr für *Supersüß und Supersexy* und sogar 20 Millionen für die ziemlich lahme Fortsetzung *Drei Engel für Charlie – Volle Power*. Nur Julia Roberts verdient genau so viel wie sie. Berichten zufolge werden Camerons Einnahmen für 2004 auf 64 Millionen Dollar geschätzt.

Cameron hat keine blütenweiße Weste. Sie erlitt angeblich mit achtzehn in Australien eine Alkoholvergiftung. Aber dieses wilde Benehmen liegt schon lange hinter ihr, und sie und Justin führen ein gesundes, sportliches Leben. Er hat einmal gesagt: »Drogen reizen mich nicht.« Drogen gehören untrennbar zur Popkultur, aber Justin lebt sein Leben außergewöhnlich vernünftig. Nun gut, er trinkt auch gern mal ein Gläschen, die Gerüchte, er sei Abstinenzler, liegen total daneben. Als Teenager, erinnert sich seine damalige Freundin Danielle Ditto, trank er mit ihr auch ganz gerne. Gelegentlich sieht man Justin in einer Bar oder einem Klub, aber er passt gut auf, dass er nicht unter dem Tisch landet, wie das Robbie Williams früher nur zu oft passierte. Justin achtet zu sehr auf seine Gesundheit und kennt den körperlich anstrengenden Tourstress zu gut, um seine Karriere auf diese Art zu gefährden.

Cameron ist eine sehr unabhängige, willensstarke Frau, die in Hollywood ihren eigenen Weg geht. Manche Leute würden sie vielleicht als exzentrisch bezeichnen. Sie fährt nur mit einem Elektroauto durch L.A., wäscht ihr Gesicht nur mit Evian, und man munkelt, sie sei besessen von Hygiene. Vor ihrer Beziehung zu Justin war sie hauptsächlich als die Schauspielerin mit der schlechtesten Haut bekannt. In vielen Zeitungen sind bereits Bilder von Cameron mit schlimmen Pickeln erschienen, was ihr sehr peinlich ist. Sie ist von Natur aus blond (Justins erste echte Blondine) und ihre Haut ist sehr hell und empfindlich. Sie bekommt schon Pickel, wenn man sie nur schief ansieht. »Bei der kleinsten Hautreizung bekomme ich entzündete Pickel«, erklärt sie. »Wenn es möglich ist, fasse ich Türklinken nur mit einem Taschentuch an. An solchen Tagen schaue ich einfach nicht in den Spiegel.« Justin weiß noch aus seiner Teenagerzeit, wie es sich anfühlt, wenn man »Pizzagesicht« genannt wird.

Cameron und JT, wie sie ihn nennt, verbindet nicht nur eine ganz offensichtliche körperliche Anziehung. Ihre Beziehung basiert auch auf der Tatsache, dass Cameron die sportlichste Schauspielerin Hollywoods ist. Sie liebt die gleichen Sportarten wie Justin, ist in den meisten so gut wie er und kann ihn in einigen sogar schlagen. Sie fährt fantastisch Auto und übernahm ihre Fahrszenen in *Drei Engel für Charlie* selbst. Sie ist so gut, dass sie regelmäßig am Long Beach Celebrity Grand Prix teilnimmt. Justin schaffte es nicht, Cameron bei ihrem ersten Date zu einem Basketballspiel mitzunehmen. Stattdessen schleppte sie ihn ins Studio City zum Bowling bei Pinz. Justin war begeistert, und sie gehen inzwischen regelmäßig dorthin. Sie haben sogar ein gemeinsames Schließfach, auf dem »Cameron & Justin« steht. Wenn sie sich schon ein Schließfach teilen, dann muss es den beiden wirklich ernst sein. Dort können sie auch miteinander Spaß haben, ohne dass Fans sie belästigen. Wie die meisten Promipaare schätzen sie das ungemein.

Fast immer, wenn sie zusammen gesehen werden, machen sie gerade Sport: Golf in Dallas, Basketball in Fort Lauderdale, Surfen in Hawaii, wo Cameron sich die Nase brach, oder Snowboarding in Vale, Colorado. Der Regisseur Bobby Farrelly sagte einmal: »Ein perfektes Date bedeutet für sie, sechsunddreißig Löcher Golf zu spielen und sich danach ein Basketballspiel anzusehen.« Justin und Cameron sind sehr ungezwungen und gesellig. Sie gehen beide gerne tanzen. Justin mag auch Konzerte und unterhält sich gerne mit Freunden in Bars und Nachtklubs, zum Beispiel im Avalon, Concorde, The Lounge und A.D., wo er zum ersten Mal mit Cameron tanzte. Zwei ihrer besten Freunde, mit denen sie viel unternehmen, sind Drew Barrymore, die mit Cameron in *Drei Engel für Charlie* spielte, und ihr Freund Fabrizio Moretti, der Schlagzeuger der Strokes. Sie haben Fabrizios Band schon live gesehen, und er hat sich mit Justin angefreundet. Justin trifft sich auch oft mit Pharrell Williams, wenn er in der Stadt ist. Allerdings war Pharrell im letzten Jahr ziemlich oft auf Tournee. Er wird immer erfolgreicher, und zwar nicht nur durch seine Produktionen und seine Band N.E.R.D., sondern auch durch sein Soloalbum *Frontin'*. Das Album, auf dem auch Jay-Z zu hören ist, schaffte es im Sommer 2003 auf Platz vier der englischen Charts. Justin hängt auch gerne mit Joey Fatones Bruder Steven ab, der von Cameron vollauf begeistert ist: »Sie ist sexy und witzig. Sie albert mit den Jungs herum. Außerdem ist sie auch noch wunderschön. Wer würde nicht gerne mit ihr ausgehen?«

In der Presse wurde ziemlich hochgespielt, dass Cameron und Justin ein paar Mal mit Demi Moore und Ashton Kutcher gesehen wurden. Das klang natürlich nach zwei älteren Frauen, die stolz ihre jungen Liebhaber vorzeigen. Cameron sagte Freunden, dass es ihr sehr unangenehm sei, in diese Schublade gesteckt zu werden. Einer von ihnen sagt: »Dieser falsche Eindruck entstand, weil Cameron gerade den zweiten Teil von *Drei Engel für Charlie* promotete, als sie mit Justin zusammenkam. Demi spielte in dem Film auch mit, also waren Ashton und Demi ein paar Mal mit von der Partie. Aber sie sind mit keinem der beiden besonders eng befreundet.«

Ashton Kutcher hat einen sehr eigenen Sinn für Humor. Er entwickelte die populäre Fernsehserie *Punk'd*, in der er Prominenten fiese Streiche spielte und sie mit den Worten »You've been punk'd« schließlich aus ihrem Albtraum erlöste. Justin legte er mit einem wahren Klassiker auf Kreuz. Er engagierte Schauspieler, die so taten, als kämen sie von der Steuerfahndung. Sie konfiszierten Justins gesamtes Hab und Gut, während er fassungslos und völlig aufgelöst zusah. Er war den Tränen nahe und versuchte, seine Mutter anzurufen und ihr zu sagen, was gerade passierte. Sobald er Ashton sah, merkte er, dass er hereingelegt worden war, und machte gute Miene zum bösen Spiel – jedenfalls fast.

Obwohl Cameron acht Jahre älter ist als Justin, hat sie weder Kinder, noch einen Exmann, noch sonstigen emotionalen Ballast. Justin war schon immer sehr reif für sein Alter, weil er, wie bei 'N Sync, ständig mit älteren Leuten zusammen war. Ashley Hoven, eine ehemalige Freundin von Chris Kirkpatrick, hält immer noch Kontakt zu Justin. »Ich fand Justin schon immer sehr erwachsen, deshalb überrascht es mich überhaupt nicht, dass seine Freundin älter ist«, kommentiert sie. Ein anderer enger Freund des Paares sagt: »Justin und Cameron haben beide einen schrägen Sinn für Humor. Sie lachen gerne und freuen sich an einfachen Dingen wie Tanzen, gutem Essen und Spaß mit Freunden. Sie gehen gerne richtig abtanzen. Justin ist sehr reif für sein Alter, aber Cameron ist sehr jung geblieben und genießt das Leben. Der Altersunterschied fällt bei ihnen gar nicht auf.«

Cameron und Justin verliebten sich Hals über Kopf ineinander und warfen all ihre übliche Vorsicht über Bord. Und im Gegensatz zu der Geheimniskrämerei mit Britney war Justin diesmal gerne bereit, allen zu zeigen, dass er mit einer der schönsten Frauen der Welt zusammen war. Im Juli 2003 wurde Cameron backstage beim *Justified/Stripped*-Konzert in Orlando gesichtet, und einen Monat später begleitete sie Justin zu seinem Konzert mit den Black Eyed Peas in New York. Er nahm sie auch zum Saisoneröffnungsspiel der Basketballmannschaft LA Lakers mit. Sie zeigen sich nicht oft zusammen, aber doch oft genug, um den Eindruck zu vermitteln, dass sie eine sehr enge Beziehung führen. Cameron begleitete ihn sogar zu einem ganz speziellen Ereignis: seiner Rückkehr nach Memphis für ein Konzert im New Daisy Theatre für den Sender NBC. Dies markierte eine wichtige Station ihrer Beziehung, denn hier lernte sie seine Familie in Shelby Forest kennen. Die gaben eine große Party, und Cameron wurde reihum vorgestellt. Sie war sehr freundlich und bezauberte alle. »Sie ergänzen sich perfekt. Was Cameron fehlt, hat Justin, und umgekehrt. Sie passen wie Puzzlestücke zusammen«, schwärmt ein Partygast.

Cameron ist klug und alt genug, um zu wissen, dass sie Lynns Herz gewinnen muss, wenn sie sich eine gemeinsame Zukunft mit Justin wünscht. Bisher scheint das ganz gut zu klappen. Bei den Grammys im Februar 2004 suchte Lynn für Cameron ein Paar Blue Dot Jeans für 104 Dollar an einem Stand für Werbegeschenke aus und sagte zu Justin: »Die passen perfekt zu Cameron.« Sie sucht für ihren Sohn die Klamotten aus, also warum nicht auch für Cameron? Der bisher einzige Misston erklang im September 2003, als Justin und Cameron sich überlegten, zusammen ein Haus in Malibu zu kaufen. Cameron verliebte sich in ein Strandhaus dort, aber Justin trat auf die Bremse und sagte, er müsse sich erst mit Lynn darüber beraten. Seine Mutter ist seine Comanagerin und kümmert sich um seine Finanzen, also war Justins Reaktion bestimmt ganz natürlich. Aber angeblich war Cameron gar nicht begeistert.

Technisch gesehen hat Justin bisher noch mit keiner Freundin zusammengelebt, aber Freunden zufolge lebt er praktisch bei Cameron, wenn er in Los Angeles ist. Justin wohnt noch nicht lange genug in Kalifornien, um sich den dortigen Lebensstil zu Eigen zu machen. Er macht in L.A. nichts, was er nicht auch in Orlando, New Orleans, New York oder London machen würde. Er hält nicht viel von ganzheitlicher Medizin, trinkt keine Sojamilch und springt auch sonst nicht auf jeden Trend auf. Aber er liebt Sushi und war mit Cameron schon in fast jeder Sushi-Bar der Stadt. Er ist auch stiller Teilhaber eines Dim-Sum-Restaurants namens Chi im Hyatt auf dem Sunset Boulevard, also isst er auch dort häufig. Das Restaurant läuft gut, aber es ist bis jetzt kein In-Schuppen wie Ashton Kutchers Dolce.

Justin führt in L.A. ein sehr gesundes Leben, und darin unterscheidet es sich nicht von seiner Jugend in Shelby Forest, wo er sehr viel Zeit im Freien verbrachte. Cameron wandert sehr gerne in den Hollywood Hills, also begleitet Justin sie bei ihren Spaziergängen durch den Runyon-Cañon oder den Fryman-Cañon. Justin hat sich gegen Haustiere entschieden, weil er so selten zu Hause ist. Cameron hat einen Hund, aber den nimmt sie nicht auf Wanderungen mit. Er ist so klein, dass er in eine Handtasche passt. Bevor Justin sich ein Haus kaufte, ging er manchmal ins Fitnessstudio, aber eigentlich findet er das zu demonstrativ. Er bleibt lieber in seinem eigenen Fitnessraum, lädt Trace ein, dreht die Musik voll auf und macht sein Krafttraining und seine Liegestütze lieber hinter verschlossenen Türen. »Er ist kein Fitnessfanatiker«, bestätigt ein Freund. »Er trainiert, wenn er Lust dazu hat. Er ist deshalb so fit, weil er so viel tanzt. Außerdem hat er einen Basketballkorb zu Hause, und der ist ständig in Gebrauch.«

Wenn Cameron und Justin nicht um die Wette ihren Lieblingssportarten nachgehen, dann entspannen sie sich beim Karaoke. Cameron kennt Justins Lieder auswendig und hat eine abgefahrene Version von »Rock Your Body« drauf. Außerdem gehen die beiden gerne zusammen einkaufen. Justin wurde beim Verlassen von Tiffany auf dem Wilshire Boulevard gesehen, wo er für Cameron Schmuck im Wert von 100 000 Dollar gekauft hatte. Bei ihren gemeinsamen Einkaufstouren bevorzugen sie die kleinen coolen Boutiquen in ihrer Nachbarschaft, oder exklusive Kaufhäuser in Beverly Hills, wie zum Beispiel Barneys, Neiman Marcus und Saks Fifth Avenue. Sie waren auch schon bei dem neuen Open-Air-Einkaufszentrum in L.A., wo sich Justin am liebsten mit Abercrombie & Fitch eindeckt, einem seiner Lieblingslabel. Er und Cameron kleiden sich gerne im Partnerlook. Beide stehen total auf Jeans von Diesel – Cameron hat so lange Beine, dass sie die Hosen beinahe tauschen könnten. Sie wurden auch mit identischen sandfarbenen Ugg-Boots gesichtet.

Justin und Cameron wirken immer schwer verliebt. Sie berühren sich ständig, tauschen Küsse und umarmen sich. Justin zeigt seine Liebe sehr demonstrativ. Dies ist für ihn eigentlich die perfekte Beziehung, aber auch hier dringt die Wirklichkeit ins Märchen ein. Sie müssen sich auf lange Trennungen einstellen, wenn sie beide an unterschiedlichen Orten arbeiten. Justin hat sehr viel Energie und hält es selten lange an einem Ort aus. Freunden zufolge hoffte Cameron, er würde wenigstens 2004 zu Hause verbringen, wenigstens so lange sie in L.A. ihren neuen Film *In her Shoes* drehte. Justin beendete die *Justified*-Welttournee im Januar 2004 und nahm dann an allen Preisverleihungen teil, unter anderem den Oscars und den Brits. Erst dann konnte er mit Cameron Snowboarden gehen. Aber schon einen Monat später nahm er die Designerturnschuhe wieder von der Couch und eilte für seine erste Filmrolle nach Vancouver. Justin will als Künstler über sich hinauswachsen, und obwohl er sich nach wie vor auf die Musik konzentriert, liebt er es auch, vor der Kamera zu stehen, zu schauspielern und sich zu präsentieren. Er ist sehr wandlungsfähig, das zeigte sein Soloperformance bei *Saturday Night Live*. Er verkleidete sich als die blonde Schauspielerin Jessica Simpson, imitierte Ashton Kutcher und zog sich für einen Sketch ein Omelettkostüm an. Er wirkte wie ein Kerl, der sich für nichts zu schade ist. Außerdem war er zum Schreien komisch.

Justin liebäugelt schon lange mit der Schauspielerei, aber bis zum Jahr 2004 hatte er einfach keine Zeit, sich ernsthaft diesen Ambitionen zu widmen. Er hatte für seine Rolle als junger Elton John im Video zu »This Train Don't Stop There Any More« sehr gute Kritiken erhalten. Außerdem hatte er bereits Gastauftritte in den beliebten Fernsehserien *Sabrina – Total Verhext, Sesamstraße, Clueless und Touched by an Angel* absolviert. Im Jahr 2000 ergatterte er eine kleine Rolle in dem Fernsehfilm *Model Behaviour*, in dem der kanadische Schauspieler Jesse Nilsson mitspielte. Justins Leidenschaft für den Film war geweckt, auch wenn sein Enthusiasmus vorübergehend gedämpft wurde, als Nilsson im Jahr 2003 völlig überrraschend an Herzversagen nach einem schweren Asthmaanfall starb.

Für sein Kinodebüt hat Justin eine wichtige Rolle in *Edison* ergattert, einem Kevin-Spacey-Film. Keine Biografie über den Erfinder des Phonographen, sondern ein Thriller, in dem Spacey an der Seite von Morgan Freeman zu sehen ist, wie schon in *Sieben.* Spacey ist, genau wie Justin, Perfektionist, der nicht viel Geduld mit Dilettanten hat, also muss Justin schon beeindruckende Probeaufnahmen abgeliefert haben, um die Rolle zu bekommen. Er spielt einen Reporter namens Joshua Pollock, der ein Nest korrupter Polizisten entdeckt. Er weiß nicht, wie er mit seiner Entdeckung umgehen soll und wendet sich an einen abgehalfterten Journalisten (Spacey) und einen Detektiv (Freeman), der für einen mächtigen Bezirksstaatsanwalt arbeitet. Spacey ist vielleicht schwer zufrieden zu stellen, aber er ist ein witziger Typ mit einer spitzen Zunge, und wahrscheinlich der beste Stimmenimitator von Hollywood – sogar besser als Robin Williams. Er schätzt sicher Justins Humor und seine professionelle Einstellung. Justin nimmt die Schauspielerei sehr ernst. Bevor er nach Vancouver flog, ging er zum Los Angeles Supreme Court und schaute sich dort gemeinsam mit Bob Porterfield, einem Reporter der Associated Press, Gerichtsprotokolle an.

Als Fans ihn um Autogramme baten, lehnte er angeblich mit der Begründung ab, »er bereite sich auf eine Rolle vor.«

Auch Justin und Cameron müssen sich mit dem alten Promiproblem Vertrauen auseinander setzen, an dem Justins frühere Beziehungen scheiterten. Er muss akzeptieren, dass Cameron einen sehr großen Freundeskreis hat, zu dem auch ihr Exfreund Jared Leto zählt. Sie muss sich daran gewöhnen, dass er bei Dreharbeiten viel Zeit mit sehr hübschen Schauspielerinnen verbringt. In *Edison* wird die bildhübsche Piper Perabo seine Partnerin, die in *Coyote Ugly* und *Im Dutzend billiger* mitgespielt hat und mit ihren sechsundzwanzig Jahren viel jünger ist als Cameron. Die kann sich aber mit Justins Ruf trösten, oder vielmehr der Tatsache, dass er keinen »Ruf« hat. »Man hört nie Geschichten darüber, dass Justin sich wie ein Rockstar benimmt und mit vielen Mädchen schläft. Er ist ein treuer Mensch. Über ihn hört man keine Gerüchte«, bestätigt ein Insider aus Hollywood.

Justin hat seit dem Ende der *Celebrity*-Tour mit 'N Sync erstaunliche Fortschritte gemacht. Die anderen vier Bandmitglieder können ihm nur noch aus der Ferne nachwinken. Sie alle haben ein Vermögen verdient, aber Justin stellt all ihre Bemühungen in den Schatten. JCs erstes Soloalbum *Schizophrenic* erschien im März 2004, war aber nicht so erfolgreich wie *Justified.* Ironischerweise spielte JC im Frühjahr bei Britney Spears Englandtournee im Vorprogramm. Es hieß auch, JC sei gar nicht erfreut darüber, dass Justin die ganze Unterstützung von Jive Records einsackte. Chris Kirkpatrick schreibt Songs für die Band Ohno aus Dallas und arbeitet außerdem an seinem ersten Soloprojekt. Er lebt immer noch in Orlando und spielt Golf, sooft er kann. Joey Fatone und Lance Bass arbeiten an ihren Schauspielkarrieren. Lance hat einen Horrorfilm mit Wes Craven abgedreht, der *Cursed* heißt, und Joey trat am Broadway in *Rent* auf. Aber wenn *Edison* im Frühling 2005 in die Kinos kommt, dann werden ihre Versuche ein wenig blutarm wirken. Justin plant schon seine nächste Rolle, in einer Musicalparodie namens *Played*, in der er, Gerüchten zufolge, Basketball spielen wird. Justin hat sicher das Zeug zu einem guten Schauspieler, wenn er das denn will. Er ist erst dreiundzwanzig, also wird er sich vielleicht sowohl auf seine Musik als auch auf die Schauspielerei konzentrieren und eine männliche J-Lo werden.

Professionalität – oder der Wunsch nach Perfektion – ist bestimmt einer der Gründe, warum Justin noch eine lange Karriere vor sich hat. Er scheut keinerlei Anstrengung. Im Musikgeschäft genießt er einen Ruf als richtig netter Kerl, der sich nicht wie eine Diva aufführt und keine Starallüren hat. »Wenn man Justin anruft und ihn bittet, im Studio eine Spur noch mal aufzunehmen, dann steigt er sofort ins Flugzeug und macht alles, was getan werden muss«, sagt ein Insider aus der Plattenfirma.

Wie auch immer sich seine Beziehung zu Cameron entwickelt, Justins Mutter Lynn wird ihn immer von ganzem Herzen lieben und unterstützen. Sie betont immer wieder, dass sie glücklich ist, solange er Spaß hat. Sie ist in seinem Leben präsent, auch wenn er gerade mit Mademoiselle Diaz Zeit verbringt. Zu seinem dreiundzwanzigsten Geburtstag dieses Jahr rief sie höchstpersönlich bei Cakes2Go an, einer Gourmet-Konditorei, die Torten auf Bestellung liefert, und ließ für 250 Dollar einen Geburtstagskuchen aus Biskuit mit Sahne und Schokoladenfüllung zu Camerons Haus liefern. With Love.

***»Dieser Junge wird mal zu den ganz Großen gehören.«***

# Danksagung

Als ich Justins ehemaliger Rektorin ein Kompliment darüber machte, wie höflich ich in Tennessee behandelt wurde, wo mich jeder »Sir« nannte, antwortete sie: »Ich wette, Sie kamen sich vor, als habe die Queen Sie zum Ritter geschlagen.« Ich möchte mich bei all denen bedanken, die mir auf meinen Reisen in die Vereinigten Staaten von Amerika bei der Recherche für dieses Buch halfen. Durch sie wurde meine Arbeit an *Justin – Die Biografie* ein reines Vergnügen.

Mein Dank geht besonders an Danielle Ditto und Veronica Finn, Justins ehemalige Freundinnen, die mit ihrer Zeit und ihren Erinnerungen sehr großzügig waren. Ladys, viel Glück bei eurer beruflichen Laufbahn. Ich stehe außerdem tief in der Schuld von Pat Austin, Paulette Bond, Regina Castleberry, Bob Fischetti, Allison Hammett, Betty Kirk, Jacqueline Lackey, Kim Lampkins, Mary Ann McNeil, Nanci Norwood, Lou Pearlman, Betty Roach, Erika Ruch, Mike Tebbe, Karen Toombs, Beth Wendel, Bob Westbrook und Chuck Yerger. Danke auch an Mrs. Sherry Yerger und Stephanie Roach, die mir ihre alten Fotos von Justin zur Verfügung stellten. Sie alle machten auf mich den nachhaltigen Eindruck von Menschen, die für Justin Timberlake nur Bewunderung und Zuneigung empfinden.

Ich möchte auch die Kellnerinnen im Old Timers Restaurant in Millington mit einschließen, die mir die Südstaaten-Speisekarte erklärten, das Personal im Admiral Suites and Inn und John Guirl im Neighborhood Business Centre. Der Shelby Forest General Store ist auf jeden Fall einen Besuch wert, aber folgt bloß nicht meinem Beispiel. Der Kaffee wird mit einer Spendendose finanziert, in die jeder so viel wirft, wie er kann. Ich hatte keine Ahnung, wie viel jetzt angemessen war, also leerte ich meinen gesamten Tascheninhalt in die Dose. Die Tasse Kaffee kostete mich 5 Dollar!

Meine alten Freunde Rick Sky und Gill Pringle halfen mir enorm. Ich kann es gar nicht abwarten, Gills ersten Roman zu lesen. Wieder einmal recherchierte Lizzie Clachan unermüdlich für mich. Adele Herson hatte die undankbare Aufgabe, mehr als 100 000 Worte umfassende Interviews vom Band abzutippen.

Bei Simon and Schuster gilt mein Dank meinem Verleger Jonathan Atkins, weil er dieses Buch in Auftrag gab, und meiner brillanten Redakteurin Rumana Haider für ihre Professionalität und ihre Unterstützung. Ich stehe auch tief in der Schuld von Emma Noel für die Publicity, Barry O'Connor für die Produktion, Kate Hibbert für die Auslandsrechte, Jacky Mujico fürs Marketing und Darren Wall für das Design.

Wieder einmal bin ich Madeleine Moore sehr dankbar für ihr faszinierendes Geburtshoroskop von Justin. Und schließlich geht mein besonderer Dank noch an meine Frau, Zoë Lawrence, die mich auch bei meinem neunten Buch wieder unterstützt und inspiriert hat.

# UK-Diskografie

## 'N Sync Singles

| *Erscheinungsdatum* | *Titel* |
|---|---|
| September 1997 | **Tearin' Up My Heart** |
| November 1997 | **I Want You Back** |
| Februar 1999 | **I Want You Back (reissue)** |
| Juni 1999 | **Tearin' Up My Heart (reissue)** |
| Januar 2000 | **Music of My Heart (with Gloria Estefan)** |
| März 2000 | **Bye Bye Bye** |
| Juli 2000 | **I'll Never Stop** |
| September 2000 | **It's Gonna Be Me** |
| Dezember 2000 | **This I Promise You** |
| Juli 2001 | **Pop** |
| Dezember 2001 | **Gone** |
| April 2002 | **Girlfriend** |

## 'N Sync Alben

| *Erscheinungs-datum* | *Titel (Songtitel in Klammern)* |
|---|---|
| Mai 1997 | **'N Sync** (Tearin' Up My Heart, I Just Wanna Be With You, Here We Go, For The Girl Who Has Everything, [God Must Have Spent] A Little More Time On You, You Got It, I Need Love, I Want You Back, Everything I Own, Thinking Of you [I Drive Myself Crazy], Crazy For You, Sailing, Giddy Up, U Drive Me Crazy) |
| September 1998 | **Home for Christmas** (Home For Christmas, Under My Tree, I Never Knew The Meaning Of Christmas, Merry Christmas Happy Holidays, The Christmas Song [Chestnuts Roasting On An Open Fire], I Guess It's Christmas Time, All I Want Is You This Christmas, The First Noel, In Love On Christmas, It's Christmas, O Holy Night, Love's In Our Hearts On Christmas Day, The Only Gift, Kiss Me At Midnight) |
| März 2000 | **No Strings Attached** (Bye Bye Bye, It's Gonna Be Me, Space Cowboy [Yippie-Ye-Yay], Just Got Paid, It Makes Me Ill, This I Promise You, No Strings Attached, Digital Get Down, Bringin' Da Noise, That's When I'll Stop Loving You, I'll Be Good For You, If I'm Not The One, I Thought She Knew) |
| Oktober 2000 | **No Strings Attached** [Special Edition] (Bye Bye Bye, It's Gonna Be Me, Space Cowboy (Yippie-Ye-Yay), Just Got Paid, It Makes Me Ill, This I Promise You, No Strings Attached, Digital Get Down, I'll Never Stop, Bringin' Da Noise, That's When I'll Stop Loving You, I'll Be Good For You, If I'm Not The One, I Thought She Knew, Could It Be You [Bonus track], This Is Where The Party's At [Bonus Track]) |

| | |
|---|---|
| Juli 2001 | **Celebrity**<br>(Pop, Celebrity, The Game Is Over, Girlfriend, The Two Of Us, Gone, Tell Me; Tell Me ... Baby, Up Against The Wall, See Right Through You, Selfish, Just Don't Tell Me That, Something Like You, That Girl [Will Never Be Mine] [Bonus Track], Falling [Bonus Track], Do Your Thing [Bonus track]) |
| April 2002 | **Celebrity** [Special Edition]<br>Disc 1<br>(Pop, Celebrity, Game Is Over, Girlfriend, Two of Us, Gone, Tell Me; Tell Me ... Baby, Up Against The Wall, See Right Through You, Selfish, Just Don't Tell Me That, Something Like You, That Girl [Will Never Be mine], Falling, Do Your Thing<br>Disc 2<br>(Pop [Pablo La Rosa Funktified Mix], Pop [Deep Dish Cha-Ching Remix], Pop [Terminalhead Vocal Remix], Gone [Gone Clubbing (I'll Be Back Later) mix], Gone [Spanish Version Radio Edit], Girlfriend (Neptunes Remix Feat. Nelly), (Instrumental), Pop [Enhanced], Gone [Enhanced], Girlfriend [Enhanced]) |

## Justin Timberlake Singles

| *Erscheinungs-datum* | *Titel (Bonustracks in Klammern)* |
|---|---|
| Oktober 2002 | **Like I Love You**<br>(Like I Love You [Album Version], Like I Love You [Instrumental] Like I Love You [Extended Mix]) |
| Februar 2003 | **Cry Me A River**<br>(CD1: Cry Me A River [Album Version], Cry Me A River [Dirty Vegas Vocal Mix] Cry Me A River [Bill Hamel Vocal Mix]<br>CD2: Cry Me A River [Johnny Fiasco Mix], Like I Love You [Basement Jaxx Vocal Mix] Like I Love You [Deep Dish Vocal Mix]) |

| | |
|---|---|
| März 2003 | **Work It** (Nelly feat. Justin Timberlake) (CD1: (Enhanced): Work It [Radio Edit], Put Your Hands Up, Air Force Ones, Air Force Ones [Video] CD2: Work It [DJ Swamp Remix], Work It [Nevins Universal Dub], Dilemma [G Force Full Vocal Mix]) |
| Mai 2003 | **Rock Your Body** (Rock Your Body [Album Version], Rock Your Body [Sander Kleinenberg Radio Mix], Rock Your Body [Paul Oakenfold Mix], Rock Your Body [Instrumental]) |
| September 2003 | **Señorita** (Señorita [Radio Edit Short Intro], Señorita [Eddie's Crossover Rhythm Mix], Señorita [Eddie's Extended Dance Mix], Señorita [Dr Octavo 2-Step Mix]) |
| Dezember 2003 | **I'M Loving It** (I'm loving it, I'm loving it [Instrumental], Last night) |

## Justin Timberlake Alben

| *Erscheinungs-datum* | *Titel (Songtitel in Klammern)* |
|---|---|
| November 2002 | **Justified** (Señorita, Like I Love You, (Oh No) What You Got, Take It From Here, Cry Me A River, Rock Your Body, Nothin' Else, Last Night, Still On My Brain, [And She Said] Take Me Now, Right For Me, Let's Take A Ride, Never Again, Worthy Of [Bonus Track]) |
| April 2004 | **Maximum Justin Timberlake** (Introduction, Starting Young, Getting in Synch, Lucky Break, Fast Ride to the Top, Challenge for the Children, Dating the Princess of Pop, Collaborations, Justified, Bad Boy Justin, Still 'N Synch?) |

# Vita

**31. Januar 1981** Justin Randall Timberlake kommt im St. Jude Hospital in Memphis, Tennessee, zur Welt.

**1984** Seine Eltern, Lynn and Randy, lassen sich scheiden. Lynn findet Arbeit in einer Bank in Millington, dort trifft sie Justins zukünftigen Stiefvater Paul Harless. Justin nennt Paul in seiner Jugend »Dad« und Randy »Daddy«.

**1989** Imitiert mit Freunden bei einem Schulkonzert die New Kids on the Block. Nimmt Gesangsunterricht bei Bob Westbrook in Memphis.

**August 1992** Gewinnt in allen Kategorien beim Universal Charm Pageant in Nashville. Nimmt Preise im Wert von 16 000 Dollar mit nach Hause, als Best Model, Best Dressed, Best Sportswear, Most Handsome und Supreme Champion.

**Dezember 1992** Hat seinen ersten Fernsehauftritt in der Talentshow Star Search, verliert aber in der ersten Runde gegen eine Zehnjährige namens Anna Nardona. Auf dem Rückweg nach Hause spricht er für den *Mickey Mouse Club* vor.

**April 1993** Zieht mit Lynn nach Orlando und fängt bei Disneys *Mickey Mouse Club* an. Trifft die Mouseketeers Britney Spears, Christina Aguilera und JC Chasez.

**Februar 1995** *Mickey Mouse Club* wird nach Justins zweiter Staffel abgesetzt. Er beendet das Schuljahr an der E. E. Jeter in Shelby Forest. Wird zum Mr. Jeter gewählt. Seine Freundin Deanna Dooley wird Miss Jeter.

**August 1995** Zieht wieder nach Orlando und tritt einer neuen Boygroup bei. Seine Mutter Lynn kreiert den Namen der Band: 'N Sync. Später unterzeichnen sie einen Vertrag bei Lou Pearlmans Firma Trans Continental. Johnny Wright wird ihr Manager.

**Oktober 1995** Dreharbeiten für ein Werbevideo für 'N Sync im Rock 'n' Roll Beach Club Pleasure Island in Orlando.

**Januar 1996** Bekommt eine Geburtstagsüberraschung, als seine Freundin Danielle Ditto vor dem 'N Sync-Haus in Orlando aus dem Kofferraum seiner Mutter springt.

**August 1996** 'N Sync unterzeichnen in Europa einen Plattenvertrag bei RCA und reisen nach Deutschland für ihr erstes Konzert in München. Sie treten im Laufe der nächsten zwölf Monate dort fast fünfzig Mal auf.

**Oktober 1996** Die erste 'N Sync-Single »I Want You Back« erscheint in Deutschland und schafft es nach einer Woche in die Charts.

**Mai 1997** Justins Halbschwester Laura Katherine Timberlake stirbt eine Stunde nach der Geburt. Das Album *'N Sync* erscheint in Deutschland.

**Juli 1997** Justin muss sich zu Hause in Memphis die Mandeln entfernen lassen. Zum Glück nimmt seine Stimme keinen Schaden.

**September 1997** In England erscheint 'N Syncs erste Single »Tearin' Up My Heart«, landet aber in den Charts leider nur auf Platz vierzig.

**November 1997** Justin tritt zum ersten Mal in England auf, bei 'N Syncs Konzert im International Centre in Bournemouth. Die zweite Single »I Want You Back« schafft es nur auf Platz Nummer 62 der Charts.

**Januar 1998** Lässt sich zu seinem siebzehnten Geburtstag einen knallroten Mercedes-Benz liefern.

**März 1998** *'N Sync* erscheint in den USA.

**April 1998** Lässt sich eine Flamme auf den Knöchel tätowieren, um den Erfolg des ersten Albums zu feiern. Beginn einer Tradition für zukünftige Alben. Erster Clip bei MTV ist »I Want You Back«.

**Mai 1998** Die Show, der 'N Sync alles verdankt. Statt der Backstreet Boys, die abgelehnt haben, treten sie in den Disney MGM-Studios auf. Die Garderobe ist das alte Klassenzimmer, in dem Justin und JC Chasez während ihrer Zeit beim *Mickey Mouse Club* Unterricht hatten.

**Juni 1998** Justin, der seine Haare blondiert hat, feiert mit seiner Freundin Veronica Finn, Nikki DeLoach und JC Chasez die Hochzeit eines Freundes auf den Bahamas.

**August 1998** Justins jüngster Halbbruder Stephen wird geboren. 'N Sync fahren mit Petula Clark und Richard Branson in einem offenen Bus durch Manhattan und werben für die Eröffnung seines Virgin Megastore in Downtown New York.

**Oktober 1998** Eröffnen in Baltimore das Konzert von Janet Jackson auf ihrer *Velvet Rope*-Tour. 'N Sync singen mit Janet eine A-cappella-Version von Stevie Wonders »Overjoyed«.

**November 1998** 'N Sync haben es geschafft, als sie in die *Tonight Show with Jay Leno* eingeladen werden. Ihr zweites Album *Home for Christmas* erscheint und leistet *'N Sync* bald in den Top Ten Gesellschaft. Britney Spears spielt in Orlando im Vorprogramm von 'N Syncs erster großer Tour, *Second II None.*

**Januar 1999** Britney bestreitet im Fernsehen eine Beziehung mit Justin.

**Mai 1999** 'N Sync bekommt eigene Briefmarken des Karibikstaates St. Vincent und die Grenadinen.

**August 1999** Erstes jährliches *'N Sync Challenge for the Children*-Basketballspiel in Atlanta, Georgia. Das Promi-Event bringt 50 000 Dollar Spenden für Kinderkrankenhäuser.

**September 1999** Justin und die Band strahlen von den Kartons von Kellogg's Corn Pop Cereal. In den Schachteln ist die erste von vier Sammelkarten. 'N Sync verkünden, dass sie Trans Continental und RCA/BMG verlassen und bei Jive Records unterzeichnen.

**Oktober 1999** Trans Continental und BMG erheben Klagen über 150 Millionen Dollar gegen die Band. Gründung der Justin-Timberlake-Foundation, die sich für Musikunterricht an Schulen einsetzt.

**November 1999** 'N Sync erhebt Gegenklage gegen Lou Pearlman über 25 Millionen Dollar. Justin bestreitet in einem Zeitungsinterview und im Fernsehen, dass er mit Britney ausgeht.

**Dezember 1999** Die Klage wird beigelegt,'N Sync dürfen das neue Album bei Jive veröffentlichen.

**März 2000** Justin gewinnt die Online-Umfrage der Zeitschrift *People* nach der »Most Beautiful Person in the World«. 'N Syncs drittes Album *No Strings Attached* wird die am schnellsten verkaufte Platte aller Zeiten, mit 2,4 Millionen verkauften Exemplaren in der ersten Woche. Am ersten Verkaufstag gehen fast eine Million Konzertkarten weg. Ebenfalls Rekord.

**April 2000** Justin erhält eine Einladung ins Weiße Haus, in Anerkennung seiner Verdienste um die Justin-Timberlake-Foundation.

**Mai 2000** Feiert vor 20 000 Fans in der Pyramid in Memphis seinen Schulabschluss. Seine Lehrer Chuck Yerger und Brenda Crenshaw überraschen ihn auf der Bühne und überreichen ihm sein Diplom. Britney erzählt dem *Rolling Stone*, dass sie und Justin sich geküsst haben.

**August 2000** 'N Sync gewinnen drei MTV Video Music Awards.

**Oktober 2000** 'N Sync werden von wütenden Baseballfans beim dritten Spiel der World Series im Shea Stadium, New York, ausgebuht, nachdem sie die Nationalhymne gesungen haben.

**November 2000** Ein Paar Lugz-Stiefel von Justin erzielen 2200 Dollar für wohltätige Zwecke bei einer Internetauktion. »Bye Bye Bye« landet auf Platz Nummer 55 in der *Rolling Stone*-Liste der 100 besten Popsongs aller Zeiten.

**Dezember 2000** Justins Name taucht in einer Klage auf, die die Mutter eines 15 Jahre alten Mädchens einreicht. Sie gibt an, Justin habe ihre Tochter nach einem Konzert in St. Louis, Missouri, bedrängt und verbal angegriffen. Die Klage wird fallen gelassen. 'N Sync sind die Nummer eins des VH1/Money Rock Star Index, weil sie dieses Jahr 267 Millionen Dollar umgesetzt haben. »This I Promise You« schafft es in England bis auf Platz Nummer 21. Justin schickt Britney sechsundzwanzig Dutzend rote Rosen als Geburtstagsgeschenk in ihre Hotelsuite.

**Mai 2001** 'N Syncs *PopOdyssey*-Tour beginnt in Jacksonville, Florida, und zieht von dort aus durch die Stadien der USA.

**Juli 2001** 'N Syncs viertes Album *Celebrity* wird das am zweitschnellsten verkaufte Album aller Zeiten mit 1,9 Millionen verkauften Exemplaren in der ersten Woche. Nur *No Strings Attached* hat sich bisher schneller verkauft. Justin und die Soullegende Al Green zieren die Vorderseite des Telefonbuchs von Millington als wichtigste Berühmtheiten der Gegend.

**Oktober 2001** Justin spielt den jungen Elton John, mitsamt verrückter Brille, im Video »This Train Don't Stop There Any More« des englischen Superstars. Später gewann das Video in der Kategorie Best Male Video bei den MTV Video Awards von 2002.

**Januar 2002** Justin spielt mit den Filmstars Samuel L. Jackson und Joe Pesci beim *Bob Hope Pro-Celebrity*-Golfturnier. Er spielt je eine Runde mit Justin Leonard, Arnold Palmer und John Daly. Britney sagt in einem englischen Zeitungsinterview, dass sie und Justin irgendwann heiraten wollen.

**März 2002** Berichte, dass Britney und Justin sich getrennt haben, werden bestritten, sind aber wahr.

**April 2002** Das letzte Konzert der *Celebrity*-Tour von 'N Sync findet in Orlando statt. Justin bringt seinen Solovertrag bei Jive unter Dach und Fach und beginnt eine Woche später mit den Aufnahmen für *Justified* im Studio der Neptunes in Virginia Beach. »Girlfriend« wird 'N Syncs größter Hit in England und landet auf Platz zwei der Charts.

**Juni 2002** Justin und seine Mutter Lynn gehen ins Pyramid in Memphis zum Weltmeisterschaftskampf im Schwergewicht zwischen Lennox Lewis und Mike Tyson.

**August 2002** Justin kauft sich für acht Millionen Dollar ein Anwesen in den Hollywood Hills mit Fitnessraum, Swimmingpool und Gästehaus, in dem inzwischen sein bester Freund Trace Ayala lebt.

**November 2002** Erste Solosingle »Like I Love You« steigt auf Platz zwei der englischen Charts. Das Album *Justified* erscheint. Er bricht sich den Fuß bei den Proben für die *Justified*-Tour und erholt sich in seinem Elternhaus in Shelby Forest.

**Januar 2003** Singt »Cry Me A River« bei *Top of the Pops* und spielt dann, als Delfin verkleidet, Bass bei den Flaming Lips.

**Februar 2003** Justins berühmtes Duett bei den Brit Awards, bei dem er Kylie Minogue an den Po fasst.

**April 2003** Lernt Cameron Diaz bei den Nickelodeon Kids' Choice Awards in Los Angeles kennen und geht mit ihr zum Bowling.

**Mai 2003** Die *Justified*-Tour beginnt in der Hallam FM Arena in Sheffield. Justin unterzeichnet beim Kabelsender TNT als außerordentlicher Sportberichterstatter.

**Juni 2003** *Justified* steigt zum dritten Mal an die Spitze der englischen Albumcharts.

**Juli 2003** Cameron wird in Orlando im Backstagebereich eines Konzerts der *Justified/Stripped*-Tour gesehen, bei der Justin mit Christina Aguilera auftritt. Justin spielt beim SARS-Benefizkonzert in Toronto und singt »Miss You« mit den Rolling Stones.

**November 2003** Britney bricht im amerikanischen Fernsehen in Tränen aus, als man sie zu ihrer Trennung von Justin befragt.

**Dezember 2003** *Rolling Stone* nennt ihn den neuen »King of Pop«.

**Januar 2004** Gibt in England die letzten Konzerte der *Justified*-Tour. Verbringt seinen dreiundzwanzigsten Geburtstag mit Cameron zu Hause in L.A.

**Februar 2004** Singt beim Super Bowl ein umstrittenes Duett mit Janet Jackson. Justin reißt einen Lederflicken ab und enthüllt Janets rechte Brust, die mit einem sonnenförmigen Silbermedaillon geschmückt ist. Das Paar schiebt die Schuld später auf eine »Fehlfunktion« der Bekleidung. Gewinnt zwei Grammys für Best Male Pop Vocal Performance (»Cry Me A River«) und für Best Pop Vocal Album (*Justified*). Gewinnt zwei Brits, für International Male Solo Artist und International Album (*Justified*).

**März 2004** Drehbeginn in Vancouver für *Edison*, seinem ersten großen Spielfilm.

**Oktober 2004** Justin bereitet sich auf seine Rolle in dem Film *Alpha Dog* von Nick Cassavetes vor.

**November 2004** Justin und Cameron Diaz werden von zwei Fotografen wegen Körperverletzung verklagt.

# Bildnachweis

**Bildteil**

Seite 1: Dave Hogan/Getty Images

Seite 2: (oben) Stephanie Roach, (Mitte & unten) E. E. Jeter Elementary School

Seite 3: (oben) Sherry Yerger, (unten) Blue Wave Productions

Seite 4: (oben & unten) Danielle Ditto

Seite 5: Danielle Ditto

Seite 6: (oben) Mitchell Gerber/Corbis, (unten) S.I.N./Corbis

Seite 7: (oben & unten) Veronica Finn

Seite 8: (oben & unten) Toby Canham/Splashnews

Seite 9: RJ Capak/WireImage.com

Seite 10: (oben & Mitte) John Shearer/WireImage.com, (unten) Sherry Yerger

Seite 11: (oben) Kevin Mazur/WireImage.com, (Mitte rechts) Mike Guastella/WireImage.com, (unten links) Steve Granitz/WireImage.com

Seite 12: Reuters/Corbis

Seite 13: (oben) Frank Trapper/Corbis, (Mitte) Kevin Mazur/WireImage.com, (unten) MBZ/Rex Features

Seite 14: (oben) James Devaney/WireImage.com,
(unten) Kurt Miller/PE/WireImage.com

Seite 15: (oben) Scott Gries/Getty Images,
(Mitte) James Devaney/WireImage.com, (unten) Reuters/Corbis

Seite 16: Frank Micelotta/Image-Direct

Seite 17: Getty Images

Seite 18: (oben) Kevin Mazur/WireImage.com,
(unten) Reuters/Corbis

Seite 19: (oben) Albert Ferreira/Reuters/Corbis,
(Mitte) Stephane Cardinale/People/Avenue/Corbis,
(unten) Mike Blake/Reuters/Corbis

Seite 20: (oben & unten) Pierre Ducharme/Reuters/Corbis

Seite 21: (oben) Gary Hershorn/Reuters/Corbis,
(unten) Randall Michelson/WireImage.com

Seite 22: (oben) Kevin Mazur/WireImage.com,
(Mitte) Charles Sykes/Rex Features,
(unten) Vince Bucci/Getty Images

Seite 23: (oben & unten) Kevin Mazur/WireImage.com

Seite 24: Steve Sands/New York Newswire/Corbis